W0326368

Die Tugenden im Jahreslauf

Die Tugenden im Jahreslauf

Wandlungskräfte der Seele

Zwölf Vorträge
herausgegeben von
Jean-Claude Lin

VERLAG FREIES GEISTESLEBEN

Die Wiedergabe der im Text zitierten Passagen Rudolf Steiners erfolgt nach der in Dornach, Schweiz herausgegebenen Rudolf Steiner Gesamtausgabe mit freundlicher Genehmigung der Rudolf Steiner Nachlaßverwaltung.

ISBN 3-7725-1660-2

1. Auflage 1998
Verlag Freies Geistesleben
Landhausstraße 82, 70190 Stuttgart
Internet: www.geistesleben.com

Alle Rechte vorbehalten.
© 1998 Verlag Freies Geistesleben & Urachhaus GmbH, Stuttgart
Gesetzt in der Stempel Garamond
Schutzumschlag: Walter Schneider unter Verwendung eines Details aus *Nymphéas* (Seerosen, 1908) von Claude Monet
Druck: WB Druck, Rieden am Forggensee
Bindung: Riethmüller, Stuttgart

Inhalt

Vorwort des Herausgebers

Sind Tugenden, und damit Moralität, erlernbar? Was sagen uns heute die stille, aber einst dennoch hochgeschätzte Diskretion oder Höflichkeit, die Devotion oder die Geduld?

Mut wird zwar laut gepriesen – aber erleben wir nicht auch, wie er in seiner weniger spektakulären Form als Zivilcourage in Bus und Bahn, auf offener Straße oder in geschlossener Gesellschaft oft schwer oder gar nicht aufzubringen ist?

Nähern wir uns dem Gebiet der Tugenden, so wird bald die ganze Existenz des Menschen fühlbar. Menschliche Gesellschaft und damit auch menschliche Individualität wären in ihrem leben- und kulturgestaltenden Zusammenhang ohne die Tugenden nicht möglich.

Je stärker man sich mit ihnen befasst, desto umfassender erscheinen sie. Mehr noch: Wenn der Mensch in seiner übersinnlichen Konstitution als Geist und Seele in die erkennende Beobachtung genommen wird, dann zeigt sich, dass jede seelische Eigenschaft – als welche die Tugenden sich auch entfalten – eine Tendenz in sich birgt, sich zu verwandeln. Ein Höheres wächst aus den durch die Tugenden erworbenen Eigenschaften der Seele.

Noch vor wenigen Jahren sprach man aber in der philosophischen Auseinandersetzung um die Ethik (nach Alasdair MacIntyre) vom «Verlust der Tugend». Dies sei das charakteristische Merkmal der abendländischen, insbesondere der modernen Philosophie, daß sie sich unaufhörlich von jener konkreten Erörterung menschlicher Moralität entferne, die früher in der Charakteristik und Pflege der Tugenden gelebt hat. Statt dessen wandte man sich in der Philosophie der Begründung abstrakter moralischer Prinzipien und Kategorien zu.

Nun werden an verschiedenen Orten die Tugenden wieder befragt und gefordert: in den ethischen Diskussionen, im Alltag und nicht zuletzt in der Wirtschaft.

Der vorliegende Band widmet sich einem auf Rudolf Steiner zurückgehenden, aber von ihm nicht näher ausgeführten Hinweis.

In den frühen Jahren der theosophischen Bewegung stellte man zwölf Tugenden zur besonderen Pflege im Jahreslauf heraus. Rudolf Steiner griff diese zuerst in englischer Sprache gegebene Reihenfolge auf und *erweiterte* sie, indem er jeweils eine höhere Metamorphose der Ausgangstugenden nannte:

April	**Devotion**
Widder	Devotion (Ehrfurcht) *wird zu Opferkraft*
Mai	**Equilibrium**
Stier	(Inneres) Gleichgewicht *wird zu Fortschritt*
Juni	**Perseverance**
Zwillinge	Ausdauer (Standhaftigkeit) *wird zu Treue*
Juli	**Unselfishness**
Krebs	Selbstlosigkeit *wird zu Katharsis*
August	**Compassion**
Löwe	Mitleid *wird zu Freiheit*

September	**Courtesy**
Jungfrau	Höflichkeit *wird zu Herzenstakt*
Oktober	**Contentment**
Waage	Zufriedenheit *wird zu Gelassenheit*
November	**Patience**
Skorpion	Geduld *wird zu Einsicht*
Dezember	**Control of Speech** / («Hüte deine Zunge»)
Schütze	Gedankenkontrolle *wird zu Wahrheitsempfinden*
Januar	**Courage**
Steinbock	Mut *wird zu Erlöserkraft*
Februar	**Discretion**
Wassermann	Diskretion *wird zu Meditationskraft*
März	**Magnanimity**
Fische	Großmut *wird zu Liebe*

(«Die Zwölf zu meditierenden und im Leben zu berücksichtigenden Tugenden (Monatstugenden)» aus: Rudolf Steiner, *Seelenübungen I. Übungen in Wort- und Sinnbild-Meditationen. Zur methodischen Entwicklung höherer Erkenntniskräfte 1904-1924.* Rudolf Steiner Verlag, Dornach 1997, S. 74/75.)

Diese Wandlungen der Tugenden in höhere Eigenschaften des Menschen sind selten Gegenstand einer eingehenden Erörterung gewesen. Herbert Witzenmann war der erste, der sich in seiner Schrift, *Die Tugenden*, systematischer mit ihnen befasste. Doch bedürfen seine sehr verdichteten Ausführungen zu den Wandlungen selbst der helfenden Erschließung (wie sie in einer Reihe von Beiträgen von Christa Seiler in der Zeitschrift *Gegenwart* 1994 unternommen wurde).

So veranstaltete der Verlag Freies Geistesleben anläßlich seines fünfzigjährigen Jubiläums im Jahr 1997 einen Vortragszyklus, in dem Monat für Monat versucht wurde, die zwölf Tugenden und die aus ihnen hervorgehenden Wandlungskräfte der Seele von verschiedenen Seiten her zu beleuchten. Das Ergebnis ist ebenso vielseitig wie vielschichtig – was angesichts der Weiten und Tiefen der Seele und der unterschiedlichen Herkunft der Redner kaum verwundert. Es wurden moralphilosophische wie psychologische, biographische wie astrologische, geistesgeschichtliche wie im eigentlichen Sinn geisteswissenschaftliche Dimensionen erkundet und beleuchtet. Der Stil der frei gesprochenen Rede ist bei dieser Veröffentlichung überwiegend beibehalten worden. Das ist zugegebenermaßen der Stringenz in der Gedankenführung zuweilen abträglich, aber der Schwung, die Unmittelbarkeit des gesprochenen Wortes kann auch nach der Bearbeitung und dem Druck nachempfunden werden. Einen strengeren – und auch herberen – Charakter haben die kurzen, verdichteten Betrachtungen zum Thema, die jeweils parallel zur Veranstaltung der Vorträge in der Zeitschrift *Die Drei* erschienen. Sie sollen einer späteren Buchveröffentlichung vorbehalten sein. –

An dieser Stelle gebührt den Vortragenden ein herzlicher Dank für ihr Mitwirken und reges Interesse an ein ungewöhnliches Unterfangen. Sie werden am ehesten wissen, was in ihren Ausführungen unvollständig geblieben ist. Was sie aber den Zuhörern an Anregungen gegeben haben, möge nun auch dem geneigten Leser willkommen sein.

Verlag Freies Geistesleben *Jean-Claude Lin*
Stuttgart im Oktober 1998

I. Januar

Mut wird zu Erlöserkraft

Martin Kollewijn

«Mut *wird* zu Erlöserkraft.» – durch diese Dynamisierung wird der Blick von einer bestehenden Qualität, einer bestimmten Tugend, zum Beispiel Mut, auf einen Vorgang, einen Prozess, einen neuen Wert gelenkt. Schon dieser Schritt bedarf des Mutes.

Es gibt verschiedene Formen von Mut. In allen Fällen kann man sagen, dass Mut eine ganz zentrale seelische Kraft ist. Aber diese Kraft kann sich bewähren auf verschiedenen Feldern. Zum Beispiel auf körperlichem Felde, in Kriegen, als *Heldenmut.* Aber dann gibt es auch einen *seelisch-moralischen Mut,* die Leiden und das Unglück, die eigenen Leidenschaften zu ertragen, zu meistern, oder im Verhältnis zur Umwelt sich selbst treu zu bleiben, Zivilcourage zu üben. Und es gibt vielleicht noch eine dritte Art des Mutes, den man *Erkenntnismut* nennen könnte: an den Abgründen des Erkennens die Augen nicht zu verschließen, zum Beispiel bei der Selbsterkenntnis. Ich möchte versuchen, mit Ihnen diese verschiedenen Erscheinungsformen des Mutes anzuschauen, jeweils auch mit der Frage: Wie wird daraus Erlöserkraft?

Den *Heldenmut,* den Mut des Kriegers im Kampf kann man wohl am besten anschauen am Beispiel des griechischen Volkes, dem der Kampf ganz besonders wichtig war, auch der Wettkampf. Homer schildert ganz plastisch die verschiedenen Formen des Mutes, zum Beispiel in der *Ilias,* wo es ja immer wieder heißt: «Seid nun Männer, o Freund', und gedenkt des stürmenden Mutes.» (VI/112). Dabei geht es darum, im unmittelbaren Gegenüberstehen einem Feind standzuhalten und nicht davonzulaufen. So lässt Euripides den Herakles sagen, dass die Erprobung des Mutes nicht im Schießen mit dem Bogen, der feigsten Waffe, bestünde, sondern darin, an seinem Platz zu bleiben und, ohne den Blick zu senken oder ihn abzuwenden, ein ganzes Feld von aufgerichteten Lanzen auf sich zukommen zu sehen und dabei immer fest in seiner Stellung zu verharren (*Herakles,* 162). Die zweite Art des Mutes, den *moralischen Mut,* finden wir am Beispiel des Odysseus geschildert: einem inneren Feind zu widerstehen, immer der denkende Mann zu bleiben, wie das Odysseus tut, und die unüberlegten Gefühle zu beherrschen. Tapferkeit ist noch etwas anderes als Kühnheit oder Übermut. Sokrates sagt zum Beispiel einmal: Es gilt also wohl der Satz, dass die Tapferen kühn sind, nicht aber der, dass die Kühnen auch alle tapfer sind. Denn Kühnheit kann dem Menschen erwachsen sowohl aus kunstmäßiger Übung wie aus Zorneserregung und Raserei; die Tapferkeit dagegen erwächst aus natürlicher Anlage und richtiger Bildung der Seele (Plato: *Protagoras*).

Auf besonders schöne Weise tritt uns in einem Gedicht von Archilochos aus dem 7. Jahrhundert vor Christus diese zentrale Kraft der menschlichen Seele entgegen. Ich möchte dieses Gedicht, ein Fragment, hier an den Anfang stellen. Es ist ein Gedicht, in dem sich eigentlich drei Kräfte verbergen, die mit dem Mut und dem Herzen zu tun haben.

Herz, mein Herz, von ausweglosen Leiden stürmisch
aufgewühlt,
Raff dich auf und wehr dem Feinde! Tapfer ihm entgegen wirf
Deine Brust, und festgewurzelt halt ihm so im Nahkampf stand,
Unerschüttert. Bist du Sieger, juble nicht vor aller Welt,
Und, besiegt, wirf nicht zu Hause jammernd auf den Boden
dich,
Sondern freu' dich deiner Freude, gräm dich deines
Mißgeschicks
Nicht zu sehr. Erkenne, welcher Wogengang die Menschen
trägt.

Das Eigentliche ist, im Nahkampf standzuhalten, sich dem Feind unmittelbar entgegenzuwerfen und festgewurzelt, «unerschüttert» stehen zu bleiben. Dann ist aber auch das Gleichgewicht zu wahren, sich im Sieg nicht in Jubel zu verausgaben oder zu verlieren, aber auch nicht, wenn man besiegt ist, sich zu grämen und sich jammernd auf den Boden zu werfen. Mut ist auch die Kraft, wenn man auf dem Boden liegt oder aufgewühlt ist von ausweglosem Leiden, aus dieser Schwäche sich aufzurichten und die Schwäche zu einer Kraft zu machen. Die Feigheit, das Sich-Verkriechen, das Sich-Verstecken, das Nicht-mutig-Bestehen, diese Feigheit zu überwinden, zu verwandeln, ist die dritte Kraft, die dem Herzen unentbehrlich ist. Die erste: standzuhalten, wirklich sich zu wehren und zu schützen. Die zweite: dabei immer das Gleichgewicht zwischen Oben und Unten, zwischen Überaktivität und Sich-gehen-Lassen in der Passivität zu halten. In einem Augenblick tiefster

Demütigung beherrscht Odysseus seine unüberlegten Gefühle, indem er sein Herz zur Standhaftigkeit mahnt:

> «Halte aus, Herz.» (...)
> So sprach er und schalt sein Herz in der Brust.
> Da verharrte ihm das Herz ganz im Gehorsam
> und hielt aus, unablässig.
>
> (Homer, *Odyssee,* 20. Gesang)

Das Herz wird angespornt, es gehorcht und hält durch. Odysseus ist ein Beispiel für die aktive Geduld des dem Unglück ausgelieferten Helden, der seine Schwäche in Stärke verwandelt.

Auch in Platons berühmtem Seelenbild des Wagenlenkers mit den zwei Pferden kann man anschauen, welche Stellung der Mut bei den Griechen einnahm. Die Seele gleiche, heißt es im *Phaidros*, «der zusammengewachsenen Kraft eines gefiederten Gespanns und seines Wagenlenkers». Der Wagen wird von zwei Pferden gezogen – einem guten, das immer den rechten Weg geht, und einem schlechten, das immer vom Weg abführen will. Aufgabe des Lenkers ist es, beide zusammenzuhalten, das heißt, die Kraft des schlechten Pferdes für die Fortbewegung des Wagens in die Richtung zu nutzen, in die das gute Pferd freiwillig geht.

Diesem Seelengespann entspricht die Dreigliederung der menschlichen Seelenkräfte, die Platon andernorts, im *Staat,* schildert: Das Vernünftige im Menschen, das *logistikon,* die Denkseele, ist der Lenker, dem das Herz zuspricht. Das *thymoeides,* das Mutartige, ist das gute Pferd. Das schlecht geartete Pferd ist die Begierdenseele, das *epithymetikon,* das sich «unter dem Zwerchfell» bemerkbar macht. Über dem Zwerchfell, im mittleren Menschen, wo Atmung und Puls sich verbinden, hat die mutartige Seele ihren Sitz. Mut ist eine Kraft des Gleichmaßes. Verbinden sich Mut und Weisheit, kann die in der Begierdenseele gebannte Kraft erlöst werden.

Der körperliche Heldenmut führt – äußerlich gesehen – zu einer Erlösung aus Knechtschaft und Gefangenschaft, zur äußeren Befreiung. Von einem Wandel ist zu sprechen, wenn jemand den Mut findet, nicht nur sich zu verteidigen, sondern etwas zu tun, was andere befreit und erlöst.

So jemand ist Nelson Mandela, der Rechtsanwalt, Freiheitskämpfer und erste schwarze Staatspräsident Südafrikas. Bei der Betrachtung der zweiten, mehr inneren Qualität des Mutes führt er uns weg von der griechischen Antike auf die Kampfplätze des 20. Jahrhunderts. In seiner Autobiographie *Der lange Weg zur Freiheit* beschreibt Mandela, wie er Anfang der sechziger Jahre mit drei anderen Schwarzen auf *Robben Island* gebracht wurde, um eine langjährige Gefangenschaft anzutreten. Sie wurden empfangen mit den Worten: «Dis die Eiland! Hier julle gaan vrek!» («Dies ist die Insel! Hier werdet ihr sterben!») Mandela fügte sich aber nicht ohne weiteres den Vorschriften und Schikanen der Wärter. Einmal, als er einem Wärter zu widersprechen wagte, kommt dieser auf ihn zu, und Mandela verspürt Angst.

«Als er nur noch einige Zentimeter von mir entfernt war, sagte ich so entschlossen, wie ich konnte: ‹Wenn Sie mich auch nur anrühren, werde ich Sie vor das Oberste Gericht im Land bringen, und wenn ich fertig bin, werden Sie so arm sein wie eine Kirchenmaus.› In dem Augenblick, da ich zu sprechen anhob, verstummte er, und als ich schwieg, starrte er mich voller Verblüffung an. Ich war selbst ein bisschen verwundert. Ich hatte Angst gehabt, und nicht Mut hatte mich so sprechen lassen, sondern

Angeberei, vorgetäuschter Mut. In solchen Situationen muss man eine kühne Haltung an den Tag legen, was auch immer man innerlich empfinden mag.» Folge dieser Haltung ist aber, dass die vier politischen Gefangenen in den besten Raum des Gefängnisses gebracht und mit einem gewissen Respekt behandelt werden.

Im Schlusskapitel seiner Autobiographie sagt Mandela, dass Mut nicht die Abwesenheit von Angst ist, sondern der Triumph über sie. «Ich habe selbst häufiger Angst empfunden, als ich mich erinnern kann, doch ich habe sie hinter einer Maske von Kühnheit verborgen. Der tapfere Mensch ist nicht der, der keine Angst verspürt, sondern der, der diese Angst überwindet.»

Woher kommt aber dieser Mut? Wie entsteht er? Hier möchte ich ein Wort von Hermann Hesse einfügen, der sagt: «Der Mut bedarf der Vernunft, aber er ist nicht ihr Kind. Er kommt aus tieferen Schichten.» Welches sind aber diese tieferen Schichten? Nelson Mandela deutet sie an dieser Stelle in seiner Autobiographie an. Er spricht da über die Apartheid-Politik und sagt, dass diese in seinem Volk tiefe, dauerhafte Wunden hinterlassen hat. – Eigentlich ist es ein Wunder, dass das nicht geschehen ist, was vor zehn Jahren jeder Einsichtige prophezeit hat, dass nämlich die Apartheid-Politik in Südafrika, wo sie überhaupt nicht mehr haltbar war, nur durch Blutvergießen und Gewalt und Bürgerkrieg zu einem Ende kommen würde. Ja, sogar nachdem die Apartheid Schritt für Schritt aufgehoben worden war, sogar als Nelson Mandela nach fast drei Jahrzehnten Gefangenschaft zum Staatspräsidenten berufen wurde, musste man noch befürchten, dass es eine schwere kriegerische Auseinandersetzung geben würde. Das ist nicht geschehen. Es gibt und gab natürlich schwere Gewaltexzesse, aber insgesamt ist das nicht eingetreten, was man mit Recht befürchten konnte. Ich glaube, die Erlösung aus dieser Apartheid und aus einer fast nicht mehr haltbaren Situation ist darauf zurückzuführen, dass einzelne Menschen, wie zum Beispiel Nelson Mandela, diesen inneren Mut gehabt haben, der über Jahrzehnte entstanden ist, und gehärtet wurden in der Zeit der Gefangenschaft.

Er schreibt darüber folgendes: «Die Apartheid-Politik hat in meinem Land und in meinem Volk tiefe, dauerhafte Wunden hinterlassen. Wir werden allesamt Jahre brauchen, wenn nicht Generationen, um von diesem tiefen Schmerz zu genesen. Doch diese Wunden hatten einen anderen, einen unbeabsichtigten Effekt, nämlich den» – dann nennt er eine Reihe von Namen –, «Menschen von so außerordentlichem Mut, Weisheit und Großmut hervorzubringen, dass ihresgleichen vielleicht niemals mehr zu finden sein wird. Vielleicht bedarf es solcher Tiefen der Unterdrückung, um solche Höhen an Charakter hervorzubringen. Mein Land ist reich an Erzen und Edelsteinen, die dicht unter seiner Oberfläche liegen. Doch ich habe immer gewusst, dass sein größter Reichtum in den Menschen liegt, die besser und wahrer sind als die edelsten Diamanten. Und von diesen Kameraden im Kampf habe ich erfahren, was Mut heißt.»

Dabei hat Nelson Mandela die ganze Zeit noch etwas begleitet, nämlich die im ANC auch immer gelehrte Haltung, in jedem Menschen die Möglichkeit einer Besserung zu suchen, auch im schlimmsten Feind, und so hat er auch in den schlimmsten Zeiten im Gefängnis, «als meine Kameraden und ich an unsere Grenzen getrieben wurden», wie er sagt, einen Schimmer von Humanität bei einem der Wärter gesehen, vielleicht nur für eine Sekunde, «doch das war genug, um mich wieder sicher zu machen und mich weiterleben zu lassen. Die Güte des Menschen ist eine Flamme, die zwar versteckt, aber nicht ausgelöscht werden kann.»

Man kann den Eindruck haben, dass solche außergewöhnliche Situationen auch die Nebenfolge haben, solche außergewöhnliche Kräfte zu Tage zu fördern, die in der Tiefe des Menschen verborgen sind. Wenn man auf die Dissidenten schaut, in Osteuropa beispielsweise, dann sieht man, wie die Auseinandersetzung noch mehr nach innen genommen ist, vor allem in der späteren Zeit, die Qualitäten des inneren Mutes und der Erlösung aber nicht geringer sind.

Ich glaube, auch hier kann man sagen: Das, was 1989 geschehen ist, wie immer man es auch sonst beurteilen mag, ist ganz gewiss auch eine Erlösung von einem unerträglichen Druck und Unfreiheit, die möglich geworden ist durch den Mut einzelner Menschen, zum Beispiel des jetzigen tschechischen Präsidenten und Dramatikers Václav Havel, der ebenfalls, schon Anfang der achtziger Jahre, diese Qualitäten beschrieben hat. In seinem Buch *Versuch, in der Wahrheit zu leben* sagt er: «Man kann gar nicht wissen, was die Folge ist, wenn einzelne Menschen in der Wahrheit leben.» Obwohl das nicht unmittelbar eine politische Kraft ist, hat es doch unwahrscheinliche Folgen. Er schildert in diesem Buch ein fast unscheinbares Beispiel: Ein Gemüsehändler legt zwischen die Birnen, Äpfel und Kohlköpfe ein Spruchband, auf dem geschrieben steht: «Proletarier aller Länder, vereinigt euch!» Warum macht er das? Ist er der Überzeugung, dass die Proletarier aller Länder sich vereinigen sollen? Und will er das seinen Kunden und den Vorbeigehenden mitteilen? Nein, sagt Havel. Dieser Überzeugung ist er vielleicht gar nicht. Die Kundin, die da kommt, die sieht, welche Tomaten es gibt und ob es überhaupt Äpfel gibt – was auf dem Spruchband steht, das sieht sie sicherlich nicht. Denn solche Spruchbänder mit ähnlichen Sprüchen sind überall zu finden im ganzen Land, und das ist auch der Sinn davon, dass diese Ganzheit, dieses Panorama solcher Sprüche da ist! Damit, dass der Gemüsehändler den Spruch zwischen sein Gemüse legt, dokumentiert er, dass er loyal ist, dass er das tut, was von ihm erwartet wird, dass er nicht aufmüpfig ist – das ist der Sinn, nicht, irgendetwas mitzuteilen. Diejenigen, die daran vorbeigehen, hängen an anderer Stelle ebensolche Sprüche auf, ohne auf deren Inhalt noch Acht zu geben. Was würde nun geschehen, fragt Havel, wenn eines Tages dieser Gemüsehändler diesen Spruch nicht mehr dorthin legen würde, und zwar deshalb nicht, weil er das ja gar nicht meint, was darauf steht? Es würde dadurch plötzlich die Wahrheit ans Licht kommen, dass das Ganze eigentlich nur ein Spiel ist, und dieses würde dadurch völlig in Frage gestellt. Die Folge wäre natürlich, dass dieser Gemüsehändler seine Arbeit verlieren und in viele Schwierigkeiten geraten würde. Und doch würde diese Rebellion ein Versuch sein, in der Wahrheit zu leben. Es würde damit offenbar, dass das sonstige Leben ein Leben in der Lüge war. Darüber sagt Havel dann Folgendes: «Der Mensch kann nur deshalb sich selbst entfremdet werden und wird entfremdet, weil er etwas hat, was man ihm entfremden kann. Das Gebiet, auf dem er vergewaltigt werden kann, ist seine authentische Existenz. Das ‹Leben in Wahrheit› ist also direkt in die Struktur des ‹Lebens in Lüge› hineingewoben, als seine unterdrückte Alternative, als jene authentische Intention, auf die das ‹Leben in Lüge› eine nicht authentische Antwort gibt. (…) Unter der geordneten Oberfläche des ‹Lebens in Lüge› schlummert also die *verborgene Sphäre* der wirklichen Intentionen des Lebens, seiner ‹verborgenen Aufgeschlossenheit› der Wahrheit gegenüber.» Dieser verborgenen Sphäre spricht Havel durchaus auch eine politische Kraft zu, und er prophezeit ihr das, was dann tatsächlich Jahre später eingetreten ist.

Während der Zeit seiner Gefangenschaft hat er Briefe geschrieben, die als *Briefe an Olga. Betrachtungen aus dem Gefängnis* veröffentlicht wurden. In einem dieser Briefe, am 17. Juli 1982, beschreibt er ein zunächst, wie er es selber nennt, banales Beispiel, einen Gedanken, der ihm oft durch den Kopf geht im Gefängnis. Aber er knüpft an dieses Beispiel außergewöhnliche Beobachtungen an. Das Beispiel, das ihm immer wieder in den Sinn kommt, ist Folgendes: «Ich steige in der Nacht in den zweiten Wagen der Straßenbahn ein, um eine Station weit zu fahren. Im Wagen ist niemand, nicht einmal ein Schaffner, denn das Fahrgeld bezahlt man, indem man eine Münze in einen entsprechenden Kasten wirft. Ich kann also die Münze in den Kasten werfen, muss es aber nicht. Und es wird niemand sehen, wenn ich es nicht mache. Niemand wird das je erfahren, niemand wird mir diese Übertretung je nachweisen können. Und da öffnet sich vor mir unabhängig davon, wieviel Geld ich habe, ein großes Dilemma: hineinwerfen oder nicht? Vom Gesichtspunkt meines Daseins in der Welt ist es offensichtlich vernünftig, nicht hineinzuwerfen. Denn eine Münze in den Kasten zu werfen ist so gut wie sie in den Kanal zu werfen.» Es verschwindet, man hat nichts davon, und auch die Verkehrsbetriebe werden ohne diese eine Krone genauso gut weiterbestehen wie mit ihr. Trotzdem verspürt Havel eine innere Stimme, die ihm sagt, er soll doch trotzdem jetzt diese Krone da hineintun. Etwas drängt ihn dazu. Er fragt sich: Warum drängt mich da etwas zu zahlen? Warum fühle ich Vorwürfe, wenn ich mich anschicke, nicht zu zahlen? Der Einfluss seiner Erziehung, die Tiefe der Annahme allgemeiner moralischer Normen erklären das Wesen seines Dilemmas ebensowenig wie alle seine anderen äußeren Umstände. Der Dramaturg Havel analysiert die Situation wie ein kleines Drama: «Betrachten wir also allein die Struktur dieses Dramas: ich glaube, es ist deutlich, dass es hier um einen Dialog geht – den Dialog meines ‹Ich› als des Subjektes seiner Freiheit (ich kann bezahlen oder auch nicht), seiner Reflexion (ich wäge ab, was ich tun soll) und seiner Wahl (bezahle ich oder nicht) mit etwas, das außerhalb dieses eigentlichen ‹Ich› ist, was von ihm getrennt und nicht mit ihm identisch ist. Dieser ‹Partner› jedoch steht nicht neben mir; ich kann ihn nicht sehen, ich kann ihm zugleich jedoch nicht aus den Augen verschwinden. Sein Blick und seine Stimme begleiten mich, wo auch immer ich bin; ich entgehe ihm nicht, noch kann ich ihn täuschen: er weiß alles. Ist es die sogenannte innere ‹Stimme›; ist es mein ‹Über-Ich›; ist es mein ‹Gewissen›? Sicher, wenn ich dieses Rufen zur Verantwortung höre, höre ich es in mir. Das jedoch ändert nichts daran, dass diese Stimme sich an mich wendet und mit mir in ein Gespräch eintritt, dass sie also an mein ‹Ich› – von dem ich hoffe, dass es nicht schizophren ist – von außen herantritt.

Wer spricht da eigentlich mit mir? Jemand, an dem mir offenbar mehr liegt als an dem Verkehrsbetrieb, mehr als an meinen besten Freunden, (was sich dann zeigen würde, wenn diese Stimme mit ihnen in Widerspruch geriete); sogar in gewisser Hinsicht mehr als an mir selbst, nämlich an mir als dem Subjekt seines Daseins und Träger seiner ‹Daseinsinteressen›. (…) Jemand, der ‹alles weiß›, überall ist und sich alles merkt, der zwar unendlich verständnisvoll ist, aber zugleich völlig unbestechlich (…). Dieser Jemand spricht dabei ganz persönlich mich an.»

Er möchte diesen Jemand nicht Gott nennen, davor hat er eine Scheu, sondern er fragt: Was ist das eigentlich? Und er beschreibt, wie diese Stimme, wenn wir sie empfangen, tatsächlich einen ganz persönlichen Charakter bekommt. Sie scheint aus irgendeiner besonderen, nicht getrennten Subjektivität mit eigenem unendlichen Gedächtnis, allgegenwärtigem Geist und unendlich großem Herzen herzukommen. Mit anderen Worten: Es ist, als ob das Sein des Universums in den Momenten, in denen wir uns auf dieser Ebene mit ihm treffen, auf einmal ein persönliches Gesicht gewinne und mit ihm sich an uns wende.

Aus dieser Erfahrung heraus kommt Václav Havel die Kraft zu dem, was er dann später das «Leben in der Wahrheit» nennen wird, sich so zu verhalten, auch in den schwierigsten Situationen, dass er vor sich selbst, vor dem eigenen Urteil bestehen kann. In dem darauf folgenden Brief schildert er dann ein weniger triviales Beispiel als das mit der Münze in der Straßenbahn; er beschreibt, wie er etwas getan hat, was er später schwer bereute. Er hat, als er im Gefängnis war, einen Brief aufgesetzt und darin zwar nichts Unwahres geschrieben, aber vieles Wahre weggelassen, um früher freigelassen zu werden. Das war etwas, was von außen als ein Verrat aufgefasst werden konnte, ein Verrat seiner Prinzipien und seiner Freunde und der Charta 77. Jahrelang, so schreibt er, hat er darunter gelitten und eigentlich erst nach fünfjähriger erneuter Gefangenschaft den Schmerz darüber verwunden, dass er da aus Unbesonnenheit etwas getan hatte, was er selber nicht für richtig halten konnte. Aber auch für diese Erfahrung ist er wiederum dankbar, denn dadurch hat er schließlich gelernt, auch die Verantwortung für ein eigenes Versagen auf sich zu nehmen.

Wenn man diese Briefe liest – es gibt ja andere, ähnliche Beispiele –, dann bemerkt man, welche außergewöhnlichen Mutkräfte es erfordert, den Blick auf sich selbst zu werfen, schonungslose, wahrhaftige Selbsterkenntnis in diesem Sinne zu üben. Zugleich zeigt dieses Beispiel eine Grenze, wo das beginnt, was ich anfangs als Erkenntnismut bezeichnet habe. Erkenntnismut brauchen wir dort, wo wir mit unserer Erkenntnis an Grenzen stoßen, an Orte, wo vielleicht überhaupt nichts Greifbares mehr vorhanden ist und die Angst, die Furcht kommt, uns selbst zu verlieren. Mut brauchen wir auch immer dann in der Erkenntnis, wenn wir betretene Pfade verlassen und die sehr festgefügten Grenzen der gegenwärtigen Erkenntnis hinter uns zurücklassen. Die Kräfte des Mutes können sich in extremen äußeren oder inneren Grenzsituationen entwickeln. Ihre Verwandlung in Erlöserkraft ist ein intimer, innerlicher Seelenvorgang, der sich der äußeren Anschauung entzieht. Ermutigend ist, dass die Geschichte des 20. Jahrhunderts beispielhaft zeigt, wie der Mut einzelner Menschen in bedeutenden historischen Situationen zu einer erlösenden Kraft geworden ist.

Literatur

Karl-Martin Dietz, *Metamorphosen des Geistes.* Bd. 1 und 2. Verlag Freies Geistesleben, Stuttgart 1989.

Václav Havel, *Versuch, in der Wahrheit zu leben.* Rowohlt Taschenbuch Verlag, Reinbek 1989.

– *Briefe an Olga. Betrachtungen aus dem Gefängnis.* Rowohlt Taschenbuch Verlag, Reinbek 1989.

Nelson Mandela, *Der lange Weg zur Freiheit. Eine Autobiographie.* Aus dem Englischen von Günter Panske. S. Fischer Verlag, Frankfurt/Main 1994.

Mut. Wiederentdeckung einer persönlichen Kategorie. Hrsg. von Ruthard Stäblein. Elster Verlag, Bühl-Moos 1993.

II. Februar

Diskretion wird zu Meditationskraft

Ernst-Michael Kranich

Bei den sogenannten Monatstugenden geht es um ein ungewöhnliches Thema. Ich möchte das eingangs kurz erläutern.

In seinen Fragmenten hat Novalis einmal notiert: «Moral ist recht verstanden das eigentliche Lebenselement des Menschen.» Dieser Gedanke verweist auf tiefere Schichten des Menschseins und deren Bedeutung. Erst wenn der Mensch in sich die Kräfte des Moralischen entwickelt, erreicht er – so Novalis – die Stufe des Wahrhaft-Menschlichen. Und wenn er aus den Kräften des Moralischen im Leben wirkt, dann entfaltet sich unter Menschen das eigentlich menschliche Lebenselement.

Das Gebiet des Moralischen ist aber ein weiter Bereich. Es beginnt, wo der Mensch sich bemüht, den anderen zu verstehen. Es reicht bis dorthin, wo im Menschen die Stimme des Gewissens spricht und eine größere Kraft hat als alle engen persönlichen Interessen. Das Zentrum aber, aus dem das moralische Handeln seine innere Sicherheit gewinnt, ist der menschliche Charakter mit seinen Eigenschaften, den sogenannten Tugenden – der Aufrichtigkeit, dem Mut, der Treue, der Besonnenheit, der Bescheidenheit und so weiter.

In früheren Jahrhunderten hatte man differenzierte Anschauungen über das Gebiet der Tugenden. Den Kern bildeten die vier Kardinaltugenden: die Weisheit, der Mut, die Mäßigung und die Gerechtigkeit. Über diesen standen die drei christlichen oder theologischen Tugenden: der Glaube, die Liebe und die Hoffnung. Und an die Kardinaltugenden schlossen sich die übrigen Tugenden an.

In den Tugenden sah man ein Höchstes, das jeder Mensch erstreben sollte. Tugenden sind das Ergebnis innerer Umwandlungsprozesse. Im Menschen lebt als eine der elementaren Triebkräfte seines Wollens das Begehren. Der Mensch reißt an sich, was sein Begehren entzündet, oder er findet die Wege, um sein Begehren zu befriedigen. Bescheidenheit (Mäßigung) aber entwickelt sich, wenn man nur noch das nimmt, was man wirklich braucht, und dabei darauf achtet, dass die anderen auch bekommen, was sie benötigen. Da überwindet der Mensch in sich die Begehrlichkeit; er wandelt sie in Bescheidenheit um. Eine andere elementare Eigenschaft ist der Drang nach dem Angenehmen, die Bequemlichkeit. Wenn der Mensch diese Eigenschaft überwindet, dann bildet sich in ihm eine andere Tugend: die tätige Regsamkeit des Willens, der Fleiß. Und wenn man das unreflektierte Reagieren umwandelt, entsteht die Besonnenheit.

Wer um eine der Tugenden wie die Aufrichtigkeit, die Bescheidenheit oder Besonnenheit ringt, erlebt dieses Bemühen um Überwindung und Verwandlung. Was wird da aber im Menschen umgewandelt? Die Begehrlichkeit, das momentane unreflektierte Reagieren, das Erleben von Lust und das Gefühl des Angenehmen sind elementare seelische Eigenschaften; es sind Regungen des unverwandelten astralischen Leibes. Eine Tugend entsteht immer durch Umwandlung im Bereich des astralischen Leibes.

Handelt der Mensch aus einer Begierde oder aus einer momentanen Reaktion, dann folgt er einem dumpfen Antrieb seines Astralleibes. In der Bescheidenheit oder Besonnenheit ist er aber ganz aus sich selbst tätig. In den Tugenden wirkt der Mensch immer aus dem Zentrum seines Wesens, aus seinem Ich. Die Tugenden sind deshalb etwas so tief Menschliches, weil in der Umwandlung der elementaren astralischen Eigenschaften das Ich des Menschen wirksam wird. Deshalb kann man sagen: Jede Tugend ist eine aus den Kräften des Ich verwandelte astralische Eigenschaft.

Damit wird deutlich, um was es sich bei den sogenannten zwölf Monatstugenden handelt. Die Reihe der jeweils erstgenannten Tugenden stammt von H. P. Blavatsky. Es bedeutet viel, wenn man jeweils vier Wochen lang einer dieser Tugenden besondere Aufmerksamkeit zuwendet und sie übt. Nun hat Rudolf Steiner zu diesen Tugenden den Hinweis auf eine weitere Umwandlung hinzugefügt, bei der sich aus jeweils einer dieser Tugenden eine noch tiefere Fähigkeit bildet. Es geht um Verwandlung im Bereich der Tugenden, die zu einer noch höheren Stufe des Menschlichen führt. Das ist etwas Neues und insofern Ungewöhnliches.

Bisher kannte man:

Tugenden

↑ ↑ ↑ Wirksamkeit des Ich

astralische Eigenschaften

Zu dem kommt ein zweiter Prozess der inneren Verwandlung hinzu, der in neue Bereiche führt:

höhere Eigenschaften

↑ ↑ ↑

Tugenden

Was sich bei diesem zweiten Umwandlungsprozess vollzieht, haben wir nun an einem konkreten Beispiel zu verfolgen: *Diskretion wird zu Meditationskraft.*

Zunächst eine kleine Episode. Vor einigen Jahren erwähnte ein junger Mann in einem Gespräch, er würde regelmäßig meditieren. Auf die Frage, welcher Art seine Meditation sei, erzählte er, er würde über einfache Gegenstände wie zum Beispiel sein Taschenmesser meditieren. Dabei bemühe er sich, bewusst Schritt für Schritt voranzuschreiten, um den Faden nicht durch einen plötzlichen Einfall abreißen zu lassen. – Es bestand kein Anlass, auf diese Äußerung weiter einzugehen. Es war aber deutlich, dass dieser junge Mann keinen genauen Begriff von Meditation hatte. Denn die Übung der Gedankenkontrolle ist noch keine Meditation.

Im Seelenleben muss man verschiedene Bereiche unterscheiden. Das äußere Seelenleben entfaltet sich, wenn der Mensch sein Bewusstsein den Dingen seiner Umgebung zuwendet, und dabei Vorstellungen bildet, die dann, wie man sagt, in sein Gedächtnis übergehen. Auch das Nachdenken über diese Dinge und die Gefühle, die von ihnen erregt werden wie Freude, Gefallen, Achtung oder Enttäuschung, gehören diesem äußeren Bereich des Seelenlebens an. Dieser junge Mann bewegte sich mit seinem Nachdenken ganz in diesem Gebiet. Er bemühte sich allerdings, sein äußeres Seelenleben unter seine Kontrolle zu bringen, das heißt es vom Ich aus zu beherrschen, soweit es sich um die Bildung und Verknüpfung von Vorstellungen und Begriffen handelte.

Das Meditieren gehört einem anderen Bereich des Seelenlebens an. Es setzt voraus, dass man sich aus dem äußeren Seelenleben zurückzieht und im reinen Innenraum der Seele eine Tätigkeit entwickelt, die sich gerade nicht auf das abstützt, was man an Bewusstseinsinhalten aus seiner Beziehung zur Sinneswelt gewinnt. Man konzentriert sich auf einen Satz oder ein Symbol, die nichts äußerlich Wahrnehmbares zum Inhalt haben; das heißt auf etwas, was man ganz in innerer Tätigkeit erbilden muss.

Es handelt sich um eine Betätigung, die sich von dem sonstigen Seelen- und Gedankenleben scharf unterscheidet. Denn man muss die Kraft aufbringen, sich aus diesem in das Innere zurückzuziehen, sich hier zu halten und nicht von außen ablenken zu lassen, um eine Tätigkeit auszuüben, die anders ist als das übliche Nachdenken, als das Erinnern, die gewöhnliche Phantasiebetätigung und so weiter. Das Ziel des meditativen Lebens ist es, dass in ihm ein zweiter Mensch erwacht, der in uns unbewusst vorhanden ist. Dieser zweite Mensch entfaltet nach seinem Erwachen sein Bewusstsein so in einer übersinnlichen Wirklichkeit, wie wir als gewöhnlicher Mensch durch unser äußeres Seelenleben die uns umgebende Welt der sinnlich wahrnehmbaren Dinge kennen lernen.

Wie hängen nun die Kräfte und Eigenschaften, die der Mensch im Meditieren benötigt, mit der Diskretion zusammen? Die Diskretion ist eine besondere Form des Schweigens – nicht das Schweigen, um etwas zu verbergen, auch nicht das Schweigen, weil man nichts zu sagen hat. Diskretion ist wissendes Schweigen, bei dem zum Beispiel der Arzt sein Wissen um den Zustand seiner Patienten für sich behält oder der Priester das, was er im vertraulichen Gespräch oder bei der Beichte von einem Menschen erfährt. In der Diskretion bewahrt man ein Wissen im Inneren der Seele, vielleicht um zu verhindern, dass um einen anderen Menschen eine Atmosphäre des Geredes entsteht. Es ist ein Schutz gegenüber den ungeläuterten Kräften der Neugier, des selbstgerechten Verurteilens, der Antipathien, die sich in der Atmosphäre ausbreiten. Man weiß, in einer solchen seelischen Atmosphäre könnte sich der betreffende Mensch nicht mehr frei bewegen.

Nun lebt aber im Menschen das Bedürfnis sich mitzuteilen, das heißt einem anderen zu sagen, was er weiß und was ihn bewegt. Dieser Mitteilungsdrang ist vor allem beim Kind eine ganz natürliche Regung. Dann erfährt man beim Reiferwerden, dass Worte Wirkungen haben. Man verrichtet nicht nur bei der Arbeit mit seinen Händen Taten. Auch Worte sind Taten, deren Wirkungen meistens allerdings nicht so offenkundig sind wie das Herstellen eines Tisches. Es sind Wirkungen, die oft tief in das Innere des anderen Menschen dringen. Und wie man weiß, dass man für das, was man äußerlich tut, verantwortlich ist, lernt man im Laufe des Lebens, dass es auch eine Verantwortung für das gibt, was man sagt. Aus diesem Bewusstsein für die Verantwortung gegenüber seinen Worten entsteht die Diskretion.

Das Wirken aus dieser moralischen Kraft der Diskretion kann im Kleinen beginnen, wenn man zum Beispiel über eine ungerechte Handlung oder die Verfehlung eines anderen schweigt. Sie kann eine Größe erreichen, wenn ein Mensch einen anderen nicht verrät, selbst wenn er für sein Schweigen bedroht oder misshandelt wird. Da wird die Diskretion zur Kraft, ein Wissen ganz im Inneren der Seele zu bewahren und nur für sich mit diesem Wissen zu leben. In der Diskretion entwickelt sich im Menschen aus moralischer Stärke ein von der Außenwelt abgesonderter Innenraum der Seele. Es entsteht ein Vermögen, ganz in diesem Innenraum zu leben. Das Schweigen der Diskretion ist eine Mauer, die diesen Innenraum der Seele gegenüber dem, was als das äußere Seelenleben beschrieben wurde, abgrenzt.

Man weiß aus der Schrift des neuplatonischen Philosophen Jamblichus über die Pythagoräer, jene von Pythagoras im sechsten vorchristlichen Jahrhundert in Süditalien gegründete geistige Gemeinschaft, dass jeder, der in den engeren esoterischen Kreis aufgenommen wurde, durch Jahre hindurch die Kraft des Schweigens, die Tugend der Diskretion geübt haben musste. Er hatte zu lernen, im inneren Bereich seiner Seele zu leben. Das ist auch heute die Voraussetzung für ein meditatives Leben. In diesem inneren Raum müssen aber selbstlose, das heißt moralische Kräfte lebendig sein, durch die der Mensch sich zu einem höheren Bereich der Wirklichkeit erheben kann. Denn die eng persönlichen und egozentrischen Kräfte fesseln die menschliche Seele an das äußere materielle Dasein. Deshalb ist das Schweigen aus der moralischen Kraft der Verantwortung, die Diskretion, eine Vorbedingung für das meditative Leben.

Das Meditieren hat wie alles geistige Leben mehrere Stufen. Auf der ersten Stufe geht es um die Entwicklung eines bestimmten Denkens. Ich möchte dies durch den Vergleich von zwei verschiedenen Sätzen erläutern. Die eine Aussage gehört dem alltäglichen Bewusstsein an: «Dieser Baum trägt Blätter.» Der andere ist ein bekanntes Mantram, das heißt ein Meditationssatz: «Weisheit lebt im Licht.» Der erste Satz bezieht sich auf einen äußeren Sachverhalt. Diesen Satz bildet man, wenn das Gedanken- und Vorstellungsleben zu bestimmten äußeren Eindrükken in Beziehung tritt. Das braucht eine Vermittlung zwischen dem Denken und den äußeren Eindrücken. Diese Vermittlung geschieht durch bestimmte Regionen des Gehirns. Insofern ist der Inhalt des ersten Satzes an das Gehirn gebunden. In dem zweiten Satz «Weisheit lebt im Licht» ist nichts enthalten, was der äußeren Sinneswelt angehört. «Weisheit» ist etwas Geistiges; «leben» ist ein Geschehen, das nur seine Spuren im Äußeren hat; und das «Licht» selbst ist unsichtbar. Im Sichtbaren ist nur das Leuchtende und das Beleuchtete, nicht aber das Licht selbst. So gehört dieser Satz seinem Inhalt nach ganz in den Raum des inneren Seelenlebens. Sein Inhalt tritt nicht mit dem äußeren Dasein in Beziehung. Das bedeutet aber: Er hat keine Beziehung zum Gehirn des Menschen. Diese träte erst ein, wenn man mit dem Verstand seinen Inhalt erklären wollte. Beim Meditieren ist dieses Verstandesdenken aber gerade zu unterdrücken.

So kommt es, dass der Inhalt dieses Satzes zunächst ziemlich blass und wesenlos ist. Man muss ihn ganz von innen erzeugen, während man den Satz Wort für Wort lautlos spricht. Das Meditieren ist eine Aktivität, in der man den geistigen Inhalt «Weisheit» beim stillen Sprechen von «Weisheit» in sich aufleben lässt, ebenso den Inhalt von «leben», von «im Licht». Das geschieht ganz allmählich, indem man dies innere Sprechen des Satzes und innere Erbilden seines Inhaltes wiederholt.

Dabei macht man die Erfahrung, dass man im Verlauf dieses Bemühens eine immer größere Kraft aufwenden muss. Zunächst ist der Inhalt gleichsam ganz dünn; man braucht fast keine Kraft. Dann wird der geistige Inhalt immer konkreter und dichter; man benötigt eine immer größere Kraft. An der immer stärkeren Energie, die man aufwenden muss, erlebt man, wie der Gedanke weiter und substantieller wird. Man bemerkt, wie ein wesenhaftes Leben entsteht, das den mittleren Menschen erfüllt, das mit einer inneren Lebendigkeit im Kopf regsam wird und bis in die Glieder, in die Arme und in die Beine vibriert.

Was man so im Meditieren erfährt, ist nichts anderes als jenes Denken, durch das man «Weisheit lebt im Licht» ganz von innen bildet. Dieses Erbilden ist ein Denken, das nicht mehr an das Gehirn gebunden ist. Dadurch aber, dass es frei wird von dem physischen Leib, kann man es in seiner inneren Wesenheit erleben. Man empfindet das Denken nicht mehr als eine schattenhafte formale Tätigkeit, sondern substantiell, wesenhaft als einen zweiten, inneren Menschen, der im äußeren Menschen auflebt.

Wir haben uns nun die Frage vorzulegen: Woher hat man die Kraft, die sich im Meditieren zu der beschriebenen Intensität steigert? Es ist jene Charaktereigenschaft, die sich bildet, wenn der Mensch in der Diskretion die Zurückhaltung übt. Dabei geht es um eine besondere Art von Selbstüberwindung. Denn man könnte ja durch das, was man weiß, Geltung und Beachtung gewinnen; man könnte Einfluss ausüben und sein Persönlichkeitsgefühl steigern. In dem Bedürfnis zu sprechen wirkt oft eine Vielzahl von elementaren Triebkräften. Diese drängt man zurück, wenn man im besonnenen Schweigen sein Wissen, seine Einsicht und seine Klugheit bei sich behält. Dabei entwickelt sich eine Kraft, in der man immer ein Zeichen für die Reife des Charakters gesehen hat. Diese Kraft hat bestimmte Eigenschaften: besonnene Konzentration im Bereich des Denkens und die Fähigkeit zum inneren Umgang mit Gedanken. Dadurch aber kann man sie verwenden, um in rein innerer Tätigkeit Gedanken zu bilden. Sie ist es, die zur Kraft des Meditierens wird. Ein Mensch, der alles ausplaudert, was er weiß und meint, wird deshalb in sich keine Grundlage für das Meditieren haben. Allerdings: er wird auch keine Neigung haben, sich in Gedanken zu versenken.

Auf die erste Stufe des meditativen Bemühens folgt eine zweite. Auch sie baut auf die Diskretion auf. In der Diskretion bleibt nicht nur vieles von dem, was man weiß und erlebt hat, ungesagt. In dem Schweigen werden nicht nur Gedanken zurückgehalten, es wird auch das Sprechen unterdrückt. Ich meine nicht, dass man schweigt wie die Mönche eines Trappisten-Klosters, sondern dass vieles, was Anlass zum Sprechen sein könnte, nicht wie sonst zum Sprechen führt. In der Diskretion liegt die Tendenz, nicht nur das Denken aus den Organen des Leibes loszulösen, sondern auch die Sprache.

Das ist die Umkehrung jenes Vorgangs, der sich in den ersten Lebensjahren beim Sprechenlernen abgespielt hat. Da hat sich aus dem Bemühen des Kindes in dem noch bildsamen Organismus des kindlichen Leibes die Sprachorganisation gebildet. Diese handhabt man von der Kindheit an, wenn man spricht. Das Sprechen geht ja normalerweise von der Absicht aus, einen Gedanken oder einen Vorstellungskomplex mitzuteilen. Das ist dadurch möglich, dass in der frühen Kindheit bestimmte Zentren im Gehirn entstanden sind, die zwischen Gedanke und Sprache vermitteln. Es sind bestimmte Felder des Vorderhirns, in denen die Sprache gleichsam repräsentiert ist. Man nennt sie nach ihren Entdeckern das Broca- und das Wernicke-Zentrum; beide liegen bei den meisten Menschen in der linken Gehirnhälfte. Von hier und anderen Gehirnarealen geht der Impuls, etwas Bestimmtes auszusprechen, aus.

Das Sprechen selbst vollzieht sich in tieferliegenden Bereichen der menschlichen Organisation, zunächst in der willentlichen Aktivierung des Ausatmens und einer sehr feinen Führung dieses Ausatmungsimpulses. Am Kehlkopf ertönt dann im Ausatmungsstrom die Stimme des Menschen; es wird etwas vom Wesen des Menschen hörbar. Und in diesen Strom mit dem Klang der Stimme wird durch die Artikulationsorgane das Wort mit seinen Lauten eingeprägt. Das alles ist aber nicht ein additives Nacheinander, sondern als Geschehen eine Ganzheit. Die Art, wie man den Atem führt und wie man artikuliert, geschieht aus der lautlichen und rhythmischen Konfiguration des Wortes, das man gerade sprechen will. Man ist im Sprechen aus dem Wort und dem Satz in der Sprachorganisation tätig. Dadurch werden das Wort und der Satz hörbar, das heißt dem Atemstrom eingeprägt.

Man kann an einer Tatsache ablesen, wie tief man beim Sprechen in den Sprachorganen drinnensteckt. Das ist das geringe Bewusstsein, das man von den Tätigkeiten beim

Sprechen hat. Man weiß nicht, wie man atmet, man weiß nichts oder kaum etwas von den Bewegungen der Artikulationsorgane – der Zunge, der Lippen, des Unterkiefers und so weiter. Das Sprechen verläuft noch unbewusster als eine Tätigkeit, die man mit den Händen verrichtet.

Man erlebt allerdings etwas von den inneren Kräften, mit denen man am Sprechen beteiligt ist. Denn man empfindet zum Beispiel etwas anderes, wenn man «im» sagt oder «am». Im «i» bei «im» empfindet man etwas Helles; in diesem Hellen ist man mit dem eigenen Erleben ganz drinnen. Bei dem «a» von «am» empfindet man etwas anderes: Man weitet sich zu einem anderen hin; dieses ist vor einem. Man lebt empfindend und fühlend die Laute mit. Und dabei wird die Bedeutung erlebt: Das eine Mal ist man in etwas drinnen, das andere Mal befindet man sich vor einer Sache und wendet sich ihr zu. Man ist durch die feine Willenstätigkeit beim Bilden der Laute und Worte innerlich mit der Sprache verbunden.

Dieses innere Mitleben mit der Sprache führt zu der zweiten Stufe des Meditierens. Man kann mit dem fühlenden Empfinden und der Willenstätigkeit bewusster als beim normalen Sprechen die Worte des mantrischen Satzes innerlich mitvollziehen; zuerst «Weisheit» und dann das Tätigkeitswort «lebt»:

«l» – das ist Bewegung; es ist aber nicht eine nach außen strömende Bewegung wie bei «f». Es ist ganz in sich verlaufende Bewegung, eine sich immer erneuernde, neu in sich aufquellende Dynamik des Lebendigen.

«e» – das ist nicht wie im «i» das Helle, in dem man drinnen ist; auch nicht das Offene des «a», sondern ein verhaltenes Bei-sich-Bleiben.

«b» – hier mündet das lebendig Bewegt-Bewegende, das in seiner Regsamkeit bei sich bleibt, in eine Verdichtung ein. Es kommt zu einer Begrenzung, die nicht erstarrt, sondern bildsam bleibt.

Und schließlich der Übergang von dem «b» zum «t» – es ist eine starke Abgrenzung gegenüber der Umgebung. – Man vollzieht ein Geschehen mit, wenn man vom Gedanken zum Wort übergeht und das Wort mitlebt.

Dann folgt in dem mantrischen Satz das kleine Wörtchen «im»:

Da ist zunächst im «i» das Helle, in dem man ganz darinnen ist. Darauf folgend im «m» eine eigentümliche Art von Begrenzung, die nicht von der Umgebung abtrennt. Man dringt lebendig nach außen, hält sich im Empfinden des Äußeren aber immer bei sich.

Und dann das Wort «Licht»:

Es beginnt mit dem in sich beweglichen Leben des «L», das übergeht in die Helligkeit, die in sich ihr Wesen hat. Darauf folgt mit dem «ch» ein machtvolles Strömen. Dieses Strömen ist anders als das leicht Fließende des «f». Es hat eine größere Kraft und ist deshalb viel wesenhafter. Im «t» empfindet man wiederum, wie dieses hell machtvoll Strömende nicht nur in sich lebendig ist, sondern auch eine formend-begrenzende Wirksamkeit in sich hat.

Wenn man sich mit innerer Hingabe in das, was die Sprache selbst ist, hineinlebt, dann erfasst man bei «... lebt im Licht» ein wesenhaftes Geschehen. Die Laute werden Ausdruck von lebendig bildenden, von gestaltenden und strömenden Kräften und die Worte zum Ausdruck von Vorgängen und Prozessen, in denen diese Kräfte wirken.

Man kann nun, ohne dass man äußerlich spricht und die Sprachorgane bewegt, in der Meditation den Wortlaut eines mantrischen Satzes innerlich sprechen. Da lernt man, die Laute mit ihren inneren Bewegungen und Gebärden bewusst innerlich zu bilden, wie man zuvor den Gedanken ganz von innen gestaltet hat. Je intensiver man die Laute eines Wortes und die Worte im inneren Sprechen erbildet, desto mehr wird die Sprache zu einer Wirklichkeit, die nun unabhängig von den Sprachorganen vorhanden ist. Und wie man vorher unbewusst im Sprechen tätig war, solange man die Sprache durch die Sprachorgane dem Luftstrom aufprägte, so lebt man jetzt voll bewusst in den Lauten und in den Worten der Sprache.

Wo aber befindet man sich bei diesem Erleben? Man schaut zum Beispiel im Sommer zum Himmel und sieht dort eine der schönen Sommerwolken mit ihren quellenden Formen. Man sieht sie von außen. Dann zieht man sich von dem äußeren Eindruck zurück und bildet innerlich meditierend das Wort «Wolke» – und lebt bei «w» in einem Prozess, der von innen nach außen strömt, sich etwas verdichtet und dabei leicht zu vibrieren beginnt; bei «o» erfasst man, wie dieses Geschehen in die Fülle des Runden einmündet und beim «l» innerlich lebendig ist und im Bildsam-Lebendigen verläuft; sich dann aber mit dem «k» gestaltet und eine Form annimmt, die in dem folgenden «e» sich wieder etwas löst, ohne zu zerfließen.

Versenkt man sich in innerer Hingabe meditativ in das Wort, dann taucht man in einen Weltprozess ein. Man schaut die Wolke nicht von außen an, sondern lebt im Prozess und in den Kräften der Wolkenbildung. Indem man sich bei der zweiten Stufe der Meditation von den Sprachorganen des Leibes löst, erlebt man die Konsonanten als in der Welt wirkende Kräfte des lebendigen Bildens, des Gestaltens, des Verdichtens und Auflösens. Man dringt mit seinem inneren Wesen durch die Vokale hinein in diese schaffende Welt, die in den äußeren Erscheinungen wirkend tätig ist und aus ihren Kräften die Erscheinungen bildet. Damit gewinnt man aber auch ein neues Verständnis der Sprache. Man erlebt, «dass das, was äußerlich stumm in den Dingen als deren Sprache bleibt, anfängt zu erklingen als die Menschensprache im menschlichen Innern» (R. Steiner in GA 76, S. 135).

Der Mensch kommt zu dieser Erfahrung, weil sich in dem meditativen Erleben der Sprache Kräfte verwandeln, die vorher in den Sprachorganen tätig waren und sich im Bedürfnis zu sprechen äußern. Man kann diese Kräfte besonders beim Menschen mit einem starken Drang zum Sprechen bemerken. Es ist das Erleben der eigenen Persönlichkeit beim Sprechen und das Bedürfnis, sich als Persönlichkeit in der Sprache auszuleben. In der Diskretion hält der Mensch diesen Drang zurück. Damit verschwindet er aber nicht. Er wird zu etwas Neuem: zur Fähigkeit, die Laute und Worte im inneren Seelenraum zu erbilden. Das Erleben der eigenen Persönlichkeit im äußeren Sprechen verwandelt sich in die Hingabe an das innere Gestalten der Laute und Worte und zur Hingabe an das, was man nun beim Loslösen der Sprache von der leiblichen Sprachorganisation als Weltprozesse erleben kann.

Auch hier gilt: *Diskretion wird zu Meditationskraft.*

Nun gibt es noch einen dritten Aspekt zu unserem Thema. Diesen lernt man zum Beispiel in Äußerungen von Menschen mit einem starken esoterischen Streben und Leben kennen, zum Beispiel durch das schöne kleine

Buch des deutschen Philosophen Josef Pieper *Über das Schweigen Goethes.* Pieper, dem wir vor allem schöne Darstellungen über die Scholastik, insbesondere auch über Thomas von Aquin verdanken, hat sich kurz nach dem Zweiten Weltkrieg in einer besonderen Lebenssituation mit den Briefen Goethes befasst und ist da auf eine wenig bekannte Eigenschaft Goethes gestoßen, auf dessen Schweigen.

Pieper berichtet zum Beispiel, dass Goethe den Plan zu einer neuen Dichtung niederschreiben wollte, um Schiller davon in Kenntnis zu setzen. Er unterlässt es aber und notiert: «Da ich nun weiß, dass ich nie etwas fertig mache, wenn ich den Plan zur Arbeit irgend jemand offenbart habe, will ich lieber mit dieser Mitteilung noch zurückhalten» (S. 30). Mehr als zehn Jahre später schreibt Goethe: «Denn gewöhnlich, was ich ausspreche, das tue ich nicht» (S. 30).

Was Goethe hier formuliert, ist eine intime Selbstbeobachtung. Es gibt im Menschen eine innere Sphäre des geistigen Wachsens und Reifens. Die tieferen Einsichten, die bedeutenden Ideen müssen hier ganz im Innern der Seele leben. Es ist jener Bereich, wo sie aus dem Geistigen befruchtet werden und reifen; der Mensch erlebt, wie er von dem, was aus dem Geistigen in seinem Innern auflebt, erfüllt ist. Wer diese innere Sphäre kennt, weiß, dass sie den Schutz des Schweigens braucht. Sie wird verletzt, wenn man etwas zu früh ausspricht. Dann wird das innere Leben geschwächt, und der Zustrom an Kräften des Reifens versiegt, wenigstens für eine gewisse Zeit.

Das gilt in besonderer Weise auch für das meditative Leben. In ihm wachsen allmählich jene Kräfte, durch die sich der Mensch dann als innerer Mensch von den Fesseln des Leibes befreit. Was man da an Erfahrungen durchmacht, ist nur im Innern, das heißt im Schutze des Schweigens, wirksam. Sobald man darüber spricht, wird das innere Leben tangiert. Denn es wird etwas nach außen getragen, was nur im Innern lebendig sein kann. Das meditative Leben verlangt die Diskretion. Jede unnötige Äußerung hat eine innere Schwächung zur Folge. Diskretion gegenüber dem, was man bei der Meditation erlebt und durchlebt, ist eine Bedingung für das meditative Leben.

Hier gilt:

- Sprechen schwächt die Kraft und das innere Leben der Meditation.
- Diskretion lässt die Kräfte und das innere Leben in der Meditation wachsen.

So kann man von einem dritten Aspekt aus feststellen: *Diskretion wird zu Meditationskraft.*

Am Beginn dieser Betrachtung wurde darauf hingewiesen, dass durch das menschliche Ich astralische Eigenschaften in Tugenden umgewandelt werden. Wodurch aber werden die Tugenden zu höheren Kräften? Wodurch wird die Tugend der Diskretion zur Meditationskraft und damit zur Praxis des Meditierens? Man denkt in der Meditation nicht über den Inhalt des mantrischen Satzes nach. In diesem Nachdenken würde die Kraft und Bewusstheit unseres gewöhnlichen Ich wirken. Beim Nachdenken hat man, wie es Rudolf Steiner einmal formulierte (GA 316, S. 145 f.), den Inhalt gleichsam vor sich. Beim Meditieren vereinigt man sich mit dem Inhalt, indem man ihn erbildet. Man lebt schaffend in dem Geistigen, das sich aus den Fesseln des Leibes losringt. Das ist das Selbst, das in sich den Geist erweckt und mit seinen Kräften im

Geistigen lebt. Dies ist aber nicht mehr das gewöhnliche Ich; es ist das Geistselbst oder das höhere Selbst. Ebenso ist es auf der zweiten Stufe der Meditation. Beim normalen Sprechen erlebt sich der Mensch als Persönlichkeit, als Ich. Wenn er aber zum inneren Sprechen kommt, dann ist er an die schaffenden geistigen Kräfte der Welt hingegeben. Da lebt er als Selbst aus dem Zusammenhang mit dem Geistigen auch als Geistselbst.

Der Prozess, der aus der Diskretion die Meditationskraft werden und den Menschen ein meditatives Leben führen lässt, ist das Erwachen und Tätigwerden des Geistselbstes. – Die doppelte Verwandlung, die Thema dieser Darstellung war, sei in diesem Schema zusammengefasst:

Meditationskraft	Geistselbst
↑ ↑ ↑	
Diskretion	Ich
↑ ↑ ↑	
Mitteilungs- und Rededrang	astralischer Leib

Literatur

Josef Pieper, *Über das Schweigen Goethes.* München 1951.

Rudolf Steiner, *Die befruchtende Wirkung der Anthroposophie auf die Fachwissenschaften.* Gesamtausgabe Bibl.-Nr. 76 (= GA 76), Rudolf Steiner Verlag, Dornach ^{2}1977.

– *Meditative Betrachtungen und Anleitungen zur Vertiefung der Heilkunst.* GA 316, Rudolf Steiner Verlag, Dornach 1967.

III. März

Großmut wird zu Liebe

Klaus Dumke

Der Mensch – ein Überschusswesen

Großmut ist – auf den ersten Blick – eine Seelenkraft menschlicher Mitte. Denn Mut, die Kernkraft dieser Mitte, ist seelische Herzenskraft. Von dieser zentralen Mutkraft leiten sich die verschiedensten Modalitäten seelischen Lebens ab: Starkmut, Großmut, Langmut, aber auch Demut, Schwermut, Wehmut und – Kleinmut.

Vom Starkmut, der dem Großmut nahe steht, sagt Rudolf Steiner, er sei «innere Lebensfülle, die ausgeben kann». Im gleichen Zusammenhang charakterisiert er den Starkmütigen: «Solch ein Mensch hat in sich mehr, als er für seinen persönlichen Gebrauch bedarf.» Der Starkmütige, der Großmütige zeigen seelische Überschusskraft. Denn sie haben seelischen Überschuss an Gemütskräften, die sie verschwenderisch verschenken können. Diese Lebensgeste nimmt den Begriff der Großmut auf; er bezeichnet eine menschliche Grundkonstitution. Das Tier hat sie nicht. Denn das Tier hat, wenn man den obigen Satz Rudolf Steiners variiert, gerade so viel, als es für seinen – beim Tier nun nicht «persönlichen», aber leiblichen – Gebrauch benötigt. Das Tier hat keinen Überschuss an *«innerer Lebensfülle»*. Damit stehen wir vor einer Grundaussage einer jeden Anthropologie:

Der Mensch ist ein Überschusswesen.

Wie tritt dieser Überschuss auf? Der konstitutionelle Überschuss des Menschen offenbart sich als sein gesamtes Seelen- und Geistesleben – als seine Kultur. Sowohl die individuelle wie auch die Menschheitskultur entspringen dieser menschlichen Überschusskonstitution. Deshalb sagt Rudolf Steiner im gleichen Zusammenhang, der Mensch folge «ganz instinktiv dem Impulse, das, was er zuviel hat, auszugeben».

Insofern also dieses Verhalten des Menschen konstitutionell und instinktiv auftritt, entspringt es noch nicht irgendeiner *Tugend.* Großmut offenbart sich zunächst als Konstitutionsmerkmal des Menschen im Allgemeinen. Wenn wir noch bei diesem menschenkundlichen Grundbegriff des Überschusses verweilen, entsteht die Frage: Wie wird der Überschuss organisiert?

Menschwerdung durch Emanzipation

Mit dem Überschuss ist – als Gegenbegriff – *Emanzipation* verbunden. Der Begriff der Emanzipation ist einer der umfassendsten Grundbegriffe der anthroposophischen Menschenkunde. Die Bildekräfte des Leibes erschöpfen sich nicht – wie beim Tier – in der Leibesbildung bzw. in der physischen Organisation der leiblichen Umwelt (z.B. Nestbau, Insektenstaatenbildung o.ä.). Der konstitutionelle Überschuss wird mit dem Abschluss der Leibesbildung beim Menschen emanzipiert, vom Leibe abgezogen, er wird der freien seelischen Verfügbarkeit übergeben. Bei der Emanzipation handelt es sich also um eine für das Wesen des Menschen typische und charakteristische *partielle* Exkarnation. Die Fundamentalerscheinungen dieser Emanzipation des Überschusses beim Menschen sind *Gehen, Sprechen, Denken.* Es sind die ersten großen Überschussleistungen der leiblich-seelischen Menschwerdung des Kindes.

Jedoch – man kann nur das als Überschuss emanzipieren, was zuvor vorgeburtlich in den Leib hinein «verzaubert» wurde. Deshalb vermag der Mensch nur das, was er vorgeburtlich in seine Leiblichkeit verzaubert hat, aus ihr wieder zu befreien. Es entsteht die Frage: Wo stammt das her, was vorgeburtlich verzaubert wurde? Beim Menschen kann es nur aus seinem individuellen Vergangenheitsschicksal oder aus dem Erleben der «Kultur» der Götter im vorgeburtlichen Dasein stammen.

Im Blick auf Großmut kann man sagen: Nur der zeigt Großmut im Leben, der vorgeburtlich «weit ausgeholt» hat. Durch solches weites Ausholen erwirbt er sich jenes souveräne Verhältnis zu seinem Leib und zu seiner Umwelt, das ihn als einen Großmütigen ausweist. Ein solcher Mensch steckt nicht wie ein Schirm fest im Futteral – er vermag sich leibüberschreitend zu entfalten.

Großmut und die Kardinaltugenden Platons

Man kann drei Bereiche der Emanzipationskultur skizzieren, die sich aus Gehen, Sprechen, Denken entwickeln. Damit entfaltet sich stufenweise die Tugend-Kultur des Menschen aus seiner Grundkonstitution heraus:

- Aus dem Gehen, dem aufrechten Gang entfaltet sich nach und nach ein freies Handeln. Solches Handeln ereignet sich in einem Kulturraum, der durch Emanzipation aus dem Stoffwechsel-Gliedmaßen-System eröffnet wird. Man kann ihn den Handlungs- oder auch Arbeitsraum nennen. Je mehr sich das Handeln in diesem Raum aus den instinktiven, leibgebundenen Triebkräften befreit, desto mehr entfaltet sich *Besonnenheitskultur.*

Für die Besonnenheitskultur liegen die Motive in der Situation, die wir draußen antreffen, und nicht in den instinktiven Triebkräften des Innern. Was ist eine Situation? Es ist ein Stück Welt, hier und jetzt, beschienen von der klaren Sonne des Besonnenheitsbewusstseins des Menschen. Die Besonnenheitskultur des Platon, die den Triebfedern ein Maß anlegt, d. h. sie mäßigt, ist die Tugendkultur, die aus dem Stoffwechsel-Gliedmaßen-System befreit werden kann. Das Maß, das sie anlegt, wird aber von der Welt genommen, es ist «situationsgerecht».

– Aus der beim Menschen sprechend gewordenen Atmung öffnet sich ein weiterer Kulturraum: der Kommunikations- oder Begegnungsraum. Seine Kultur ist die im Gespräch geformte seelische Begegnung. Was sich da aus dem Rhythmischen System, aus Atmung und Herzschlag, emanzipiert, lebt – wie dieses – im Wechselrhythmus von Sympathie und Antipathie, von Hingabe (im Zuhören) und Mut zur Selbstäußerung (im Reden). Das Gespräch ist die Tugendkultur des Rhythmischen Systems. In ihm übt sich Mut als Tugend und strahlt von dort aus über die seelische Begegnung hinaus in Denken und Handeln. Von solcher *Mutkultur* sprach Platon als einer zweiten «Kardinal»-Tugend.
– Aus der zu Ende gekommenen Bildeplastik des Nerven-Sinnes-Systems, des Hauptes, das physisch Denkmalscharakter hat, emanzipiert sich der Bewusstseinsraum.

Während wir im Handeln ganz einverwoben sind in die Kräfte der Welt, während wir im Sprachraum dem Anderen begegnen, sind wir im Bewusstseinsraum allein, ein Eremit des Denkens in der Klause des Kopfes. Es sind unendliche Stufen der Kultur in diesem Bewusstseinsraum: vom ersten unbeholfenen Begreifen des Kindes über das Wissen zum eigentlichen Erkennen. Und auch dieses vermag sich noch zu steigern durch die verdichtende Erfahrung des Lebens zur Weisheit.

Überblickt man diese dreifache Emanzipationskultur des Menschen, so fällt auf, wie individuell das Ergebnis ist: Stark und schwach, aber auch eng und weit gespannt sind die «Kulturräume» von Mensch zu Mensch.

Auf der Suche nach einem menschenkundlichen Verständnis der vierten, der von Platon am höchsten eingeschätzten Kardinaltugend, der Gerechtigkeit, wird der Rahmen der leibgebundenen Existenz des Einzelnen gesprengt. Denn Gerechtigkeit ist die im menschlichen Erdenleben zur Erscheinung kommende Tugend der das Schicksal ordnenden Götter. Ihre Schicksalsmacht ordnet durch Gerechtigkeit das Verhältnis des einen, des vorangegangenen Erdenlebens zum nächsten Erdenleben. Aber auch in einem Erdenleben transzendiert die von Menschen geübte Gerechtigkeit als eine Tugend den Einzelmenschen. Denn sie ordnet das Verhältnis einzelner, ja vieler Menschen zueinander durch die Tugendkultur der Dikaiosyne.

Großmut nun, die Tugend, von der wir hier sprechen, entstammt zwar der menschlichen Mitte, sie ist eine MutTugend, aber sie färbt durch ihre Eigenart alle anderen Tugenden. Sowohl das Denken wie auch das Handeln können von der Gemütsaura der Großmut mitbestimmt sein.

Geschichtlicher Wandel der Großmut

Man erkennt dies am geschichtlichen Wandel, dem die Großmut unterliegt. Hier sollen nur herausragende, exemplarische Stufen skizziert werden:

- Die erste nachatlantische Kultur wurde inspiriert von sieben Weisen, den heiligen Rishis. Ihre Weisheit war nicht persönlicher Besitz. Jeder Einzelne von ihnen war, so schildert es Rudolf Steiner, ein schlichter, unauffälliger Mensch. Nur wenn sie zusammenkamen, alle sieben, wurden sie «großmütig» in ihrer Weisheit, gaben der ganzen Kultur des alten Indien jene Inspiration, die sie lenkte und durchdrang. Nur alle sieben gemeinsam konnten das Organ für die Aufnahme der sie alle überragenden Weisheit sein. So erschien Großmut als eine den Einzelnen überragende Weisheitsaura.
- Zu Beginn der dritten nachatlantischen Kultur erschien in gewaltiger Begegnung Großmut in der Mutsphäre: Gilgamesch und Eabani. Sie kämpften miteinander bis aufs Blut; dann aber schenkten sie einander das Leben und wurden Freunde – über den Tod hinaus. Ihre Großmut besiegelte eine gewaltige Schicksals-Freundschaft.
- In der vierten Kultur zeigte sich Alexander als Held der Großmut vor dem «Gordischen Knoten». Der Kleinmütige hätte die Waffen abgelegt und in langer Arbeit jenen Mysterien-Knoten zu lösen versucht – ohne Aussicht auf Erfolg vermutlich. Alexander, der Großmütige, löst das Problem durch den Schwerthieb.
- Sokrates nennt seine Großmut «Daimonion». Es ist die die irdische Person transzendierende Geistes-Aura, das Führerwesen. Die Griechen nannten die Großmut Megalopsychia. Und diese Megalopsychia des Sokrates ist

es, die ihm die Mutkraft zum Tode verleiht: Großmut in der Sphäre der Gerechtigkeit. Sokrates trug die himmlische Gerechtigkeit seines Schicksals herab auf die Erde und verband sie mit der irdischen, beschränkten Gerechtigkeit des Staates Athen. Die dunkle Moira, das dumpf waltende Schicksal der Griechen, stieg in seiner Tat von ihrem Weltenthrone und wurde individualisiertes Schicksal.

Das Mysterium von Golgatha

Im Zeitalter der vierten Kultur war die Weltenstunde gekommen, in der sich Großmut in Liebe wandeln sollte: Die kosmische, göttliche Megalopsychia des Christus, die als der Logos am Beginn der Schöpfung waltete, wandelte sich im «Menschensohn» in Liebe. Wie göttliche Großmut die gesamte Schöpfung überstrahlt, so Liebe, ausgehend von Golgatha, die zweite Schöpfung bis ans Ende der Erdenzeiten.

Immer wenn sich Großmut in Liebe wandelt, ist das Mysterium von Golgatha gegenwärtig. Denn Großmut wandelt sich nur dann in Liebeskraft, wenn sie dabei durch die Demut geht.

Ein Blick auf das Christus-Jesus-Leben macht dieses Mysterium sichtbar. Aus Großmut lässt sich machtvoll handeln, eindrucksvoll reden; Demut aber führt zum Schweigen und in die Ohnmacht. So heißt es bei Matthäus (26, 62) auf die Frage des Hohenpriesters: «Jesus aber schwieg.»

Wandelt sich kosmische Megalopsychia in göttliche Agape, so muss auch der Leib gewandelt werden: «Brecht diesen Tempel ab, und in drei Tagen will ich ihn neu errichten» (Johannes 2,19).

Der Satz «Großmut wird zu Liebe» umfasst die ganze Weltgeschichte. Denn der Wandel von göttlicher Großmut in Liebe vollzieht sich als irdische Wirklichkeit in Christi Erdenopfer und durch seine Auferstehung.

Stufen der Liebe

Auch die Liebe hat ihre konstitutionellen Voraussetzungen. Während Großmut aus dem Überfluss des vorirdischen Lebens in Erscheinung tritt, entfaltet sich Liebe aus dem *Keim.* Dieser Keim kann nur im Erdenleben selbst gelegt werden, um sich dann zu entwickeln. Jedes Ich pflanzt solche Keime in diesem seinem Erdenleben, Keime für die Zukunft – Keime der Liebe.

Der Mensch ist nicht nur ein Überschuss-Wesen, sondern auch ein Keim-Wesen. Das Tier legt nur leibliche Keime, der Mensch legt auch seelisch-geistige Keime, die über den Tod hinaus zur Entfaltung kommen.

Weil Liebe keimhaft ist, ist sie immer auch ein Anfang, etwas Neues. Sie ist in ihrer höchsten Form eine Schöpfung aus dem Nichts.

So wie die Großmut den Leib von der Vergangenheit her überragt, so die Liebe zur Zukunft hin: Der Leib begehrt, Seele und Geist befreien sich aus dem Leib in den unendlichen Stufen der Liebe. Was im Deutschen nur diesen einen Namen trägt, die Liebe, transzendiert als keimende Kraft den Leib in solchen Stufen. Die Griechen erfassten drei solcher Stufen der Liebe: Eros, Philia, Agape. Eros meint die sinnliche Liebe des Leibes, Philia die

Seelenfreundschaft als eine Liebe auf Gegenseitigkeit. Agape meint die göttliche Stufe der Liebe. Sie lebt in Verzicht, Hingabe, Opfer – ohne «Gegenseitigkeit».

Auf weite Strecken des Lebens mischen sich Begehren und die in Stufen sich befreiende Liebe. Da die wahre (befreite) Liebe immer ein Anfang, immer neu ist, ist sie auch immer konkret: *Diese* Situation, *diese* Aufgabe, *dieser* Mitmensch fordern meine Liebe heraus. Liebe also ist keine Verfassung, kein bedingtes Verhalten. Sie hat die Dimension einer immer situationsbezogenen Initiativ-Tat; sie tritt auf als moralische Intuition.

Könige und Hirten

Im Wandel von Großmut in Liebe spiegelt sich nun aber das Denken und Empfinden, das Handeln und Leiden der nachchristlichen Menschheit wider. Das Mysterienwort «Großmut wird zu Liebe» kann zu einem Okular werden für den Blick in die seelische Menschheitsgeschichte. Erst dabei offenbaren sich die inneren Vorgänge des Fortschritts in der nachchristlichen Zeit, die für die äußere Historie eher verdeckt oder zweifelhaft bleiben.

Da solche mysterienhaften Wandlungen sich nur im individuellen Ich, im innersten Heiligtum eines jeden einzelnen Menschen ereignen können, fällt der Blick durch dieses «Okular» nur auf individuelle Gestalten und deren Schicksale. Dennoch gibt es auch urbildliche Gestalten, die uns aus der Geschichte des Christus-Lebens vertraut sind: *Könige und Hirten.* Sie sind urbildlich zugleich auch für Großmut und Liebe:

– Der Rang der Könige, ihre kosmische Führung, ihre

spirituelle Weisheit – ihre Großmut – führt sie an den Ort, an dem sie die Knie beugen – in Demut vor der Megalopsychia des Menschheitsrepräsentanten.

– In den Hirten, den Einfachsten der Einfachen, entfacht sich Liebeskraft im Anblick des Kindes im Stall.

Es gibt Königs-Menschen, es gibt Hirten-Menschen. Vorchristlich finden wir mehr den Typus der Königs-Menschen in ihrer Großmut, nachchristlich mehr den Typus der Hirten-Menschen in ihrer Liebe. Dennoch: Wir finden die Mischung der Urbilder in letztlich jedem Menschen, so auch in den nachchristlichen Menschen, die wir abschließend beispielhaft betrachten wollen.

Franziskus von Assisi (1182 –1226)

Schicksal und schicksalshafte Konstitution verliehen Franziskus, was man nennen kann «großen Mut». In seiner Jugend zeigte sich verschwenderische Großzügigkeit im äußeren Leben, aber auch eine mutvolle Tapferkeit. Bald jedoch waren es einschneidende übersinnliche Erlebnisse, die diese Großmut sich wandeln ließ in Demut. Und aus diesem Wandel entfaltete sich, ja entflammte in diesem Menschen eine unerhörte, geradezu übermenschliche Kraft der Liebe.

Franziskus war der Begründer des Franziskaner-Ordens. Damit fügte sich in die lange Folge der mittelalterlichen Mönchsorden ein weiterer Orden ein, der die Kardinalsgelübde der Ordensbruderschaft: *Armut – Keuschheit – Gehorsam* aufnahm.

Betrachtet man diese Gelübde menschenkundlich genauer, so findet sich, dass sie spirituelle Instrumente sind zur esoterischen Kultivierung (Zucht) des Stoffwechsel-Gliedmaßen-Systems des Menschen, in dem der Wille wirkt. Dieses Stoffwechsel-Gliedmaßen-System hat gleichsam drei Untersysteme: das Stoffwechsel-System, das Sexual-System, das Gliedmaßen-System.

Die Begehrlichkeit des Stoffwechsels wird im seelischen Menschen instinktiv zum Streben nach Besitz. Das Gelübde der Armut sollte diesem instinktiven Besitzstreben, das aus dem Stoffwechsel aufsteigt, entgegenwirken.

Die Begehrlichkeit des Sexual-Systems strebt instinktiv nach dem Genuss des mitmenschlichen Leibes. Das Gelübde der Keuschheit sollte dieser instinktiv aus dem Sexual-System des Leibes emanzipierten Begehrlichkeit entgegenwirken.

Die Begehrlichkeit des Gliedmaßen-Systems entfaltet instinktiv das Streben nach Macht oder nach Gewalt. Das Gelübde des Gehorsams oder, anders gefasst, der Ohnmacht sollte diesem Machtstreben entgegenwirken.

Diese dreifache Zucht des Stoffwechsel-Gliedmaßen-Systems und der aus ihm emanzipierten Mächte setzte in den Mönchsorden, und ganz besonders im Franziskaner-Orden, diejenigen Ströme von Liebe frei, die von Franziskus, den man Poverello, d. h. den Kleinen Armen nannte, ausgingen.

Franziskus war eine Hirten-Natur. Denn er hatte die ganze vorchristliche Weisheit, die aus seiner asiatisch tingierten karmischen Vorgeschichte in ihm weste, vollständig eingeschmolzen in tätige, christliche Liebe.

Mahatma Gandhi (1879 – 1948)

Gandhi entstammte einer wohlhabenden Händlerkaste. Sein Vater war eine Art Premierminister in einem der vielen Ministaaten des damaligen Indiens. Eine königlich spirituelle Weisheit war in ihm konstitutionell mitgebracht. Insofern lebte in ihm ein uraltes, reifes seelisches Element königlicher Vornehmheit.

Dennoch tritt bei ihm die Hirten-Natur ganz in den Vordergrund. Er propagiert nicht nur, sondern er lebt das «einfache Leben». So lebt er wie ein Mönch, aber in der Welt – nicht in Klausur. Freiwillig legt er die Gelübde ab: Armut, Keuschheit, Gewaltlosigkeit. Schriftlich übergibt er dieses Gelübde nicht einem Anwalt, sondern seiner Ehefrau. So sieht man in ihm moderne Formen der Freisetzung von Sozialkräften, auch von Liebeskräften aus einer in der Vergangenheit gepflegten mönchischen Zucht und Askese, aber nun ohne jede Ordensregel, ganz aus individuellem Entschluss.

Gandhi wirkt als Jurist, als Politiker, vor allem als religiöser Lebensreformer. Er wurde auch der «Arzt der Nation» genannt. Unter seiner wesentlichen Mitwirkung befreit sich Indien aus englischer Herrschaft – ein Volk von über sechshundertachtzig Millionen Menschen wird selbständig.

Man sieht, der Verzicht auf Gewalt («Non Violence») hat geschichtsbildende Kraft.

In Gandhi wirkt – trotz aller Einbindung in vorchristliche Kulturkräfte – Christuskraft, die Verwandlung von Großmut in Liebe.

Nelson Mandela (geboren 1918)

Mandela stammt aus einer Stammes-Königsfamilie in der Transkai, einem Gebiet im Osten von Südafrika. In ihm mischen sich königlich-stolzes Selbstbewusstsein mit jener liebenswürdigen Milde und Fairness, die ihn auszeichnen. Im Untergrunde dieses Charakters aber wirkt eine starke, unbeugsame, eine ganz jugendlich wirkende Willensnatur.

Mandela studiert – wie Gandhi – Jura, wird Rechtsanwalt. Auch er wird politisch tätig, für die Befreiung der von ihm so genannten «Nicht-Weißen». Wie bei Caspar, dem Mohrenkönig, lebt in ihm willenshaftes Ungestüm, das jedoch ständig ausgeglichen wird durch die Großmut seiner königlichen Natur und die überragende, ruhige, von hoher Moralität durchzogene Vernunft seines Wesens.

Etwas von der Liebeskraft des Hirten-Menschen leuchtet auf, wenn wir die Worte hören, die man in einer Passage seiner Autobiographie findet:

«Ich wusste immer, dass tief unten in jedem menschlichen Herzen Gnade und Großmut zu finden sind. Niemand wird geboren, um einen anderen Menschen wegen seiner Hautfarbe, seiner Lebensgeschichte oder seiner Religion zu hassen. Menschen müssen zu hassen lernen, und wenn sie zu hassen lernen können, dann kann ihnen auch gelehrt werden zu lieben, denn Liebe empfindet das menschliche Herz viel natürlicher als ihr Gegenteil. Selbst in den schlimmsten Zeiten im Gefängnis, als meine Kameraden und ich an unsere Grenzen getrieben wurden, sah ich einen Schimmer von Humanität bei einem der Wärter, vielleicht nur für eine Sekunde, doch das war genug, um mich wieder sicher zu machen und mich weiter leben zu lassen. Die Güte des Menschen ist eine Flamme, die zwar versteckt, aber nicht ausgelöscht werden kann.»

Gandhi beantragte gegen sich selbst die Höchststrafe, als er in einem Prozess wegen Aufruhrs angeklagt wird.

Mandela spricht im Hochverratsprozess – in Erwartung der Todesstrafe – nach seinem vierstündigen Plädoyer die Worte:

«Mein Leben lang habe ich mich diesem Kampf des afrikanischen Volkes gewidmet. Ich habe gegen weiße Vorherrschaft gekämpft, und ich habe gegen schwarze Vorherrschaft gekämpft. Ich habe das Ideal der Demokratie und der freien Gesellschaft hochgehalten, in der alle Menschen in Harmonie und mit gleichen Möglichkeiten zusammenleben. Es ist ein Ideal, für das ich zu leben und das ich zu erreichen hoffe. Doch wenn es sein soll, so bin ich für dies Ideal auch zu sterben bereit.»

Bei Mandela war es das Schicksal – und das gerade ist der Mensch in seinem tieferen Wesen –, das ihm Demut abverlangte, um daraus wahre Liebe zu befreien. Was Gandhi aus der tiefen Überzeugung von der spirituellen Wirksamkeit der drei mönchischen Gelübde sich selbst auferlegte, wurde Mandela durch die fast siebenundzwanzig Jahre währende Gefangenschaft unter schwersten Bedingungen abverlangt:

Armut – bis zum schwersten Hunger; Keuschheit – die sexuelle Enthaltsamkeit; Gehorsam – in vollständiger äußerer Ohnmacht.

«Großmut wird zu Liebe» – dieses Mysterienwort steht auch über dem Leben Mandelas. Begegnet man dieser Individualität durch das Medium seiner Autobiographie, so tritt einem daraus die warme, herzliche, tiefe Liebe zum Menschen, aber auch zur ganzen Schöpfung entgegen. Diese Liebe zeigt sich jenseits alles Nationalismus, Rassismus, aller Religionsspaltung. Sie ist durchzogen von der den Schwarzen bisweilen eigenen, fast kindlichen Freude am Dasein.

Es scheint, die christlichen Impulse aus der Gegenwärtigkeit des Christus überschreiten mehr und mehr alle Grenzen, die Grenzen von Organisationen, Völkern, Kulturen und Rassen.

Doch gibt es, so scheint mir, ein untrügliches Kriterium dafür, dass ein Mensch durch Christus-Begegnungen verwandelt wird: Er muss auf dem Weg von der Großmut zur Liebe durch die Demut gehen – sei es eine selbst- oder eine vom Schicksal ihm auferlegte.

IV. April

Devotion wird zu Opferkraft

Florian Roder

I.

In einem buddhistischen Märchen wird folgende Begebenheit erzählt: Es lebten einst in einem großen Wald drei Tiere, ein Fischotter, ein Schakal und ein Affe. Der große Wald war begrenzt auf einer Seite von einem Berg, auf der anderen Seite von einem Fluss und auf der dritten Seite von einem Dorf. Die drei Tiere lebten einträchtig im Wald zusammen mit einem vierten Tier, einem Hasen. Nun hatte es eine besondere Bewandtnis mit diesen Tieren und dem Hasen. Denn die Tiere waren eigentlich Masken, Kleider von weisheitsvollen Menschen. Hinter dem Hasen verbarg sich ein Weiser, einer, der noch weiser war als jene drei Tiere und der die drei Tiere, den Schakal, den Fischotter und den Affen, belehrte. Einmal kam es, dass eine Fastenzeit herannahte. Und der weise Hase, unter dem sich der Bodhisattva, also der werdende Buddha verbarg, forderte seine Schüler auf, sie sollten sich im Sinne der Fastenregeln, im Sinne der moralischen Regeln verhalten, also nichts zu sich nehmen, aber denen geben, die zu ihnen kommen und etwas von ihnen zu essen verlangen würden. Da ging zunächst der Fischotter auf die Jagd; er fand sieben Fische, die ein Fischer am Ufer versteckt hatte. Der Fischer selbst war ins Wasser gefallen. Der Fischotter rief mehrmals, ob die Fische noch jemandem gehörten, und als er keine Antwort bekam, kehrte er heim mit seinem Fang und legte sich hin, aß nichts von den Fischen und gab sich den Gedanken an die Tugend hin. Ganz ähnlich machte es der Schakal. Er fand von einem Wildhüter einen Braten, und nachdem er gerufen und bemerkt hatte, dass niemand da war, nahm er den Braten mit nach Hause und legte sich daneben, aß nichts und gab sich den Gedanken an die Tugend hin. Der Affe nahm aus dem Wald eine große Mangofrucht mit in seine Behausung, legte sich daneben, aß nichts und gab sich den Gedanken an die Tugend hin.

Was machte nun der Hase? Der Hase ging auch hinaus, fraß etwas Gras und brachte nichts mit nach Hause. Er legte sich hin und dachte bei sich: Ich werde fasten, und wenn jetzt jemand kommt, dann kann ich keine Almosen geben. Aber ich kann etwas anderes geben, ich kann mich selber hergeben. Ich werde mich aufopfern, wenn jemand kommt und um Almosen bittet. Dieser Gedanke war so feurig, dass er zu dem Thron des Gottes Indra hinaufdrang. Durch die Wärme, die von ihm ausging, wurde Indra aufmerksam auf den Hasen und sagte sich: Ich werde ihn prüfen. Und er kam auf die Erde in der Gestalt eines Brahmanen. Er ging zuerst zu dem Fischotter, der ihm sogleich etwas abgeben wollte von seinem Fang, worauf der Brahmane sagte: Es ist gut, es hat bis morgen Zeit. Er ging als nächstes zu dem Schakal, der ihm ebenfalls anbot, etwas zu essen zu nehmen; und er ging zu dem Affen, der dasselbe tat. Zuletzt kam er zu dem Hasen. Der Hase sagte: «Ich kann dir nichts geben, aber ich kann mich selber aufopfern. Bitte mache ein Feuer an, schichte Holzkohlen auf, und ich werde hineinspringen, damit du mich verzehren kannst.» Der Gott Indra ließ durch seine magische Macht ein Feuer entstehen. Der Hase schüttelte sich, bevor er ins Feuer sprang, weil er nicht wollte, dass andere Tiere beschädigt würden, und sprang dann in die Glut. Aber oh Wunder – sie verbrannte ihn nicht, es war kein heißes Feuer, es war kaltes Feuer! Da gab sich Indra dem Hasen gegenüber zu erkennen und sagte: «Ich wollte dich prüfen. Die Glut deiner Tugend ist zu mir gedrungen, und ich wollte sehen, ob sie so groß ist, dass du wirklich zur Tat fähig bist.» Da brach der Hase in den Löwenruf aus. Das heißt soviel wie: Ich habe gesiegt, ich habe mich überwunden. Nun geschah etwas Eigenartiges: Indra nahm den Berg in die Hand, presste etwas Saft heraus und malte den Hasen in den Mond hinein. Seit jener Zeit kann man den Hasen im Mond wahrnehmen.[1]

Ich will zunächst nichts weiter zu dieser wunderbaren Erzählung, zu dem Märchen sagen, nur vielleicht auf eine Polarität, auf einen Unterschied hinweisen: Es ist eines, etwas von dem herzugeben, was man zum Leben braucht, wie das die drei Weisen, die drei Tiere getan haben; und es ist ein anderes, sich selber mit der eigenen Substanz, mit dem eigenen Leib vollständig hinzugeben. In dem einen Fall, bemerken wir ein Handeln aus andachtsvollem Sich-Einfügen in die Gesetze des Kosmos; in dem anderen Fall, beim weisen Hasen, ist vorhanden ein Über-sich-selbst-Hinausgehen. Wir haben es offenbar mit einem höheren Grad der Seelenentwicklung zu tun.

2.

Nun ein paar einleitende Bemerkungen, die auch damit zu tun haben, warum ich an den Anfang ein solches Märchen, ein solches Bild, eine solche Imagination gestellt habe. Wenn man sich mit einem Thema zu einer moralischen Frage auseinandersetzt, bemerkt man bald, dass eigentlich alles theoretische Sprechen unangemessen ist. Man hat das intensive Gefühl, es geht nicht, abstrakt wissenschaftlich, philosophisch über Fragen des Moralischen unmittelbar zu sprechen; eigentlich wäre nur ein Sprechen in Legenden, in Märchen, in Erzählungen von Menschentaten angemessen, durch die eine starke moralische Kraft gewirkt hat. – Da stellt sich also eine Scheu ein. Und ein anderes stellt sich sofort ein, was noch viel peinvoller sein kann: die Frage der *Selbsterkenntnis*. Man kann sagen, in der Anthroposophie, in der Geisteswissenschaft schwingt diese Frage immer mit; bei jedem Wort, das ich ausspreche, ist diese Frage im Grunde präsent. Aber es ist doch so, dass, wenn ich zum Beispiel über ein wissenschaftliches Thema spreche oder auch ein Thema, das vielleicht einen künstlerischen Charakter oder auch künstlerischen Gegenstand hat, die Selbsterkenntnisfrage nicht so unerbittlich auftaucht wie bei einer Frage, die in das Gebiet des Moralischen gehört. Als ich anfing, mich mit der Frage, die heute Abend unser Thema sein soll – *Demut, Devotion wird zu Opferkraft* – zu beschäftigen, musste ich mir etwas eingestehen. Das bestand darin, dass ich mir sagte: Über die eine Seite des Problems, über das, was mit der Demut, der Ehrfurcht zu tun hat, da kannst du bis zu einem gewissen anfänglichen Grad etwas sagen. Das kannst du innerlich anfühlen, anfassen. Zu der anderen Seite, auf die das Ganze hinzielt, der Opferkraft nämlich, da hast du im Grunde nur Ahnungen, da kannst du nicht hinein. Und diese Nuance bitte ich Sie bei den folgenden Ausführungen im Hintergrund zu haben.

3.

Die Tugend der Demut, der Devotion ist eine Grundtugend des Christentums; ja, man kann in gewissem Sinne sagen: Es ist *die* Tugend des entstehenden, des werdenden Christentums, wenigstens bis zum Ende des Mittelalters. Das wird immer wieder hervorgehoben, immer wieder bezeugt – es ist eine Tugend, die von vornherein stark christliches Aroma, christlichen Duft besitzt. Das ist ein erster Unterschied zu der Tugend der Großmut, von der wir das letzte Mal durch Klaus Dumke gehört haben. Die Großmut lässt sich zum Beispiel in das Griechentum zurückverfolgen als gedanklich untersuchte, für Wert erachtete Tugend. Die Demut nicht, die Demut gibt es nicht als Wert im Griechentum. Wenn man überhaupt zurückblicken will, wenn man überhaupt suchen will nach einer inneren Anknüpfung, dann muss man am ehesten in das Indisch-Buddhistische zurückgehen, um eine Vorläuferschaft zu dieser Tugend zu finden. Das ist ein erster Gesichtspunkt.

Ein zweiter Versuch der Annäherung geht über die Sprachentwicklung, die Entfaltung des Wortes. Demut kommt sprachgeschichtlich, etymologisch von einem althochdeutschen Wort, *diamuati,* was ungefähr so viel heißt wie *Dienergesinnung habend.* Daraus wurde durch christliche Missionare, die versuchten, Übersetzungen für lateinische Ausdrücke zu finden, das Wort *theomuati,* also *Gottesdienergesinnung habend*, gemacht. Über Zwischenstufen ist dann unser hochdeutsches Wort *Demut* entstanden. Die Etymologen stellen weiterhin fest, dass das, was *Mut* heißt in der Demut, nichts unmittelbar zu tun habe, nicht sprachverwandt sei in seiner Herkunft mit dem *Mut* und dessen Ableitungen.[2] Dennoch habe ich den Eindruck, dass das kein Zufall ist. Dahinter steckt womöglich ein genialer Schachzug des Sprachgeistes, der die beiden Dinge zusammengeschoben hat. Denn für unser Klangerleben ist natürlich die Silbe *-mut* in *Demut* genauso beziehbar auf den Mut, wie es bei anderen Bildungen mit Mut der Fall ist. Es scheint mir, dass, wenn man diese Geste lesen will, etwas Doppeltes angedeutet ist. Es wird einerseits gesagt: Diese Tugend hat etwas zu schaffen mit dem Mut. Und es wird andererseits gesagt: Sie ist unterschieden von dem, was mit dem Mutartigen zu tun hat. Man könnte sagen: Bei der Demut ist etwas Mutartiges, sind Herzenskräfte da, aber diese Herzenskräfte äußern sich nicht männlich, heldenhaft – *der* Mut –, sondern sie sind gleichsam weiblich abgemildert, sind verinnerlicht, sie sind abgedämpft. Der männliche Mut ist zu der Demut, zu dieser mehr weiblichen Charaktereigenschaft abgedämpft.

Wie sieht nun die Grundgeste der Demut aus? Da will ich zunächst eine kurze Legende erzählen, eine legendarische Überlieferung aus dem Leben des heiligen Franz von Assisi. Franz von Assisi hatte einen Mitbruder und Schüler, Bruder Pacifico. Dieser Mitbruder war eines Tages zusammen mit ihm in der Kirche, um zu beten. Plötzlich hatte er eine Vision, eine Schau. Er fühlte sich erhoben in himmlisches Gebiet und sah den strahlenden, glänzenden Thron Luzifers vor sich – leer, unbesetzt. Eine Stimme sagte zu ihm: Auf diesem Thron wird Bruder Franz sitzen. Als Pacifico wieder erwachte aus seiner Schau und sie gemeinsam aus der Kirche gingen, wollte er zunächst wie erschüttert niederfallen vor Bruder Franz. Schließlich fragte er ihn: Was hältst du von dir selber? Franziskus antwortete: Ich halte mich für den größten Sünder auf dieser Erde.[3] – In dieser einfachen Erzählung haben Sie etwas von der großen Spannweite, in welche die Demut, die Devotion hineingestellt ist. Eine Spannweite, die einen Philosophen des 20. Jahrhunderts, Scheler, dazu veranlasst hat zu sagen, das sei eigentlich die paradoxeste Tugend, denn die Demut bewirke etwas, bei dem man durch *Herab*steigen *auf*steige. Diese Nuance, diese Grundgeste finden Sie in allen Äußerungen, auch in allen gedanklichen Äußerungen, die sich mit der Demut beschäftigen. Ich will zwei herausgreifen.

Die eine stammt von Rudolf Steiner aus seinem Schulungsbuch *Wie erlangt man Erkenntnisse der höheren Welten?:* «Der Eingeweihte hat sich nur dadurch die Kraft errungen, sein Haupt zu den Höhen der Erkenntnis zu erheben, dass er sein Herz in die Tiefe der Ehrfurcht, der Devotion geführt hat. Höhe des Geistes kann nur erklommen werden, wenn durch das Tor der Demut geschritten wird.» Ein zweites Zitat, von Novalis stammend: «Selbstentäußerung», sagt Novalis, «ist die Quelle aller Erniedrigung, so wie im Gegentheil der Grund aller ächten Erhebung.»[4] Selbstentäußerung meint, dass das gewöhnliche Selbst etwas weggenommen bekommt; und das Gefühl, welches sich da einstellt, ist Erniedrigung – Demütigung im negativen Sinne, also: «Selbstentäußerung ist die Quelle aller Erniedrigung», wenn man auf das niedere Ich, auf das gewöhnliche Selbst schaut. Sie ist umgekehrt «die Quelle aller echten Erhebung», wenn ich den Gesichtspunkt des höheren Ich einnehmen kann, wenn ich mich so stellen kann, dass ich mir sage: Ja, das nimmt dir zwar etwas von deinem gewöhnlichen Ego, aber dadurch, dass auf dieser Seite etwas wegbricht, kommt eine innere Wirklichkeit heran, die mit dem verborgenen höheren Selbst zu tun hat – die Quelle aller echten Erhebung. Da haben Sie wiederum, ohne dass der Begriff der Demut, der Devotion ausdrücklich erscheint, dieselbe Grundgeste.

Wir müssen uns fragen: Woher kommt diese Geste? Wo hat sie ihre Wurzel? Wenn man da geschichtlich zurückgeht, kommt man auf das Leben des Christus Jesus, den man als den großen Umkehrer aller Tugenden, aller Überlieferungen ansehen kann. Christus hat in verschiedenen Formen im Evangelium diese Tugend, dieses Paradox der Demut umschrieben. Eine Form ist mehr maximenhaft, gesetzhaft. So heißt es im Lukas-Evangelium: «Denn jeder, der sich selbst erhöht, wird erniedrigt werden. Doch wer sich selbst erniedrigt, wird erhöht werden.»[5] Das ist die eine Form. Dann gibt es eine andere Form, eine vielleicht noch sprechendere, intimere Form der Demut-Darstellung, und zwar da, wo die Demut in bildhafter Handlung erscheint. Diese bildhafte Handlung ist geschehen zur Zeit des Abendmahles, als Christus von Jünger zu Jünger geht und jedem von ihnen die Füße wäscht. Da ist wie in einem Urbild, einer Imagination, die zugleich real, historisch wurde, das Wesen der Demut ausgedrückt. In der mittelalterlichen Einweihung, der Schule des sogenannten gnostisch-christlichen Seelenweges, hat man die Geste der Demut innerlich nachgeformt, nachgeübt – doch nicht als Gedanke, sondern verbunden mit den allerstärksten Gefühlen, den allerkräftigsten Empfindungen. Das war die erste Stufe in der mittelalterlich-christlichen Einweihung. Man konnte dann, wenn man genügend fortgeschritten war – das konnte Monate, das konnte

Jahre dauern, dass man sich meditativ diesen gefühlshaften Vorstellungen hingab –, zu inneren Erlebnissen kommen. Das Erlebnis bei der Fußwaschung war, dass man das Gefühl hatte, die Füße würden wie umspült von Wasser. Es wurde also jenes Gewaschen-Werden nacherlebt. Und man hatte außerdem ein mehr innerliches Symptom, das man erlebte; man hatte die unmittelbare Schau dieser Fußwaschung. Damit besaß man die tiefste Überzeugung, dass die Fußwaschung durch den Christus Jesus einst stattgefunden hat.

In der christlichen Einweihungsschulung, die mit der Fußwaschung beginnt, hat man die Demut in einer besonderen Richtung, mit einer eigentümlichen Betonung verfolgt. Man hat sich gesagt: Es geht vor allem darum, Dankbarkeit und innere Zugewandtheit dem gegenüber auszubilden, was *unter* einem ist. Wie Christus sich verhalten hat zu den Jüngern, die von ihrer Entwicklung her unendlich unter ihm standen, denen er aber gedient hat in Demut, so soll der Mensch sich gegenüber der Natur und ihren einzelnen Reichen verhalten. Man wusste, dass man sich nur hinaufentwickeln konnte zu dem, was man als Mensch geworden war, weil man die Natur aus sich herausgesetzt, weil man sie gleichsam als Leiter gebraucht hatte – das Mineralreich, das Pflanzenreich, das Tierreich als Stufen einer Leiter, auf der man sich hinaufentwickelte. Und das Sich-Hinunterbeugen in Demut war die gerecht ausgleichende Bewegung für diesen Tatbestand der Evolution. Wir können von dieser Richtung her sagen: Die Demut, zu dem, was unter ihm ist, ermöglicht dem Menschen, in der richtigen Weise sich wieder einzupassen in den Kosmos und das, was er durch seine Selbstüberhebung, durch seinen Hochmut, wie es ja in der Bibel heißt, verloren hat, auszugleichen, wieder ins Lot zu bringen.

Dazu ist die Demut das Mittel im Sinne der christlichen Einweihung.[6]

Nun ist es so, dass das sogleich individuelle Fragestellungen werden, dass man wohl in die Geschichte zurückgehen kann, aber auch selber gefragt ist. Wie gehe ich mit dem Pflegen einer solchen Stimmung um? Da kommen drei Stufen in Betracht, von denen man wissen sollte, wenn man versucht, ein solches Gefühl, eine solche Empfindung in sich einzupflanzen, stärker mit sich zu verbinden, als das im normalen Alltagsleben der Fall ist.

Eine erste Stufe kennen wir alle recht gut. Das ist die Stufe des Kampfes, wie man es nennen könnte. Ausgehend von Stimmungen, in denen man devotionelle, ehrfürchtige Gefühle entwickelt hat, versucht man, diese Gefühle aufzunehmen und zu vertiefen. Das kann an Naturstimmungen zum Beispiel oder an religiösen Stimmungen, an künstlerischen Stimmungen geschehen und dann vielleicht gezielt, in wiederholten Anläufen der Seele eingepflanzt werden. Man wird die Erfahrung machen eines unendlichen Ringens, eines mühsamen sich Aufraffens, das immer wieder ansetzt und immer wieder sich sagen muss: Es geht nicht. Im Mittelalter war es so, dass die Schüler der christlichen Einweihung starke Anfechtungen durchgemacht haben, mit Dämonen etwa zu kämpfen hatten, die sich in ihrer Seele bemerkbar machten. Heute ist es eher so, dass wir mit dem Verflachen rechnen müssen. Die Gefühle kommen gar nicht mehr in jene Region, weil man so sehr in die Alltagsstimmung hineingebannt ist, dass man es nicht mehr schafft, sich Zeiten zu nehmen, in denen man eine solche Stimmung pflegen kann – eine Verflachung und Verhärtung des Gefühls, der hingabevollen Stimmung der Demut.

Dann kommt eine zweite Stufe, eine zweite Bewegung in

Betracht. Sie ist schwieriger, viel seltener zu beobachten, und viel langwieriger zu erwerben. Die zweite Stufe besteht darin, dass die Bemühungen der ersten Stufe Früchte tragen: Was man mit Anstrengung, mit Ringen immer aufs neue vollbracht hat, geht ein wenig in die Gewohnheit über. Man bildet eine höhere Gewohnheit der Demut aus, die sich anfänglich in den Seelenhabitus einwurzelt. Verbunden mit einer solchen Tätigkeit ist, dass das, was man an Kraft aufgewendet hat, um sie immer wieder wachzurufen, in einen rhythmischen Zustand aufsteigt. Also «rhythmisch» so gemeint, wie etwa ein Künstler, ein großer Könner seines Faches im Rhythmus seiner Tätigkeit lebt, wo man das bewundert, weil es so herrlich leicht aussieht. Versucht man es jedoch selber, merkt man erst, welche Mühewaltung, welche Beschwerlichkeit darinnen steckt, sich so etwas zu erwerben. Ein Rhythmisches, ein Selbstverständliches, ein Künstlerisch-Werden in der Demut – darum handelt es sich auf der zweiten Stufe.

Verknüpft damit, wenn das eintritt – und auch vielleicht nur in kleinen Momenten eintritt –, ist, dass die Demut nun etwas bekommt, als würde sie ein Wahrnehmungsorgan nach außen. Man muss sich nicht mehr sagen: Da habe ich einen geistigen Inhalt, und jetzt füge ich mühsam Ehrfurcht hinzu, sondern: Es kommt etwas auf mich zu, sei es eine Sinneswahrnehmung, sei es ein Gedanke, und sofort sprießt diese Demut von innen in meiner Seele auf.

Ich will Ihnen, um diese Stimmung noch anzuwärmen und zu verstärken, ein Gedicht vorlesen, das ein großer Künstler der Demut geschaffen hat, der zugleich ein großer Poet, ein Künstler der Sprache war. Es ist das Gedicht eines bedeutenden Mystikers des 18. Jahrhunderts, Gerhard Tersteegen (1697–1769), für mich eines der ergreifendsten geistlichen Gedichte.[7] Daraus einige Strophen:

Gott ist gegenwärtig

Gott ist gegenwärtig, lasset uns anbeten
und in Ehrfurcht vor ihn treten.
Gott ist in der Mitte, alles in uns schweige
und sich innigst vor ihm beuge.
Wer ihn kennt, wer ihn nennt,
schlag die Augen nieder,
kommt, ergebt euch wieder.

Wir entsagen willig allen Eitelkeiten,
aller Erdenlust und Freuden;
da liegt unser Wille, Seele, Leib und Leben
Dir zum Eigentum ergeben.
Du allein sollst es sein,
unser Gott und Herre,
Dir gebührt die Ehre.

Luft, die alles füllet, drin wir immer schweben,
aller Dinge Grund und Leben!
Meer ohn' Grund und Ende, Wunder aller Wunder;
ich senk mich in Dich hinunter.
Ich in Dir, Du in mir.
Lass mich ganz verschwinden,
Dich nur sehn und finden.

Du durchdringest alles, lass Dein schönstes Lichte,
Herr, berühren mein Gesichte.
Wie die zarten Blumen willig sich entfalten
und der Sonne Stille halten,
lass mich so still und froh,
Deine Strahlen fassen
und Dich wirken lassen.

Wunderbar gefasst mit seiner Verschränkung von innerer Tätigkeit und passiver Hingabe ist das Bild der Blüte in der letzten Strophe, die sich demutsvoll öffnet gegenüber dem Sonnenlicht, die es wirken lässt in sich. Gralsblütenstimmung webt über dem Gedicht.

Jetzt müssen wir nach den zwei Stufen eine dritte Stufe ins Auge fassen, eine Stufe, die am schwierigsten zu verstehen, zu umgreifen, auch zu erfahren ist. Mit der hat es folgende Bewandtnis. Man kann sagen, die erste Stufe hat viel mit dem Denkleben, mit der gerichteten Aufmerksamkeit, mit dem Immer-wieder-Ausrichten des Gedankens zu tun, um die Demutsstimmung zu erzeugen. Die zweite Stufe spielt im reinen Gefühl, im selbstverständlich gewordenen Gefühl. Und die dritte Stufe hat einen unüberhörbaren Willenseinschlag. Mit dem Willen ist immer etwas anwesend, bei dem nicht nur Ruhe, rhythmische Einheit hergestellt wird, sondern bei dem etwas hinausfließt aus dieser Ruhe, so voll wird, dass es durch sich selber überfließen, überströmen kann in die Welt. Jetzt dürfen wir das, was da im Willensbereich aus der Demut geworden ist, eigentlich nicht mehr Demut nennen – wir müssen es *Opfer* nennen.

4.

Ich will hier eine kleine Zwischenbesinnung einlegen, die zwei Gedanken bringen soll zu dem Gesamtthema dieser Vortragsreihe. Das eine ist, dass die Tugenden eingebettet sind in den Jahreskreislauf. Man kann nun zwei Gesichtspunkte haben. Den einen Gesichtspunkt hatten die Veranstalter dieser Reihe, indem sie sich sagten, wir nehmen das in unser Jubiläumsjahr, fangen mit dem Januar an und enden dann mit der Dezember-Tugend. Das ist der eine Gesichtspunkt, der in sich berechtigt ist. Dann gibt es einen zweiten Gesichtspunkt, wenn man jetzt mehr versucht, auf die esoterische Seite der Sache zu achten. Da muss man sagen: Innerlich, auch kosmisch gesehen, beginnt dieser Kreis, dieser Reigen der Tugenden mit dem April, mit dem Thema *Demut wird zu Opferkraft.* Das hängt damit zusammen, dass kosmisch der Widder dahintersteht. In den Überlieferungen hat man gewusst – und so hat es auch Rudolf Steiner dargestellt –, dass mit dem Widder oder dem sich opfernden Lamm ein Uranfang im Kosmos verbunden ist. Die Reihe beginnt also, innerlich angeschaut, mit dem Widder, geht dann durch das Jahr und endet mit den Fischen, mit dem, was Klaus Dumke das letzte Mal entwickelt hat. Das ist der eine Gedanke, den ich bringen wollte.

Der andere Gedanke – und er ist vielleicht noch wichtiger – hängt mit jenem eigenartigen «wird zu» zusammen. Es ist eine Ausgangstugend da, und es ist etwas da, zu dem sie dann wird. Rudolf Steiner hat die Ausgangstugenden, mündlicher Überlieferung zufolge, von H. P. Blavatsky übernommen und nun hinzugefügt das «wird zu etwas anderem».[8] Es scheint mir dies ein im eminentesten Sinne mitteleuropäisches Motiv zu sein, wenn man nicht nur feststellt: Da ist etwas, das in sich bestehen bleibt; sondern wenn man schaut: Hier ist etwas, und da ist etwas anderes, eine andere Tugend, ein anderer Charakter, und die gehen ineinander über durch Verwandlungsvorgänge, durch Werdevorgänge, durch Metamorphosen. Wenn man sich näher mit einer solchen Umwandlung beschäftigt, wie ich das tun musste für die Vorbereitung zu meinem Thema, bemerkt man, dass man in eine andere Dynamik, in ein ständiges Beziehen der beiden Tugenden hineinkommt. Man kann gar nicht stehen bleiben bei der einen Tugend, sondern muss ständig der Frage gewärtig sein: Was geschieht mit ihr, wie entwickelt sie sich? Ich habe ja versucht, dieses «wird zu» in einem ersten Schritt auseinanderzufalten zu einem dreistufigen Ablauf, sodass man innerlich nachvollziehen kann die Umschlagspunkte, an denen sich das verwandelt.

5.

Wir wollen dies nun weiter vertiefen, einerseits die Stufenfolge genauer charakterisierend und andererseits auf diesen schwierigen und allertiefsten Begriff des Opfers zugehend. Die drei Schritte, die ich entwickelt habe, sind nämlich nicht irgendwelche Schritte, die man nacheinander macht, weil man sie sich gesetzt hat. Es sind Schritte, die an der Menschennatur selber abgelesen wurden.

Der erste Schritt des Kämpfens, des Einarbeitens ins Bewusstsein bedeutet, dass ich versuche, vom Ich aus – das Ich ist ja dasjenige, was fortwährend in Tätigkeit ist – hineinzustrahlen in meinen Astralleib, in meine Seelenhülle. Durch wiederholtes Aufrufen von Bewusstseinsvorgängen, von Seelenvorgängen, von Stimmungsvorgängen versuche ich, allmählich eine Umbildung vorzunehmen. Der erste Vorgang auf der astralischen Ebene ist beherrscht von Tätigkeit, von Bewegung, vom immer neu erfolgten Anlauf.

Mit dem zweiten Vorgang erreicht man eine tiefere Schicht; da geht das eben Geschilderte über in etwas, das mit dem Ätherischen, mit dem Lebensleib des Menschen zu tun hat, mit jenem Leib, in dem alle Rhythmen, alle kosmischen Rhythmen im Menschen, auch seine Lebens- und Wachstumsrhythmen, wurzeln. Rudolf Steiner nennt in einem verwandten Zusammenhang das Selbstverständlich-Werden, das Sich-überlassen-Können in der Demut «den weisheitsvollen Einklang mit den Welterscheinungen». Einklang stellt sich auf dieser Stufe her. Ich suche nicht mehr meine Eigenstimmung den Dingen überzustülpen, von meinen Seelenbewegungen auszugehen, sondern ich habe mich so weit verinnerlicht, bin so zur Ruhe gekommen, dass ich empfänglich werde für das, was von der Welt her zu mir kommt – «Einklang mit den Welterscheinungen».[9]

Die dritte Stufe hat mit einer noch tieferen Ebene zu tun, nämlich mit der Physis. Doch jetzt nicht mit der physischen Organisation, insofern sie Stoff ist, also insofern sie das ist, was wir zunächst handgreiflich vor uns haben, sondern insofern sie einen geistigen Formleib darstellt, der für die menschliche Gestalt verantwortlich ist. Erst wenn dieser dritte Schritt bis in die Physis, bis in das Geistige der Physis hinein vollzogen ist, erwächst die Möglichkeit der Selbsthingabe, des Opfers.

Gibt es nun ein analoges urbildliches Geschehen für das Opfer, wie wir es für die Tugend der Demut gesehen hatten im Christus-Leben? Dieses vorbildliche Geschehen gibt es natürlich: Es ist der Tod, die Kreuzigung und das Sterben des Christus am Kreuz. Da hat Christus, insbesondere auch im Zusammenhang mit dem, was das Ausfließen seines Blutes beinhaltet, ein urbildliches Opfer für die ganze Menschheit vollbracht. Dieses Opfer, dieses Ausfließen des Blutes bestand, wenn man es geistig betrachtet, darin, dass Christus etwas weggenommen hat, etwas absorbiert hat, was sich zuviel in der Menschheit angesammelt und sich in der vorchristlichen Entwicklung an das Blut, die Blutsbande gefesselt hatte. Das Zuviel war der Egoismus in der Menschennatur, der mit der Blutsnatur verbundene Egoismus. Indem Christus Sein Opfer vollbracht hat, ist eigentlich der Mensch befreit zu sich selber, das heißt, er kann erst jetzt hinauswachsen über sich selbst. Wir können auch sagen: Dadurch, dass sich vor zweitausend Jahren jenes kosmisch-menschliche Opfer vollzogen hat, kann er nun selber Opfer im wahrsten Sinne des Wortes darbringen.

Auch diese Stufe ist in der christlichen Einweihung durchlebt worden, als einer der höchsten Grade jenes Weges. Es war der sogenannte mystische Tod, den der christliche Adept zu durchlaufen hatte. Das musste monatelang, jahrelang geübt werden in hingabevollem Gefühl. Das Geschehen bestand darin, dass man sich selbst aufgab, dass das irdische Selbst völlig abstarb – eine tiefe Dunkelheit des Erlebens; und erst wenn der innere, mystische Tod durchschritten war, eröffnete sich das Erwachen in einem höheren Wesen, in dem höheren Ich, und das Auferstehen als eine noch höhere Stufe wurde erreicht. Das sind zwei hohe Entwicklungsgrade des mystischen Einweihungsweges des Mittelalters.

Wenn Sie nun zum Beispiel zu Gestalten schauen wie Franz von Assisi, dann finden Sie die Eigenschaften, die mit dem mystischen Tod, mit dem Opfertod zu tun haben, in ausgeprägter Weise vorhanden. Bei Franz von Assisi und manchen Anderen, die sehr weit vorgedrungen sind, äußerten sie sich auch so, dass sie – irgendwann in ihrem Leben in einem besonderen Augenblick – die Wundmale des Christus empfingen. Franz von Assisi hatte eine Schauung, wie Christus zu ihm kommt in Gestalt eines seraphischen Engels, der ihm die Male der Nägel in Hände und Füße und der Seitenwunde einprägt.[10] Das ist ein vor zweitausend Jahren physischer Ausdruck, den man ernst nehmen muss, ein leibhaftiges Symbol für das volle Durchgehen durch die mystische Schulung. Etwas weit Wichtigeres ist aber das, was für die anderen Menschen durch eine solche Schulung eintreten kann. Im Falle des Franziskus handelte es sich um enorme Heilfähigkeiten. Franz von Assisi war der Erste im Mittelalter, der zu den Aussätzigen hinging, die damals – auch von der katholischen Kirche – ausgegrenzt wurden, und der nun begann, sie zu pflegen, sie zu waschen, ihnen mit Ölen und Essenzen Einreibungen zu machen, also sie auch äußerlich zu pflegen. Das andere aber war noch wesentlicher: Er schenkte ihnen Kräfte, die er übrig hatte, Opferkräfte, die aus seiner mystischen Vertiefung flossen, und konnte dadurch Heilungen in einem ungeheuren Ausmaß bewirken. Wir finden in den Handlungen des großen Heiligen etwas von der Grundcharakteristik, von der Grundgeste des Opferns.

Denn was ist damit gesagt, gerade auch im Unterschied zur Demut? Die Demut ist so beschaffen, dass sie mich in ein richtiges Verhältnis zur Welt bringt. Die Opferkraft so, dass sie mich in ein *neues Verhältnis* zur Welt bringt: Ich strahle etwas aus in die Welt, das vorher nicht da war, und durch diese Ausstrahlung, durch diese Ausgießung kann etwas verändert, verwandelt, geheilt werden. Das haben Sie als Tatbestand bei Franz von Assisi in den unendlich vielen Heilungen, die er und seine Schüler vollbrachten. Rudolf Steiner führt aus, dass es für ganz Europa Bedeutung hatte, dass Franz von Assisi und seine Genossen tätig waren und bestimmte dämonische Wirkungen, die in der Krankheit ihren Ausdruck fanden, durch ihre Opferkräfte, durch ihre überströmende Liebe weggenommen haben.[11] Sie sehen die Geste der Ausgießung auch zum Beispiel in dem buddhistischen Märchen, das ich eingangs erzählte. Denn was steht am Ende des Märchens? Am Ende ist aus dem mikrokosmischen Geschehen – mit dem Hasen und den Weisen im Wald, dem Gott Indra in Gestalt des Brahmanen – etwas Makrokosmisches geworden, hat sich etwas in den Makrokosmos eingeschrieben: Im Mond ist von nun an das Bild des Hasen zu finden. Wir haben uns ein erstes, sehr wichtiges Kriterium des Opferns erarbeitet.

Ein zweites Merkmal schließt sich unmittelbar an, das zu dem Wesen der Sache gehört. Man gebraucht das Wort «Opfer» im täglichen Umgang, auch in anthroposophischen Zusammenhängen, häufig so, dass es nicht genau das fasst, was gemeint ist, dass man ein wenig das Gefühl hat einer Leichenbittermiene bei der Sache. Da hat jemand «etwas geopfert», und die begleitende Empfindung ist eigentlich: Man hat gleichsam von seiner Kugel, seinem Kreis etwas hergeben müssen, und jetzt ist man weniger geworden; in dem Sinne hat man «etwas geopfert». Ich glaube nicht, dass das der umfängliche Begriff des Opferns ist, sondern nur ein Teil dieses Begriffs. Der umfängliche Begriff des Opferns bedeutet, so stark zu werden, ein so starkes Ich zu entwickeln, so stark in der Seele zu werden, dass ich etwas als Überschuss herschenken kann. Dadurch werde ich nicht weniger, sondern steige in meiner Entwicklung auf. Dies findet eine Bestätigung und Vertiefung, wenn man einen geistigen Tatbestand hinzunimmt, nämlich gewisse Beschreibungen Rudolf Steiners, die sich auf die drei Leiblichkeiten und die drei Stufen beziehen, die ich vorhin entwickelt habe.

Die drei Leiber der menschlichen Natur sind herausorganisiert aus geistigen Sphären; sie haben in diesen geistigen Sphären ihre Ursprungsorte. Der erste Leib, der Astralleib, stammt aus dem, was man astralische Welt oder Seelenwelt nennt. Der Ätherleib stammt aus einer höheren Welt, die Rudolf Steiner mit der indischen Tradition Devachan nennt, niederes Devachan oder niedere Geistwelt, wie man auch sagen kann. Und der physische Leib stammt aus einer noch höheren Sphäre, die sich daran anschließt; man kann sie die höhere Geistwelt nennen. Jetzt, wenn man die geschilderten Stufen des Durchgehens durch die Leiber, des Hinuntergehens durch die Leiber vor sich hat, ist es aufschlussreich zu beachten, welchen Grundgesetzen diese Welten unterliegen. Bei der astralischen Welt ist das Grundgesetz des Daseins die *Entbehrung*. Das ist etwas, was uns vertraut ist, auch aus dem Alltäglichen: Wenn wir etwas wünschen, einen sehnlichen Wunsch haben und ihn nicht erfüllt bekommen, dann entbehren wir. Im Nachtodlichen, in der Zeit des Kamaloka ist es so, dass man all das, was man nicht mehr durch den physischen Leib ausleben kann, entbehren muss. Man braucht eine längere Zeit, in der all die Entbehrungen durchgemacht werden, um sich dann zu befreien für den eigentlichen Gang in die Geistwelt. Jetzt gibt es aber ein Mittel der Einweihung, um dieser Entbehrung vorzubeugen oder sie gleichsam vorwegzunehmen; und dieses Mittel ist das *Entsagen,* der Verzicht. Überall da, wo es mir gelingt, kathartische Prozesse, Verzichtsprozesse schon im Irdischen einzuleiten, da ist es mir nachher erspart, Entbehrungsprozesse durchzumachen. Diese beiden Begriffe gehören zusammen – Entbehrung und Entsagung.

Ein anderes Gesetz herrscht auf den beiden höheren Planen der geistigen Welt, und das beschreibt Rudolf

Steiner so, dass er sagt: In dem Devachan, der Geistwelt, ist eigentlich *Seligkeit* die Grundempfindung, ununterbrochene schöpferische Beseligung. Damit das nicht in Selbstgenuss, in ein Mit-sich-selber-selig-Sein umschlägt, muss auch hier ein Ausgleich sein für die wunderbare Beseligung, die man da erlebt, die auch der Mensch im Nachtodlichen erleben kann; und dieser Ausgleich besteht darin, dass nun aus der Seligkeit heraus *geopfert* wird. Wir können sagen: Vorbedingung des Opferns ist die Entsagung, der Verzicht, ist das Wegnehmen, das Wenigerwerden; aber Wurzel und Quell des Opfers ist schöpferische Seligkeit.[12]

Wir müssen uns eine weitere Frage stellen, eine Frage, die zu tun hat mit der Rolle, welche die zueinander gehörenden Tugenden auf dem modernen Einweihungsweg spielen. Es ist ja so, dass jener Weg, den zum Beispiel ein Franz von Assisi noch gehen konnte, für die heutigen Zeitverhältnisse, auch für die heutige Konstitution nicht mehr gangbar ist. Jetzt steht mächtig ein anderer Weg da, der auf eine Eingeweihtengestalt der frühen Neuzeit zurückweist, die diesen Weg begründet hat; und die heißt Christian Rosenkreutz. Diesen Weg kann man also den rosenkreuzerischen Einweihungsweg nennen. Während der christliche Weg, den Franz von Assisi beschritten hat, ein Weg war, der vor allen Dingen in der Gefühlssphäre, Gefühlsvertiefung, Gefühlsmystik verlief, ist der rosenkreuzerische Weg einer, der zutiefst mit dem Willensleben, mit dem Willen zu tun hat – aber nicht so, dass der Wille unmittelbar ergriffen wird, sondern so, dass der Wille an seinem Gegenpol aufgesucht wird, nämlich im Denken. Da setzt dieser Weg an, bei der Erkraftung eines Denkwillens, eines Hineinschickens des Willens in die Denkvorgänge. Das bringt besondere Möglichkeiten, besondere Chancen mit sich, aber es bringt auch besondere Gefährdungen mit sich. Die Chance des modernen neuzeitlichen Weges ist es, dass er so viel Freiheit dem Menschen zur Verfügung stellt, wie das noch nie in der Weltgeschichte bei einem okkulten Weg der Fall war. Bei diesem Weg ist man weitgehend unabhängig von einem Lehrer, von einer Autorität; man kann aus sich selber heraus arbeiten, man kann weit kommen, ohne einen unmittelbaren Lehrer zu haben, wie es schon Rudolf Steiner beschrieben hat. Aber es gibt auch eine Gefahr, die gleichzeitig damit verbunden ist, und diese Gefahr ist der Missbrauch der Freiheit. Der Missbrauch der Freiheit heißt dann vor allem, dass die Inhalte der Anthroposophie nicht mit der richtigen Seelenstimmung verbunden werden; dass also zum Beispiel ein rein intellektuelles Vorgehen in die Anthroposophie, in die Geisteswissenschaft eindringt und das der Sache einen akademischen Stempel aufdrückt. Das Heilmittel gegen die Gefahr, dass Anthroposophie nur eine Kopfangelegenheit bleibt und nicht in die tieferen Schichten der Seele sich absenkt, das Heilmittel dagegen ist die Pflege der Devotion, der Demut.

Die erste Stufe des christlich-rosenkreuzerischen Schulungsweges ist nicht die Fußwaschung, wie im gnostisch-christlichen Weg. Es ist das Studium der Geisteswissenschaft, also ein Ansatz, wo man es von vornherein mit dem Denkerischen zu tun hat. Dieses Studium macht es notwendig, wenn es eines sein soll, das in die Tiefe des Einweihungsweges vordringt, sich mit den Ehrfurchtskräften, mit den Demutskräften zu verbinden. Es ist Aufgabe des Schülers, immer wieder darauf zu achten: Bin ich da dran, oder gleite ich doch in eine gewisse Bequemlichkeit bei der Sache ab? Nun kann man noch einen Schritt weiter gehen. Wenn ich studiere, auch wenn ich intensiv studiere – einen Text Rudolf Steiners beispielsweise –, dann bin ich noch in einer Tätigkeit des Bewegens, des Vorwärtsschreitens; es macht mir Freude zum Beispiel, neue Inhalte aufzunehmen. Ich kann aber auch Verzicht leisten auf solches Vorwärtsschreiten; ich kann mich zurückdämmen in einem inneren Leben, eine kleine Vorstellung, ein kleines Bild nehmend und mich da hineinversenkend. Ich kann den Gedankenstrom anhalten und hineinschlüpfen in ein meditatives Vertiefen, das von einem äußeren Gesichtspunkt sinnlos, zwecklos ist, das weder mir zunächst etwas bringt, noch der Welt, weil ich zunächst mich zurückziehe von der Welt.

Jetzt kann ich bei feinerer Beobachtung erneut jene drei Stufen wahrnehmen. Es gibt nämlich eine erste Phase in der Meditation – beispielsweise bei dem Aufbau einer bildlichen Meditation, dem Rosenkreuz –, wo man ähnlich vorgeht wie im Studium, wo man sich die Vorstellungen bildet in einem geformten Gedankenablauf. Da habe ich es zu tun mit dem Einarbeiten in das Astralische. – Dann folgt eine zweite Stufe, auf der die Bildvorstellung vollendet ist, die Gedanken in sich auskristallisiert haben und ich beginne, als ein Mittelpunkt des meditativen Vorgangs zu ruhen in diesem Bild: also Versenkung in der Meditation, in den meditativen Inhalt. – Und ich kann eine dritte Stufe anschließen, die im Grunde bei jedem meditativen Tun dazugehört, indem ich mir sage: Ich habe geruht auf der aufgebauten Vorstellung, jetzt gebe ich sie wieder her, jetzt lasse ich sie los, jetzt opfere ich sie hin und stelle absolute innere Ruhe her, ein inneres Erwarten ... Und mit aller Anspannung der Seele lausche ich, was da zu mir aus der geistigen Welt kommen will. Da hätten wir etwas wie die Andeutung der dritten Stufe, vorausgesetzt natürlich, dass ich den ganzen Vorgang einhülle in die Gesinnung der Demut und in die Gesinnung des Opferns. So dass ich mir zum Beispiel auch sage: Das tust du gar nicht nur für dich (natürlich tut man es auch für sich), sondern es gibt geistige Wesen, die erwarten so etwas, die haben ihre Nahrung daran, wenn du eine Meditation vollziehst. Wenn das eintritt, dann wird das Meditieren etwas, was Rudolf Steiner einmal nennt «ein Opferrauch, der zu den Göttern aufsteigt».[13]

6.

Ich will, bevor ich langsam auf den Schluss zugehe, noch ein Motiv anschlagen, das wir schon bearbeitet haben, aber noch einmal bewusst machen wollen und das besonders mit der Opferkraft zusammenhängt. Es ist das *Motiv des Feuers*. Wenn Sie sich erinnern: Wir hatten in der buddhistischen Erzählung das Feuer-Motiv bei den feurigen Gedanken des tugendhaften Hasen, die zu dem Gott Indra aufstiegen, und beim Feuer der Selbstopferung, mit dem der Hase sich hingeben wollte im Gegensatz zu den drei Weisen, die nicht solches Feuer aufbringen konnten, die gleichsam bei der Demut stehen blieben. Wir begegneten dem Feuer auch bei dem, was ich Ihnen über Franz von Assisi berichtete. Franz von Assisi wurde immer genannt der Pater seraphicus, der Vater der brennenden Liebe. Zum Beispiel wird von ihm erzählt, dass er eine große Liebe hatte zu allen Elementen, zu der Natur, aber eine ganz eigene Hinneigung zum Feuer. Einmal, als seine Hütte abbrannte, hinderte der heilige Franz seine Mitbrüder daran, das Feuer zu löschen – also ein für unser Verständnis kindliches Verhalten, bei dem man aber bemerkt:

Da lebt eine tief innere Beziehung, die so mächtig ist, dass er lieber seine Behausung aufgibt, als dem zerstörenden Brand Einhalt zu gebieten.[14] Wir hatten das Feuer weiterhin in dem, was mit dem Opferrauch der Meditation gemeint ist, von dem man sagen kann: Es ist der Mensch, der sich zur inneren Flamme gestaltet. Und der durch diese Flammenbildung ein Opferfeuer, einen Opferrauch zum Himmel, zur geistigen Welt aufsteigen lässt.

Wir hatten das Feuer schließlich auch an einer Stelle, wo man es zunächst nicht vermuten würde, nämlich bei dem Todesgeschehen des Christus. Denn es gibt im Menschen eine Entsprechung zu dem, was draußen in der Natur das Feuer, die Wärme ist, und diese Entsprechung ist das Blut, die Blutwärme. Sie wissen, daß der Mensch sein Ichwesen auf die Erde tragen kann, weil er eine gleichbleibende Blutwärme hält. Wenn man die Tat des Christus geistig anschauen könnte, dann würde man sie als ein gewaltiges Opferfeuer wahrnehmen, das der Heiland für die Rettung der Menschheit gebracht hat. So dass wir sagen können: Aus den verschiedenen Ausgestaltungen des Feuermotivs geht hervor, dass es das Ziel ist, in sich selber einen Flammenprozess anzuregen. Einen Prozess, der das Gebiet demütiger Entsagung durchschreitet und zuletzt aufsteigt in die Sphäre der Opferseligkeit.

7.

Ich möchte zum Abschluss noch einmal den Blick auf die Persönlichkeit des Franz von Assisi richten. Wenn man sich ein wenig mit dem Leben des Franz von Assisi beschäftigt, fällt auf, wie unwahrscheinlich es ist, dass die Fähigkeiten, die er hatte, aus nur *einem* Leben stammen könnten. Dieser Mensch besaß so gewaltige moralische Kräfte, dass ein derartiger Gedanke, wenn man unbefangen denkt, gar nicht aufkommen kann. Rudolf Steiner kommt an einer Stelle seiner Vorträge auf den heiligen Franz zu sprechen; dort geht es genau um die Frage der moralischen Kraft im Menschen. Er stellt ihn als gewaltiges Vorbild hin. Und er zeigt, dass bei dem heiligen Franz tatsächlich eine lange Vorbereitung gegeben war, um dieses Leben, das er dann im 12. Jahrhundert führte, vollbringen zu können. Eine Stufe der Vorbereitung weist zurück auf das 7., 8. nachchristliche Jahrhundert, in eine Mysterienstätte am Schwarzen Meer. In dieser verborgenen Mysterienstätte waren viele Schüler, die unterwiesen wurden und höchstwahrscheinlich den christlich-gnostischen Weg beschritten. Es gab zwei Sorten von Schülern: Die eine Sorte von Schüler hatte es besonders mit der Wesenheit des Buddha zu tun, also nicht dem Buddha, der als indischer Prinz auf der Erde gelebt hatte, sondern dem Wesen, das nach seiner letzten Verkörperung im Umkreis der Erde geblieben war. Der im Geist anwesende Buddha wurde der Lehrer jener Schüler. Dann gab es ausgewählte Schüler, fortgeschrittene Schüler, die gleichfalls von Buddha unterrichtet wurden, aber darüber hinaus eine besondere Verbindung zum Christus-Leben, zum Christus-Dasein, zur Christus-Gestalt ausbildeten. Zu diesen Schülern – die also sowohl Schüler des Buddha im Geistleibe als auch Schüler der christlichen Einweihung, des Christus waren – gehörte die Individualität, die sich später als Franz von Assisi verkörperte. Wenn solch eine hohe Stufe erreicht war in einem Vorleben, dann wird es im nächsten Leben nicht so, dass jemand auftritt zum Beispiel als christlicher Lehrer, wie das bei denen der Fall war, die die Buddha-Schule durchmachten. Es zeigt sich so, dass alles, was Innenleben, Einweihungsleben war, umgesetzt erscheint in Außenleben, in Tatenleben, in Hingabe des Willens.[15] Dieses ganze Franz von Assisi-Leben ist eigentlich ein einziges herausgesetztes christliches Einweihungsleben, das in der einen Inkarnation vorbereitet wird und in einer nächsten Inkarnation sich in der Christus-Nachfolge auswirkt. So dass wir im Hinblick auf unser Thema sagen können: Ein Demutsleben in verschwiegener Einweihungsstätte, ein Dasein, hingebracht in mystischer Innigkeit und Demut, verwandelt sich im nächsten Leben, in dem des Hochmittelalters, zu einem Opferdienst.

Franz von Assisi kann für uns Gegenwärtige kein direktes Vorbild mehr sein, aber er kann als ein allergrößter Anreger auch für heute gelten; er kann als Anreger genommen werden, weil man an seinem Leben und an seinem Tun sehen, gleichsam mit Händen greifen kann, dass da jemand ist, durch den das moralische Element mit einer ungeheuren Wucht, mit Wirklichkeitsmacht durchschlägt. Wir müssen heute den Weg suchen im Zeichen der rosenkreuzerischen Schulung. Wir müssen nach einer entsprechenden Ausgestaltung suchen, einem angemessenen Umformen des Franziskus-Weges für die heutige Zeit, die ja weit schwieriger beschaffen ist. Sie ist vor allen Dingen geprägt von der Kluft, die sich zwischen dem äußeren und dem inneren Leben auftut. Von ihr konnte Franz von Assisi ganz absehen. Er hat sich noch auf die innere Seite beschränken können. Das ist heute viel anspruchsvoller. Aber wenn wir uns anregen lassen von einer Gestalt wie Franz von Assisi, wenn wir das in richtiger Weise weiterbilden für unsere heutige Gemütsverfassung, dürfen wir Vertrauen haben, dass das Demütige, das Hingebungsvolle, das wir pflegen, seine entsprechende

Umwandlung erfahren wird. Man darf das vielleicht zusammenfassen in eine bildhafte Vorstellung, die so lauten könnte:

Das milde Leuchten der Demut wird sich durch seine eigene Entwicklungsrichtung in mir umbilden zu der Flammenkraft des Opfers. *Demut wird zu Opferkraft.*

Anmerkungen

1 «Die Geschichte vom Hasen» ist abgedruckt in: *Buddhistische Märchen,* hrsg. von Johann Mehlig, Frankfurt am Main 1992, S. 117–122. Vgl. zu der Geschichte Rudolf Steiner, *Das Lukas-Evangelium,* GA 114, Dornach 1985, Vortrag vom 17.9.1909; s. auch Walter Johannes Stein, *Der Tod Merlins,* Dornach 1984, S. 185–194.

2 Vgl. Hermann Paul, *Deutsches Wörterbuch,* Tübingen, 9. Aufl. 1992, S. 167.

3 Franz von Assisi, *Fioretti. Gebete, Ordensregeln, Testament, Briefe,* Zürich 1979, S. 181 f.

4 Rudolf Steiner, *Wie erlangt man Erkenntnisse der höheren Welten?,* GA 10, Dornach 1979, TB-Ausgabe S. 16; Novalis, *Schriften. Das philosophische Werk I,* hrsg. von Richard Samuel, Darmstadt 1981, S. 423, Nr. 24. Zu der Äußerung Schelers vgl. W. Schütz, Art. «Demut», in: *Historisches Wörterbuch der Philosophie,* hrsg. von Joachim Ritter, Darmstadt 1972, Bd. 2, Sp. 59.

5 Lukas 18, 4.

6 Den christlich-gnostischen Schulungsweg hat Rudolf Steiner in verschiedenen Zusammenhängen dargestellt; s. auch die eingehende Schilderung in: *Das Johannes-Evangelium,* GA 103, Dornach 1981, Vortrag vom 30.5.1908, TB-Ausgabe S. 183 ff. Einigen wenigen seiner esoterischen Schüler

hat Steiner Übungsanweisungen für diesen im allgemeinen heute nicht mehr gangbaren Weg gegeben; vgl. den Band *Seelenübungen I,* GA 267, Dornach 1997, S. 261 ff.

7 Zit. nach Jost Müller-Bohn, *Gerhard Tersteegen – Leben und Botschaft,* Lahr 1993, S. 42 f.

8 Rudolf Steiner, *Seelenübungen I,* GA 267, Dornach 1997, S. 74 f. und S. 528 f.

9 Vgl. Rudolf Steiner, *Die Welt der Sinne und die Welt des Geistes,* GA 134, Dornach 1990, S. 9 ff.

10 Franz von Assisi, *Legenden und Laude,* hrsg. von Otto Karrer, Zürich 1990, S. 500 ff.

11 Rudolf Steiner, *Theosophische Moral,* GA 155, Dornach 1982, S. 85 ff.

12 Rudolf Steiner, *Geisteswissenschaftliche Menschenkunde,* GA 107, Dornach 1988, S. 56 ff., Vortrag vom 26.10.1908.

13 Rudolf Steiner, *Aus den Inhalten der esoterischen Stunden,* Band II, 1910–1912, GA 266/2, Dornach 1996, S. 28. Vgl. das über die Aufgabe des kultischen Opferrauchs Gesagte in dem Düsseldorfer Vortrag vom 12.4.1909, in: Rudolf Steiner, *Geistige Hierarchien und ihre Widerspiegelung in der physischen Welt,* GA 110, Dornach 1991, S. 30 ff., insbesondere S. 39.

14 Rudolf Meyer, *Franziskus von Assisi,* Stuttgart 1956, S. 113.

15 Vgl. Anm. 11.

V. Mai

Inneres Gleichgewicht wird zu Fortschritt

Nana Göbel

Gleichgewicht haben wir im gewöhnlichen Leben nicht, aus dem gewöhnlichen Leben kennen wir Gegensätze. Ein einfaches Beispiel ist der Gegensatz von Tag und Nacht, den man allerdings in Europa und insbesondere in Städten nicht so sehr krass erlebt. Europa hat ja eine lange Dämmerungszeit, es wird langsam Nacht und es wird langsam Morgen. Das ist anders in Afrika. Ich war letzte Woche in Südafrika, und da geschieht der Wechsel Knall auf Fall. Zehn Minuten braucht es von Hell nach Dunkel. Man erlebt am Tag die Sonne viel strahlender, anders als hier, es ist richtig hell; und nachts ist es richtig finster, so finster, dass man keine Lust hat, draußen herumzugehen. Die Gegensätze von Hell und Dunkel, von Tag und Nacht sind da viel stärker erlebbar. Das, scheint mir, trifft auch für die seelische Situation zu, nicht nur für das Äußere. Es gibt dort Menschen mit großen Möglichkeiten. Über Nelson Mandela ist ja an diesen Abenden schon gesprochen worden. Er ist zum Beispiel ein solcher Mensch, Sie können auch Steve Biko nehmen, beide haben diese strahlenden Möglichkeiten, das innere Licht. Gleichzeitig lebt man dort in einer Nacht-Situation. Die Häuser der «Begüterten» sind von riesigen Zäunen und hohen, oben mit Glasscherben oder Stacheldraht bestückten Mauern umgeben und mit Sensoren versehen, die es nur bestimmten Menschen erlauben, die Tore auf- und zuzumachen. Und wenn man sich nicht in einer «weißen» Umgebung befindet, gibt es noch mehr Grund, sich einzukapseln, weil die Kriminalität in einem so starken Maße vorhanden ist, wie wir das von hier überhaupt nicht kennen. Das mag als Hinweis auf die Abgründe – die Gegensätze – eben auch im Seelischen genügen.

Ein weiterer Gegensatz, der mit dem Tag-und-Nacht-Rhythmus zusammenhängt, ist – und ich wundere mich darüber tatsächlich immer noch, obwohl ich kein Kind mehr bin –, dass man jeden Morgen wieder aufwacht und sich wiederfindet, nicht ein anderer ist, und dass man es schafft, nachts einzuschlafen, dass man einfach diesen Rhythmus, diesen Wechsel hat von Wachen und Schlafen, über den man oft hinweg träumt. Wenn man aufmerksam wird, merkt man, dass man das Aufwachen und Einschlafen gar nicht selber schafft, sondern dass Wesen einem dabei behilflich sind. Da gibt es ein Wesen, das nennt Rudolf Steiner «den Geist der Schwere», der uns beim Aufwachen zurück in den Leib bringt, denn das muss man ja dann, um aufwachen zu können: zurückkommen. Dann gibt es ein Wesen, «den Geist des Lichtes», der beim Einschlafen dabei hilft, dass das Ich als Ich-Wesen aus dem Leib verschwinden kann. Jeden Tag, jede Nacht haben wir die Hilfe geistiger Wesen für diesen rhythmischen Vorgang, der ja überhaupt kein einfacher Vorgang ist. Und so merkt man, dass Gleichgewicht nicht darin bestehen kann, dass ich nur schlafe oder nur wache, und auch nicht in einem Dämmer- bzw. Halbschlafzustand oder – jetzt für das Bewusstsein gesprochen – einem Wachtraumzustand. Wir können ja überhaupt nur dadurch arbeiten, dass wir richtig wach werden und dass wir richtig schlafen können. Also kann man in diesem rhythmischen Wechsel zwischen großen Gegensätzen schon einen Hinweis darauf finden, um was es sich beim Gleichgewicht handeln könnte; man merkt auf jeden Fall, dass es nicht ein bloßes Dazwischen, eine Durchmischung ist.

Nun kann dieser Geist der Schwere, der die oben beschriebene Funktion hat, das Ich in den Leib zurückzubringen, auch zu stark, und zwar in die Seele herein wirken. Dann entstehen in der Seele Stimmungen und Gefühle wie Missbilligung, tendenziell Wut, Gefühle dieser Art. Dann merkt man: Es wird schief, wenn er zu stark wirkt. Wenn der andere Geist zu stark wird und ins Seelische hereinwirkt, dann entsteht so etwas wie Hochmut: Ich bin ganz toll, Eitelkeit! – Es gibt also immer ein Zuviel und ein Zuwenig. Es ist ja kein einfacher Rhythmus. Manches wird einem geschenkt, in unserem Beispiel der Wechsel von Tag und Nacht, aber sobald man in das Feld des seelischen Lebens kommt, merkt man, dass man eben kein Geschenk mehr hat, sondern die Arbeit an diesem Wechselspiel anfängt, sodass man sich in ihm bewegen kann. Also nicht das bloße Miterleben des Geschenkten ist heute anzustreben, sondern ein Zustand, der vielleicht zwischen den Zeilen im Laufe des Folgenden deutlich wird.

Obwohl wir ständig in Gegensätzen leben, gibt es doch tief verwurzelt in den meisten Menschen – ich behaupte nicht in allen, aber in vielen Menschen – das Streben, die Gegensätze auszugleichen oder eben ein Gleichgewicht hervorzubringen. Für dieses Streben kann man etwas lernen an einer Stelle, wo einem das Gleichgewicht meistens geschenkt wird, aber nicht immer. Wir verdanken ja dem Gleichgewichtsorgan, dass wir ruhig aufrecht stehen können. Wir haben also ein Organ im physischen Leib des Menschen, das schon dazu veranlagt ist, Gleichgewicht herzustellen. Diejenigen von Ihnen, die einmal von der Krankheit des Schwindels befallen waren, wissen ja, wie es sich anfühlt, wenn man morgens aus dem Bett steigen will und die Welt sich dreht und man zurückfällt, den nächsten Versuch macht und es schlicht nicht schafft, aufrecht zu bleiben. Wenn man sich zurücklegt, fängt es an sich zu drehen, bis sich der Schwindel etwas beruhigt hat und man wenigstens noch in der horizontalen Lage existieren kann. Erst wenn man diese Krankheit kennt, weiß man aus unmittelbarem eigenen Erleben, was man diesem Organ und der Sinnestätigkeit, die sich dieses Organs bedient, verdankt.

Ganz einfach ist das zu beobachten bei kleinen Kindern. Die ganz kleinen Kinder haben ja das feste Bestreben, aufrecht stehen zu lernen, und das tun sie meistens, bevor sie gehen lernen. Viele von Ihnen werden beobachtet haben, wie das geht: Das kleine Kind hält sich an der Tischdecke fest, versucht, aufrecht zu stehen – und plumpst wieder herunter. Der Versuch wird wiederholt, es plumpst wieder – wiederholt – plumpst wieder. Dieses ständige Üben führt langsam dazu, dass das Kind aufrecht sein kann. Diese Aufrechte, dieses Gleichgewichthalten, verdanken wir also einem Organ und der mit ihm verbundenen Sinnestätigkeit. Das Organ ist sehr klein; es befindet sich im Innenohr im Felsenbein des Schädels, also in einem ganz festen Teil des Schädels, als häutiges Labyrinth und besteht aus drei Bogengängen, die in den drei Ebenen des Raumes liegen, zwar nicht exakt, etwas schief, aber doch alle Raumesrichtungen umfassend. In diesen knöchernen Bogengängen gibt es so etwas wie eine Haut, außen und innen Lymphe und am Ende der Bogengänge je eine Verdickung, in der das Rezeptororgan untergebracht ist. Dann gibt es einen weiteren Abschnitt dieses Labyrinthorgans, ebenfalls im Felsenbein, der aus zwei Verdickungen besteht. Auch hier gibt es Rezeptororgane, die, anders als die feinen Härchen in den Bogengängen bei den beiden Verdickungen, aus feinen Kalkkristallen bestehen. Wenn der Mensch sich bewegt, dann schwingt die Lymphe über diese Härchen der Bogengänge und über die kleinen Kalkkristalle der beiden Ausdickungen, und die entsprechenden Bewegungen veranlassen Sinnesreize, die dann durch einen der großen Gehirnnerven weitergeleitet werden. Die beiden Verdickungen sind dafür verantwortlich, dass wir geradeaus und beschleunigt aufrecht, also im Gleichgewicht stehen und gehen können; die drei Bogengänge sind dafür verantwortlich, dass wir uns drehen können und dass das wahrgenommen wird. Also zwei verschiedene Funktionen – das Geradeausgehen und Beschleunigen und das Sich-Drehen – werden wahrgenommen auf der Grundlage dieses Organs. Das Organ für sich wäre natürlich nicht brauchbar, wenn es nicht die Sinnestätigkeit gäbe, die durch es wirkt und die sich von den anderen Sinnen, die wir für die Aufrechte auch brauchen, unterscheidet. Wir nehmen bewusst mit dem Auge nach außen wahr, fixieren und können uns auch dadurch aufrecht halten. Anders als beim Sehen ist jedoch das Gleichgewichtsorgan unserem intentionalen Zugriff verschlossen. Wir verdanken ihm die Aufrechte, so wie wir auch unserem Knochenbau, den Gliedmaßen verdanken, dass wir im Gleichgewicht aufrecht gehen können. Solange der Mensch gesund ist, hat er durch das Gleichgewichtsorgan und die entsprechende Sinnestätigkeit sowie durch den Knochenbau des physischen Leibes eine ziemlich verlässliche Grundlage für das Gleichgewicht. Gleichgewicht ist die Voraussetzung für Fortbewegung, Fortschreiten. Wir könnten nicht fortschreiten, wenn wir nicht als physische Wesen gleichgewichtsfähig wären.

Im Seelischen liegen die Verhältnisse anders. Ein Beispiel: Wahrscheinlich kennen Sie alle den Beginn der *Ilias.* Es ist das zehnte Jahr des Trojanischen Krieges. Alle sind müde von diesem Krieg, und der Seher Chryses will seine Tochter zurück haben. Die Tochter ist ein Pfand des Agamemnon. Agamemnon schimpft, gerät in Zorn, ist außer sich und weigert sich, Chryseïs herauszugeben. Daraufhin zieht sich Chryses an den Strand zurück, wendet sich an Phoibos Apollon und bittet ihn, ihm zu helfen. Was tut Phoibos Apollon? Er kommt bewaffnet und fängt an, alle niederzuschießen und die Pest zu verbreiten; die Menschen sterben. Und das ist ein so großes Übel, dass beschlossen wird, etwas zu unternehmen. Man beauftragt einen anderen Seher herauszufinden, womit das Unheil zu tun hat. Kalchas hat eben die Sehergabe und versichert sich nun bei Achilleus, dass, wenn er etwas herausfinde, was irgendjemandem nicht passe, ihm, Kalchas, nichts geschehen würde. Nachdem er diese Versicherung bekommen hat, bemüht sich Kalchas und entdeckt die Ursache des Übels: die Rache des Phoibos Apollon dafür, dass Agamemnon sich weigert, Chryseïs herauszugeben. Daraufhin pilgert also Achilleus zu Agamemnon und versucht ihn dazu zu bewegen, das Mädchen herauszurücken. Das ärgert Agamemnon umso mehr, als er doch der große Führer ist und – so wird er in der *Ilias* beschrieben – überhaupt immer alles an sich rafft, möglichst aber nichts abgeben möchte. Achill, der also weiß, was auf dem Spiel steht, ist im Gespräch. Agamemnon sagt: Wenn ich Chryseïs herausrücken muss, dann werde ich mir dein Ehrengeschenk – das ist Briseïs – nehmen. (Ich habe mir lange überlegt, ob ich dieses Beispiel wähle, weil hier Frauen als Ware gehandelt werden. …) Agamemnon will also stattdessen Briseïs haben, womit Achilleus überhaupt nicht einverstanden ist. In dem Augenblick, da Achilleus noch im Überlegen begriffen ist, ob er jetzt zornig werden soll – zornig werden heißt natürlich, Agamemnon umzubringen –, spürt er, wie von hinten eine Gestalt auf ihn zukommt, er wendet sich um, sieht Pallas Athena und fragt sie nach dem Grund ihres Kommens. Athena antwortet ihm: «Deinen Zorn zu besänftigen kam ich.» Dies hörend steckt Achilleus sein Schwert wieder in die Scheide und sagt: «Euer Wort, o Göttin, geziemt es wohl zu bewahren, welche Wut auch im Herzen sich hebt.» Gleichzeitig hatte Athena Achilleus gesagt, er solle Agamemnon nicht umbringen, aber mit Worten dürfe er schon schimpfen und entsprechenden Streit machen; er dürfe ihn auch kränken mit Worten. So setzt Achill die Schimpftirade fort, nennt Agamemnon einen Trunkenbold mit dem Blick des Hundes und dem Mut des Hirsches. (Wenn wir das heute machen würden, würden wir uns wahrscheinlich eine Zivilklage einhandeln, aber in diesem Fall war das möglich.)

Da sieht man an einem Beispiel, wie der Zorn hochkocht und von außen die Göttin kommt, besänftigend und den Streit, soweit es eben den tödlichen Ausgang betrifft, schlichtend. Die Hilfe kommt also von außen. Das wird zu Beginn der griechischen Kulturepoche oft geschildert, dass entsprechende Gefühle von den Göttern, die von außen kommen, geschlichtet werden. Wenn jemand etwas Schlimmes getan hat, kommt die Rache nicht von innen, sondern von außen. Die Götter sind da, greifen ein und mahnen.

Nun kennen Sie wahrscheinlich alle den Lauf der griechischen Geschichte und wissen, dass das, was im Innern erlebtes Gewissen ist, ganz plötzlich entsteht. Man bemerkt, wie die Stimme des Gewissens, die früher von außen kam und stellvertretend von den Göttern gesprochen wurde, nach innen einzieht und zum seelischen Innenerlebnis wird; der Mensch muss sich nun selbst verantworten. Selbstverantwortung entsteht. Und es entsteht ein Gewissen, ein traditionelles Gewissen vielleicht, das durch viele, viele Jahrhunderte hält. Heute, habe ich den Eindruck, sind wir in einer Situation, wo dieses traditionelle Gewissen – das im Innern als Stimme auftritt und sagt: Das darfst du nicht tun, oder das einen warnt – immer mehr verstummt. Die Zivilisation ist an einen Punkt ihrer Entwicklung gekommen, wo man nach dieser Stimme oft umsonst fahndet und Menschen auch Dinge anstellen können, die erstaunlich sind.

Als ich letzte Woche in Johannesburg war, war ich dort, um ein Waldorflehrer-Seminar in der Alexandra-Township zu besuchen. Ich war auch früher schon in Alexandra gewesen, einer alten Township mit einer politisch brisanten Bevölkerung, weil die eine Hälfte eben ANC- und die andere Hälfte Inkatha-Gefolgsleute sind. Viele Weiße gehen da überhaupt nicht hin – und wenn sie dorthin gehen, dann normalerweise am Vormittag, denn vormittags sind die Männer bei der Arbeit und die Jugendlichen in der Schule. Je später der Nachmittag, desto angebrachter ist es, dass man verschwindet. Kein Weißer bleibt freiwillig nach fünf. Um sechs Uhr geht die Sonne unter, es ist dunkel. Ich war da also, und ich hatte zum ersten Mal ein richtig unangenehmes Gefühl. Ich weiß nicht, woher das kam. Das Gespräch war schwierig, aber damit hing es nicht zusammen. Ein richtig «flattriges» Gefühl. Hinterher hörte ich im Radio, dass genau zu dem Zeitpunkt, als ich – es war schon ziemlich spät – hinausfuhr, in einer anderen Straße, nicht weit weg, jemand erschossen wurde, um das Auto zu bekommen. Habgier, oder wie man das nennt. Man merkt, dass das traditionelle Gewissen keine Kraft mehr hat, von bestimmten Handlungen zurückzuhalten. Diese Beispiele könnte ich vervielfältigen, ich könnte viele Geschichten erzählen aus dem Krieg in Jugoslawien oder aus der Apartheidsituation in Südafrika, aus denen hervorgeht, dass es – aus welchen Motiven auch immer – eine intentionalisierte Gewalt gibt, die man direkt gegenüber den anderen Menschen austrägt und wo im Innern nichts mehr ist, was davon zurückhält.

Ich erzähle noch ein Beispiel: An dem genannten College ist ein Student, er gehört, glaube ich, zu den Amaswasis. Er hatte nun eine Frau, mit der er befreundet war, ziemlich brutal zusammengeschlagen, das Trommelfell war geplatzt, sie konnte vier Wochen nichts mehr hören. Als ich hin kam, erfuhr ich, dass er gedroht hatte, das ganze College anzuzünden, falls man ihn hinauswerfen würde. Das haben ihm auch alle geglaubt! Er hatte auch Autos gestohlen, alles Mögliche angestellt. Was liegt bei diesem Menschen vor? Er war, als er dreizehn, vierzehn, fünfzehn Jahre alt war, militanter ANC-Kämpfer, gehörte also als Jugendlicher zu der militärisch ausgebildeten Truppe der ANC-Kämpfer, war von der weißen Polizei (es war zu Zeiten der Apartheid) mehrfach gefangengesetzt worden und hatte verschiedenste Arten von Folter hinter sich; zum Beispiel hatte man ihn in einen Sack gesteckt und solange in den Fluss getaucht, bis er fast tot war. Nach solchen Erlebnissen kommt er nun an ein solches College und begegnet wiederum Weißen, die sagen, wie man es machen soll. Was für eine Stimmung entsteht dann in einem solchen Menschen? Und wie leicht ist es dann, an die Gewalttätigkeit, die ihm selber angetan worden ist, wiederum neue Gewalttätigkeit anzuknüpfen. Sie kennen ja den berühmten Spruch von Friedrich Schiller: «Das ist der Fluch der bösen Tat, dass sie fortwährend Böses muss erzeugen.» Menschen sind also heute in der Lage – ich würde sagen, wir eingeschlossen –, das seelische Gleichgewicht total zu verlieren. Jenes seelische Gleichgewicht, das die Tradition, die wir nicht mehr haben, noch aufrecht erhalten hat. Hier entsteht für das Gewissen eine völlig neue Möglichkeit: Jeder Mensch kann es nach seinen eigenen Maßstäben selbst erwerben. Gewissen wird zur Ich-Leistung.

Nun kommen aber auch in traditionellen Situationen Ereignisse vor, die einen aus dem Gleichgewicht herausfallen und in bestimmte Einseitigkeiten und Extreme der seelischen Reaktion führen können. Ich war im November 1995 mit drei weiteren Frauen zu einer einwöchigen Veranstaltung in Japan von jemandem eingeladen worden, der japanischen Frauen Anregungen vermitteln wollte, selbständig zu werden, eigene Wirtschaftsunternehmen und eigene Kreditmöglichkeiten aufzubauen. Dann wurde uns etwas besonders Schönes geboten: Wir sollten an einem japanischen Abendessen teilnehmen. Ich kam in den entsprechenden Raum, in dem es ja keine hohen Tische und Stühle gibt, man sitzt auf Kissen auf dem Boden oder kniet und hat ein niederes Tischchen vor sich. Soweit war alles in Ordnung. Dann kam die Frau, die uns bedienen sollte. Es war eine ältere Frau, ich schätze fünfundfünfzig Jahre alt. Der Raum war abgetrennt durch Papierwände, die sie aufschob, und indem sie hereinkam, ging sie auf die Knie. Den ganzen Weg bis zu dem Ort, wo wir saßen, rutschte sie auf den Knien und servierte, rutschte zurück, ging weg, holte neue Sachen, rutschte wieder – so ging das. Ich habe bemerkt, wie in mir ein mächtiger Zorn aufstieg, ich konnte es nicht ertragen, von einer Frau dieses Alters auf solche Art und Weise bedient zu werden. Nur weil ich schon ein bisschen älter geworden bin, bin ich nicht sofort geplatzt und habe mich noch ein wenig an die Etikette gehalten. Ob das jetzt der «heilige Zorn» ist, von dem Rudolf Steiner spricht, das lassen wir einmal dahingestellt; aber man kann ja an einer solchen Situation beobachten, wie etwas in einem aufsteigt und mit einem durchgeht, das man nüchtern vielleicht gar nicht will. Entwürdigend war das für mein westliches europäisches Bewusstsein – nicht für japanisches, ich weiß, da ist es natürlich völlig anders. Da merkt man, was passiert, wenn Kulturen aufeinanderstoßen. Es gibt eben fortwährend – und wenn man aufmerksam wird, leider häufiger, als einem lieb ist – Situationen, wo in einem selber, in der eigenen Seele das Gegenteil von Gleichgewicht auftritt, wo man also in eine völlig vereinseitigte Steigerung eines bestimmten Gefühls hereinkommt, was soweit gehen kann, dass man fast das Ich-Bewusstsein, also die Anwesenheit, verliert. Das sind Situationen, in denen eben der Geist der Schwere oder auch der Geist des Lichtes zu massiv Platz greift in der eigenen Seele und sich austobt und das Ich nicht mehr Herr der Lage ist. Insofern bemerkt man, dass im Seelischen zwar die prinzipielle Möglichkeit des inneren Gleichgewichts vorhanden ist, dass es sich aber nur aktualisiert, wenn es bewußt, durch Übung und Anstrengung, im Innern erworben wird.

Schon Aristoteles hat an dieser Frage gearbeitet. Die ganze *Nikomachische Ethik* beschreibt, wie stets das Mittlere zwischen Gegensätzen aufgesucht werden müsse. Aristoteles beschreibt das an allen Grundtugenden, die seit Platon in Griechenland als die großen Haupttugenden bekannt waren: Weisheit, Tapferkeit, Besonnenheit,

Gerechtigkeit. Über die Besonnenheit sagt er, dass sie das Mittlere sei zwischen Lust und Unlust oder – wenn man noch extremer schaut – zwischen Zügellosigkeit und Stumpfsinn. Was Aristoteles meint, ist: Man kann entweder den Begierden ganz erliegen oder völlig wahrnehmungsunfähig werden, solange man das Mittlere noch nicht gefunden hat. Über die Tapferkeit sagt er: Sie ist das Mittlere wiederum zwischen der Tollkühnheit oder der Verwegenheit auf der einen Seite und der Feigheit oder der Angst auf der anderen Seite. So geht Aristoteles die einzelnen Tugenden durch; zum Beispiel spricht er über die Großzügigkeit als dem Mittleren zwischen Verschwendung und Geiz. Die aristotelische Ethik begreift also die Tugend als das Streben des Menschen, des Ich, nach dem Mittleren zwischen zwei Extremen.

Nun kann einen das Gefühl beschleichen, dass das nicht ganz stimmt, weil es nicht das Mittlere ganz genau ist. Was Aristoteles als Mittleres beschreibt, ist bereits etwas vom Mittleren weggerückt, auf eine Richtung zu, so dass man, wenn man ein bisschen damit umgeht, den Eindruck haben kann, dass das Mittlere als solches eigentlich gar nicht gefunden werden kann, dass es aber Annäherungen an dieses Mittlere gibt, indem man eben zwischen diesen Extremen hin und her pendelt. Das Mittlere muss nicht unbedingt Gleichgewicht sein, aber Gleichgewicht und das Mittlere sind nur möglich, wenn man die Extreme kennt. Wenn man sich davor scheut und sagt: Lieber nicht tollkühn sein, lieber keine Angst haben! – dann kann man sowieso kein Mittleres entdecken. Denn entdecken kann man es erst – das ist jedenfalls meine Erfahrung –, wenn man zumindest ein Stück weit bereit ist, in den Extremen zu leben; dann erst kann man das Mittlere suchen.

Nun wird ja der Kanon dieser Tugenden im Mittelalter

ergänzt durch einige weitere, die nicht so einfach als Mittleres zwischen zwei Extremen beschrieben werden können. Mein Eindruck ist, dass diese Annäherung an das Mittlere bereits von der Seele gefunden sein muss, bevor man Glaube, Liebe, Hoffnung überhaupt entwickeln kann. Glaube, Liebe, Hoffnung setzen also das Vermögen voraus, sich in der Seele auf das Mittlere hinbewegen zu können.

Seit kurzem ist es wieder in Mode gekommen, über Tugenden zu sprechen. Besonders ist das in den letzten Jahren in der Pädagogik der Fall, wo man über Werte-Erziehung spricht und sucht, wie diese zu greifen wäre, weil man bemerkt, dass das Verstummen des traditionellen Gewissens Folgen zeitigt, die nicht mehr beherrschbar sind. So hat eine UNESCO-Kommission im letzten Jahr ein großes Programm «Erziehung für das 21. Jahrhundert» veröffentlicht, in dem es fast nur um Werte-Erziehung geht und die Frage bearbeitet wird: Was kann man in Zukunft überall auf der Erde mit Kindern tun, damit sie Toleranz, damit sie Friedensfähigkeit entwickeln können, damit Initiativkraft entstehen kann? Diese Diskussion breitet sich in den Schulen immer mehr aus. Man sieht es auch daran, dass das Buch von Daniel Goleman *Emotionale Intelligenz* seit Monaten auf der Spiegel-Bestsellerliste steht. Daniel Goleman hat sehr viele Forschungsergebnisse von Psychologen zusammengetragen, die sich intensiv um die Frage gekümmert haben, wie dasjenige entsteht, was ein gesundes Gefühlsleben ausmacht. Er beschreibt unter anderem, dass der Erfolg eines Menschen nicht so sehr davon abhängt, wieviel er weiß, sondern viel mehr davon, welche sozialen Kompetenzen (das heißt in alten Worten: Tugenden) er erworben hat. Langzeit-Untersuchungen von Schulklassen und von Universitätsgruppen haben nach einigen Jahren gezeigt, dass die Klugen längst nicht so erfolgreich sind wie diejenigen, die ihre soziale Kompetenz entwickelt haben. Nun beschreibt Goleman, wie die emotionale Grundstruktur oder das Gefühlsleben gebildet werden, und das entspricht dem, was alle Waldorf-Kindergärtnerinnen und -Kindergärtner seit Jahren zu pflegen und auch in die Elternhäuser zu tragen versuchen. Goleman führt aus, dass die Grundstruktur des Gefühlslebens in den ersten drei Lebensjahren veranlagt wird und dass dasjenige, was nicht veranlagt wird in den ersten drei Lebensjahren, eben zu so schwierigen Charakteren führt, die nachher mit großer Mühe das bewusst erwerben müssen, was in den ersten Lebensjahren eine liebevolle elterliche Umgebung dem Kind – fast unbemerkt – mitgeben kann. Wenn eine Familienunterstützung für das aufwachsende kleine Kind da ist, ein deutliches Beziehungsgeflecht zwischen Mutter und Kind, was sich im Anschauen und dem Sprechen mit dem Kind ausdrückt (der spätere Wortschatz ist zum Beispiel davon abhängig, wieviel die Mutter mit dem ganz kleinen Kind spricht – man kann zu viel sprechen und zu wenig sprechen), dann werden die Gefühle und Empfindungen veranlagt, mit denen ein Mensch später Mitglied einer sozialen Gemeinschaft wird. Da wird jetzt die Tugend nicht nur angeschaut als etwas, was den Menschen als eigenes Selbst betrifft, das heißt als seine Fähigkeit, ein mögliches Gleichgewicht in der eigenen Seele bewusst zu erwerben, sondern es wird geschaut: Wie entstehen diejenigen Fähigkeiten im Seelenwesen des Menschen, die es möglich machen, die seelische Lage eines anderen wahrzunehmen und zu erkennen? Nicht: Wie werde *ich* tugendhaft?, sondern: Wie lerne ich zu beobachten und wahrzunehmen, wie es um einen anderen Menschen beschaffen ist? Das wird natürlich dann auch zu bestimmten Zwecken gebraucht: Wer Führungskraft in einem Unternehmen sein will, muss bestimmte soziale Kompetenzen haben und so weiter – diese Seite lasse ich weg. Wie kann ich den anderen seelisch wahrnehmen?

Da merkt man: Es kommt eine neue Aufgabenstellung dazu, nämlich die eigenen Gefühle und Empfindungen zu Wahrnehmungsinstrumenten für den anderen zu bilden. Wenn ich in der Lage bin, ein Gefühl, das in mir selber auftaucht, so umzuschmelzen, dass ich dadurch nach draußen sehen und verstehen kann, dann entwickelt sich eine Souveränität im Umgang mit dem Gefühl. Und man merkt: Jetzt kommt eine Steigerung dieses Mittleren. Der aufrechte Ich-Mensch kann jetzt seine Gefühle gebrauchen und lernt mit diesen Gefühlen, dasjenige, was im Seelischen des anderen vorgeht, wahrzunehmen. Die Schritte, die zunächst in den Tugendlehren da waren, sind also Voraussetzung dafür, dass ich mir die innere Souveränität erarbeiten kann, die möglich macht, das Gleichgewicht zu halten, um die seelische Umgebung wahrzunehmen. Nur wer sich nicht in die Extreme verliert, sondern sich im Mittleren, das heißt im Gleichgewicht halten kann, hat die Chance, durch reine Gefühle zu «sehen». Wer so sehen gelernt hat, wer durch die eigenen Gefühle sehen gelernt hat, der hat dann natürlich ein anderes soziales Verhalten, ein ganz verändertes soziales Verhalten, das von jedem wahrgenommen werden kann. Jede kleine Übung in dieser Richtung macht sich für andere sofort bemerkbar. Wenn man für andere ein unangenehmes Menschenwesen ist, weil man die eine oder andere seelische Unart hat, und nun versucht, nur ein bisschen daran zu arbeiten, dann verändert sich die eigene Seelenart, und der andere kann das sofort wahrnehmen.

In dem Buch von Daniel Goleman gibt es ein wunderbares Beispiel eines solchen Vorganges, das ich jetzt gerne schildern möchte. Terry Dobsen, ein Amerikaner, der in Japan Aikido, also eine Kampfsportart, studiert, viele Jahre geübt hat und einigermaßen gut darin war, fuhr eines Nachmittags mit dem Zug von Tokyo-Innenstadt nach Hause. Das sind schnellflitzende Züge, die immer unwahrscheinlich voll sind, vollgestopft mit Menschen, die sich auf dem Nachhauseweg befinden. Oft sind die Leute etwas angetrunken, weil viele nach der Arbeit mit ihren Arbeitskollegen ausgehen und trinken. In diesen Vorortzug steigt auf einer Station ein etwas bulliger, großer, betrunkener, verdreckter Mensch ein und beginnt ziemlich bald die Fahrgäste zu belästigen. Da ist eine Frau, die ihm im Weg steht, mit einem Kind auf dem Arm, und die schlägt er so, dass sie auf die nächste Sitzbank fällt. Da er so um sich schlägt und die Leute Angst bekommen, ziehen sie sich in eine Ecke des Zuges zurück, sie machen ihm Platz. Dann beginnt er an einer Metall-Haltestange zu rütteln und will sie aus der Verankerung reißen. In dem Moment überlegt sich Terry Dobsen, dass er ja jetzt so viel Aikido geübt hat, dass nun der ideale Einsatzort für ihn da ist. Dann fällt ihm ein, dass sein Lehrer ihm Folgendes gesagt hat: «Aikido ist die Kunst der Versöhnung. Wer Lust zum Kämpfen hat, der hat seine Verbindung zum Universum zerrissen. Wenn du versuchst, Menschen zu beherrschen, wirst du immer verlieren. Wir lernen, wie man einen Konflikt löst und nicht, wie man ihn eröffnet.» Indem er dieses Bewusstsein hat, steht er auf und geht auf den Betrunkenen zu. Der Betrunkene entdeckt ihn und sagt: «Hier ist ein Ausländer, dem werde ich lehren, was japanische Manieren sind.» Und in dem Moment, als er gerade anfängt, über Terry

Dobsen herzufallen, kommt aus einer anderen Ecke des Zuges ein ohrenbetäubender Schrei: «Hey!» Der Betrunkene dreht sich um und entdeckt einen alten, etwa siebzigjährigen japanischen Mann im Kimono, der auf einer Bank sitzt. Dieser alte Mann strahlt den Betrunkenen mit dem schönsten Lächeln an, winkt ihn her zu sich, fordert ihn auf, zu ihm zu kommen. Darauf sagt der Betrunkene: «Aber ich will ja eigentlich überhaupt nicht mit dir sprechen.» Trotzdem geht er auf ihn zu. Dann fragt ihn der alte Mann: «Was hast du denn getrunken?» Der andere sagt: «Sake, ich habe Sake getrunken.» Dann strahlt ihn der alte Mann an und sagt: «Oh, ich trinke auch gerne Sake. Abends wenn ich mit meiner Frau zusammensitze, wärme ich mir gerne ein Fläschchen Sake, und dann gehen wir in den Garten und setzen uns auf die Holzbank und schauen den schönen Dattelpflaumenbaum an.» Er erzählt ihm von den schönen Sachen, die er dann in seinem Garten anschauen kann. Worauf der Betrunkene erwidert: «Ja, Dattelpflaumenbäume finde ich auch ganz schön.» Er wird sanfter, und Terry Dobsen beobachtet, wie zunächst die zu Fäusten geballten Hände sich öffnen. Der alte Mann erzählt weiter und sagt: «Du hast ja bestimmt auch eine wunderbare Frau.» Der Betrunkene sagt: «Nein, meine Frau ist gestorben.» Dann fängt er schrecklich an zu schluchzen und erzählt, wie er seine Frau verloren hat, wie er sein Haus verloren hat, wie er seine Arbeit verloren hat und wie sehr er sich schämt. In dem Moment kommt die Station, an der Terry Dobsen aussteigen muss; er hört noch, wie der alte Mann den Betrunkenen einlädt, mit ihm nach Hause zu kommen, und sieht noch, wie der Betrunkene sich auf die Bank legt, den Kopf auf dem Schoß des alten Mannes.

«Verwandelter Zorn ist Liebe im Leben», sagt Rudolf Steiner in der *Mission des Zornes.* Da hat man ein wunderbares Beispiel der Verwandlungskraft, die der berechtigte, sogenannte edle Zorn der Jugend haben kann. Man merkt, wie das Eintauchen in ein Extrem schon auch Voraussetzung dafür ist, dass man etwas anderes, in diesem Fall Güte, entwickeln kann. Jenes innere Gleichgewicht, das die Gefühle verwandeln kann, ist sehr verwandt mit dem, was Rudolf Steiner in den «Nebenübungen» und insbesondere in der letzten, die alles zusammenfasst, beschreibt. Das sind ja Übungen, bei denen es um die Beherrschung der verschiedenen Ebenen seelischer Ausdrucksmöglichkeiten geht und deren letzte dem inneren Lebensgleichgewicht gilt. Man merkt, dass man, um dieses herbeizuführen, selbst innerlich Ruhe entwickeln muss. Geschieht dies nicht, dann stellt sich natürlich auch nicht das Gleichgewicht ein. Diese innere Ruhe, diese Gelassenheit oder der Gleichmut, führt – das kann man beobachten – unmittelbar dazu, dass man zum Schicksal «ja» sagen kann und dass man Vertrauen entwickeln kann in das Schicksal, so wie es kommt, und dass man anfangen kann, das Schicksal zu lieben, so wie es kommt.

Vielleicht haben Sie auch diese phantastische Geschichte gehört von einer Frau, die Stewardess bei Jugo-Airlines war. In den siebziger Jahren sollte eine Maschine von Stockholm nach Belgrad fliegen. Sie wollte eigentlich nicht mit der Maschine fliegen, weil sie bestimmte Sachen zu erledigen hatte. Dann wurde der Besetzungsplan geändert, und sie musste doch mitfliegen. Diese Maschine ist ungefähr über der Tschechei in zehntausend Meter Höhe explodiert. Als die Rettungsmannschaften kamen, fanden sie einen einzigen Menschen, der überlebt hatte – diese Vesna. Ein Mensch, der aus zehntausend Metern herunterfiel und überlebte, weil er noch etwas zu tun hatte. Diese Vesna ist kürzlich wieder aus der Versenkung aufgetaucht, als in Belgrad die großen Studentenaufmärsche waren. Da gab es kritische Augenblicke in der Auseinandersetzung mit der Polizei, wobei die Studenten eine ungeheure Phantasie entwickelten, ihrem Protest Ausdruck zu verleihen. In solchen Augenblicken tauchte sie auf, lief die Reihe der Polizisten entlang und sagte: «Ich bin Vesna – und wenn ihr nicht wisst, wer das ist, dann fragt eure Eltern, die wissen das. Und ich sage euch jetzt, dass ihr in dieser Situation friedlich sein solltet.» Sie hatte ein solches Vertrauen in diese Kraft, dass tatsächlich an den Orten, an denen sie auftauchte, nichts passierte. Ein Mensch also, dem das Leben ein zweites Mal geschenkt wurde, der das auch so erlebt, der dann als Friedensstifter erscheint.

Wie drückt sich dieses Schicksalsvertrauen noch aus? Es gibt einen Schüler der Wattenscheider Waldorfschule, der in der elften Klasse unbedingt nach Südafrika reisen wollte. Er setzte das dann auch in seiner Familie durch, erhielt das Geld dafür und ging nach Kapstadt auf eine der dortigen Waldorfschulen. Bei einem Nachmittagsausflug am Strand setzte er sich auf einen Felsen und wurde von einer Welle geholt – es kam nur eine einzige große Welle, und diese Welle hat ihn verschluckt. Wie sind die Eltern damit zurecht gekommen? Sie sind natürlich hingefahren, haben sich alles genau erzählen lassen, haben den Leichnam geholt, und sie haben sich gefragt: Was ist das eigentlich, dass in diesem jungen Menschen ein solcher Drang war, an diese Stelle zu kommen? Sie haben beobachtet, wie etwas ihn dahin geführt hatte und wie es fast wie notwendig erscheint im Nachhinein, dass er dieses Schicksal hatte. Sie haben dieses Schicksal vollkommen akzeptiert und daraufhin beschlossen, jetzt, da der Sohn sie auf diese

Weise mit Südafrika verknüpft hatte und er selber nichts mehr auf der Erde tun konnte, einen kleinen Fonds aufzubauen, um dortigen Initiativen zu helfen. Eine vollkommene Akzeptanz dieses Schicksal – sie haben etwas daraus gemacht.

Wenn man auf diese Weise Frieden schließen kann mit dem eigenen Schicksal, kann man den Eindruck haben, dass etwas in der Seele entsteht wie Fortschritt. Aber nicht ein Fortschritt, den man als Zustand festhalten kann. Es gibt zwei Kräfte in der Welt und in der Seele, die ständig den Menschen aus dem Gleichgewicht bringen wollen. Der Mensch bewegt sich fortwährend zwischen diesen beiden Kräften, die einen ständig dazu bewegen wollen, nach der einen oder anderen Seite aus dem Gleichgewicht, aus diesem Schicksalsvertrauen herauszufallen. Rudolf Steiner nennt diese Kräfte Ahriman und Luzifer. Beiden verdanken wir einen Großteil unserer Entwicklung. Es geht nicht darum, einen Bogen um sie herum zu machen und sie zu meiden, sondern mit ihnen umgehen zu lernen und zu bemerken, wann die Seele mehr in die eine, wann sie mehr in die andere Richtung schwingt; zu bemerken, daß da tatsächlich etwas ist wie ein Pendel, das ausschlägt; der eine Mensch hat die Neigung mehr in die eine Richtung, der andere mehr in die andere Richtung. So wie das Gleichgewicht in der Waagschale sich ja auch nur herstellt, wenn auf beiden Seiten Gewicht ist, wäre also die Richtung, in die man sowieso neigt, bewusst zu ergänzen durch eine andere, aber so, dass man aufrecht steht und diese Aufrechte, dieses Hin- und Herschwingen intentional herstellt, so dass man eigentlich in der Mitte stehen hat diesen Ich-Menschen, der man selber ist und der die luziferischen und ahrimanischen Kräfte gebrauchen kann. Dann merkt man, dass das die Situation ist, in der der Mensch nicht etwas ist, etwas besitzt, sondern in der er – in diesem Schwingen als Ich-Mensch, der aufrecht in der Mitte steht – ein Mensch ist, der sich entwickelt, ein werdender Mensch. Ein Bild für den Ich-Menschen, der aufwacht an dem, was diese beiden Kräfte mit ihm tun, hat Rudolf Steiner in einem der Kapitelle des ersten Goetheanum-Baues geschaffen. Man sieht einen aufrechten Stab und um diesen aufrechten Stab, in einer Art schlangenhafter Gestalt, nach beiden Seiten ausschlagende Bewegungen. Es ist das alte Bild, das der Götterbote Hermes als Merkurstab mit sich herumträgt. Und dieses Bild der aufrechten Geraden, um die herum zwei schlangenartige Bewegungen nach beiden Richtungen ausschlagen, hat oben zwei Tropfenformen, durch die eben charakterisiert wird, wie der Mensch, dieser bestimmte sich im Werden befindende Mensch, immer mitten drin steht – auf der einen Seite die höchsten Ideale entwerfend und auf der anderen Seite praktisch die irdische Wirklichkeit gestaltend. Da scheint mir – wenn man überhaupt in der Übung so weit gekommen ist, dass man diesen Gleichgewichtszustand, dieses Hin- und Herschwingen erreicht und darin aufrecht werden kann –, dass man da diejenige Werdekraft oder Entwicklungskraft entdeckt, die man dann vielleicht berechtigt «Fortschritt» nennen könnte. Im Bild des Merkurstabes wird wie bestätigt: Dies ist der Mensch, dieser allgemein menschliche Mensch, der die Aufrechte für sich erworben hat und sich zwischen den Extremen hin und her bewegen kann. Da scheint mir, dass da, wo der Mensch diese Aufrechte sucht, er die Chance hat, etwas von dem zu erfahren, was die Christuswesenheit für den Menschen bedeuten kann. In Christus, dem geistigen Wesen, das zwischen Luzifer und Ahriman als «Einiger» über den Gegensatz sich erhebt, kann so als Urbild erlebt werden, wie durch die Überwindung der Fesseln des Gegensätzlichen geistiger Fortschritt eröffnet wird.

Literatur

Aristoteles, *Nikomachische Ethik*. Mit einer Einleitung und herausgegeben von Günther Bien. Philosophische Bibliothek Bd. 5, Felix Meiner Verlag, Hamburg [4]1985.

Daniel Goleman, *Emotionale Intelligenz*. Aus dem Amerikanischen von Friedrich Griese. Hanser Verlag, München 1996.

Rudolf Steiner, Die Mission des Zorns, Vortrag vom 5. Dezember 1909, in: *Metamorphosen des Seelenlebens. Pfade der Seelenerlebnisse*. Erster Teil, Gesamtausgabe Bibl.-Nr. 58, Rudolf Steiner Verlag, Dornach 1984.

VI. Juni
Ausdauer wird zu Treue

Andreas Neider

«Was ein Begriff ist, kann nicht mit Worten gesagt werden. Worte können nur den Menschen darauf aufmerksam machen, dass er Begriffe habe.»[1] Je länger man sich mit den Tugenden beschäftigt, desto mehr spürt man, dass eigentlich mit Worten darüber gar nicht gesprochen werden kann. Die Tugenden sind etwas, das getan werden muss. Sie sind ein Weg, ein Weg der Übung und ein Weg der Niederlage. In diesem Sinne werde ich versuchen, Wegweiser, Bilder zu beschreiben und damit hinzudeuten auf das, was eigentlich gemeint ist.

Bevor ich auf die Tugenden der Ausdauer und der Treue zu sprechen komme, werde ich zunächst versuchen, einen Überblick über das, was insgesamt mit den zwölf Tugenden angestrebt wird, zu geben, indem ich frage: Was ist eine Tugend denn überhaupt? Was haben denn diese Tugenden mit dem Tierkreis zu tun? Bekannt ist, dass Rudolf Steiner diese Verbindung aufgreift, die ja schon vorher existiert hat. Woher dieser Zusammenhang aber kommt, wird uns noch beschäftigen.

Die Frage nach der Tugend können wir nur beantworten, wenn wir auch das andere Extrem, nämlich die Untugend, wenn wir also das, was wir eigentlich als das Nächstliegende erleben, betrachten. Tugend ist nicht denkbar ohne ihr Gegenteil, die Untugend. Wir haben es zunächst zu tun mit unseren Unfähigkeiten, mit unseren Untugenden und natürlich mit den Untugenden unserer lieben Mitmenschen. Bezogen auf das Motiv unserer Betrachtung: Ausdauer erleben wir in ihrem Gegenteil, in der Unbeständigkeit, dem Hasten von einem zum nächsten, dem Vergessen und so weiter. Und es entsteht die Frage: Woher kommt das eigentlich? Wieso muss der Mensch überhaupt tugendhaft werden, wieso ist er es nicht schon immer? Warum ist Ausdauer nicht eine Kraft, die er einfach zur Verfügung hat? Warum ist Treue nicht etwas, das von Natur aus dem Menschen gegeben ist? Nun, die Tugend ist eben gerade dadurch definiert, dass sie dem Menschen *nicht* von Natur aus eigen ist. Um das genauer zu verstehen, müssen wir nach der Natur des Menschen überhaupt fragen.

Sie kennen die Geschichte, die im Paradies beginnt, in dem der Mensch sich in einem Urzustand befindet, von dem man sagen kann: Der Mensch weiß noch nichts von Gut und Böse, der Mensch weiß noch nichts von Tugend oder Untugend, der Mensch ist in einem gewissen Sinne jenseits von Gut und Böse, er ist also auch noch nicht tugendhaft, aber auch noch nicht untugendhaft. Er kann diese Unterscheidung in seinem Tun und Lassen noch gar nicht treffen. Er hat vom Baum der Erkenntnis des Guten und Bösen noch nicht gegessen. Was dann geschieht, wird als Sündenfall bezeichnet. Die Verführung durch die

Schlange, durch Luzifer, führt dazu, dass der Mensch Gut und Böse unterscheiden kann, dass er die Freiheit erringt.

Die Freiheit ist eben damit verbunden, dass der Mensch die Untugenden als seine Natur erfährt, dass er aus seinem Gleichgewicht, in dem er sich ursprünglich befand, herausfiel und in ein Ungleichgewicht geriet. Um das etwas deutlicher zu machen, gebrauche ich ein Bild – das Bild einer Waage (*Abb. 1*). Die Waage, die sich im Gleichgewicht befindet, ist ein Bild des paradiesischen Zustandes, und dieses Gleichgewicht gerät aus den Fugen, die Waage befindet sich nicht mehr im Gleichgewicht (*Abb. 2*). An diesem einfachen Bild können Sie sehr vieles ablesen. Sie können sich zum Beispiel die Frage beantworten, warum das Böse nicht bloß ein einfaches Böses, sondern ein zweifaches Böses ist. Wenn Sie sich die Waage genauer ansehen, sehen Sie, dass, sobald sie aus dem Gleichgewicht gerät, die eine Seite *zu tief* hängt und die andere Seite *zu hoch*. Wenn eine Waage aus dem Gleichgewicht gerät, hat man es sofort mit Gegensätzen, mit einer Polarität zu tun; diese tritt immer auf, wenn der Mensch das Gleichgewicht nicht mehr halten kann. Das ist die Doppelnatur des Sündenfalles. Anthroposophisch gesprochen könnte man das so darstellen: Wir haben vier Wesensglieder, das Ich, den Astralleib, den Ätherleib und den physischen Leib (*Abb. 3*). Diese vier Wesensglieder sind in ihrem Gleichgewichtszustand so miteinander verbunden, dass Harmonie herrscht, so dass kein Wesensglied das andere beherrscht oder überwältigt. Der Sündenfall besteht nun darin, dass Luzifer an das Ich des Menschen herantritt und zu ihm sagt: Du stehst da so über dir, das ist doch langweilig, wenn du dir deinen Astralleib nur von außen anschaust, steige doch tiefer hinein in deinen Astralleib! Wenn du in diesen untertauchst, dann wird das Leben viel

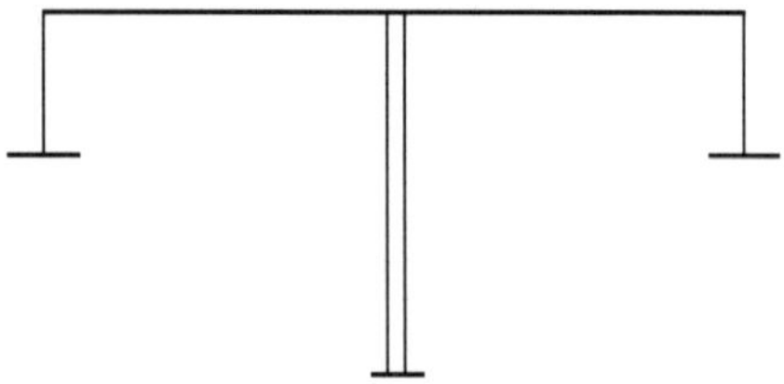

Abb. 1: Die Waage im Gleichgewicht

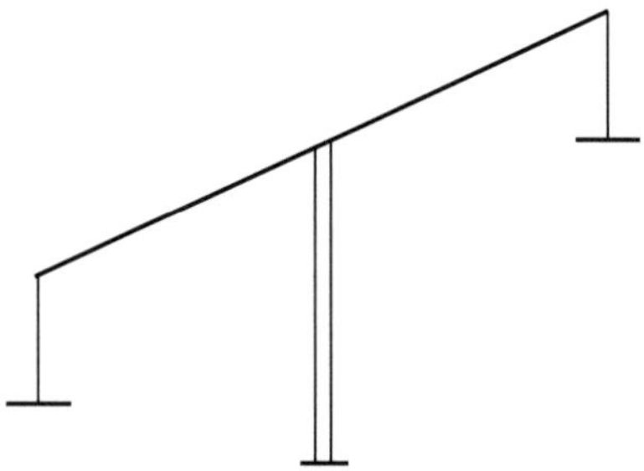

Abb. 2: Die Waage im Ungleichgewicht

Ich

Astralleib

Ätherleib

Physischer Leib

Abb. 3: Die vier Wesensglieder des Menschen im paradiesischen Gleichgewichtszustand

interessanter, und du wirst viel mehr erleben können, als wenn du dir das nur so von außen anschaust. – Das ist die eigentliche Versuchung. Durch diese Versuchung taucht das Ich tiefer in den Astralleib ein, als es natürlich wäre, und damit wird die ganze Wesensglieder-Konstitution aus dem Gleichgewicht gebracht: Der Astralleib wird zum Sklaven des Ich. Das wiederum führt dazu, dass der Astralleib sich über den Ätherleib herüberstülpt, so dass auch da ein Übergewicht entsteht. Und auf der anderen Seite schlägt nun die Waage nach oben: Der physische Leib erhält ein Übergewicht über den Ätherleib, und der Ätherleib erhält ein Übergewicht über den Astralleib (*Abb. 4*).

Nun zurück zu der Frage: Was ist eine Tugend? Die Tugend besteht gerade darin, das Gleichgewicht wieder herzustellen, die Waage wieder zum Ausgleich zu bringen, die Einseitigkeiten, in die der Mensch ständig fällt, auszugleichen. Das ist die klassische Definition der Tugend bei Aristoteles, denn Aristoteles sagt in der *Nikomachischen Ethik*: «Die Tugend ist ein Mittleres, sie ist das Gleichgewicht zwischen zwei Extremen.» In dieser Weise hätten wir die Ausdauer als das Mittlere, die Unbeständigkeit als das eine Extrem, den Starrsinn als das andere Extrem (*Abb. 5*). Es ist leicht einzusehen, dass Ausdauer etwas ist, was ein Mittleres darstellt zwischen dem sturen, nicht mehr nach links und rechts schauenden Starrsinn und dem völligen Hin- und Herschwanken, dem Unbeständigen, Nicht-Ausdauernden. Diese Betrachtungsweise kann man für alle Tugenden durchführen. Das hat Aristoteles in der *Nikomachischen Ethik* dargestellt, und dieses Prinzip ist in der Moralphilosophie, in der Ethik bis heute unbestritten geblieben.

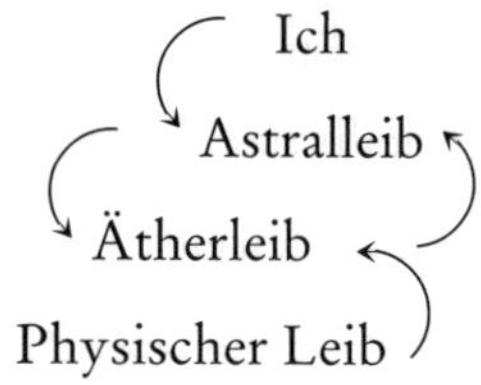

Abb. 4: Die Wesensglieder im Ungleichgewicht nach dem Sündenfall

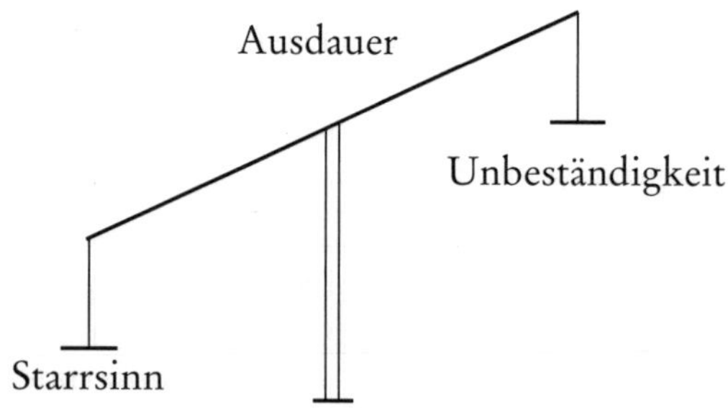

Abb. 5: Ausdauer als Mitte zwischen Starrsinn und Unbeständigkeit

Nun ist es ja so, dass der Mensch die Tugend, dieses Mittlere, nicht immer von alleine anstrebt oder, wenn er es vielleicht will, doch nicht erreichen kann. Dieses Gleichgewicht ist also gar nicht so einfach zu finden. Das war den Eingeweihten, den Priestern und Gesetzeslehrern bekannt, und so gaben sie der Menschheit die Gesetze. Ein Beispiel: Moses hat die Zehn Gebote gegeben, um dieses Gleichgewicht von außen zu halten, weil der Mensch noch zu schwach war, das Gleichgewicht innerlich selbst herzustellen. Wenn Sie sich das Alte Testament anschauen, da gibt es ganze Bücher, in denen es eigentlich nur um Vorschriften und Gesetze geht, ganze Abhandlungen von Vorschriften. Große Teile dessen, was die Menschen früher lehrten und lernten, waren nichts anderes als solche Gesetze. Das ist zunächst der Zustand, in den der Mensch durch den Sündenfall geraten ist, dass er zwar dieses Mittlere anstreben kann, es aber dann doch nicht vermag und dass dazu als Korrektur von außen die Gesetze gegeben werden.

Nun gibt es in der Menschheitsentwicklung einen Zeitpunkt, von dem ab sich dieser Zustand vollkommen verwandelt. Und der erste Mensch, der das innerlich wahrgenommen hat, war der zum Paulus gewordene Saulus. Paulus war der Erste, der aus sich heraus die Tatsache des Christus-Ereignisses aus eigener Schauung heraus wahrnehmen konnte und dem damit unmittelbar, wie in einer Offenbarung, klar wurde, dass sich fortan das Verhältnis des Menschen zum Gesetz vollkommen anders ausnehmen würde. Ihm wurde nämlich Folgendes deutlich: Durch das Christus-Ereignis ist die Menschheit in die Lage gekommen, das, was bisher nur von außen – also im Sinne des Alten Testamentes durch die Zehn Gebote –

erreicht werden konnte, jetzt aus Freiheit heraus zu tun. Der Mensch wird also nicht nur nach Tugend streben und es dann doch nicht tun, sondern es wird von nun an möglich, die Tugend wirklich zu wollen und sie dann auch zu verwirklichen.

Paulus schreibt über diese Wandlung des Moralisch-Ethischen und des Strebens nach Tugend in seinem Brief an die Römer. Nicht zufällig schreibt er darüber gerade an die Römer, denn sie waren zu jener Zeit diejenigen, die das Rechtsleben, das Gesetzesleben weiter ausgestalteten. An diesem Wendepunkt der Kulturentwicklung schreibt Paulus nun Folgendes. Er stellt zunächst den Zustand fest, in dem der Mensch natürlicherweise ist: «Das Gute zu wollen ist mir möglich, es zu vollbringen aber nicht. Denn das Gute, das ich will, tue ich nicht, aber das Schlechte, das ich nicht will, das führe ich aus» (Röm. 7, 17–18). Das ist diese grundlegende Krux, in der sich der Mensch natürlicherweise befindet. Paulus beklagt diesen Zustand und sagt: «Oh, ich unglückseliger Mensch! Wer wird mich befreien aus diesem Todesleibe?» Denn er stellt fest: Dass der Mensch das Gegenteil tut von dem, was er eigentlich will, das hängt mit seinem Leib zusammen. Er sucht nach der Lösung dieses Problems und sagt: Dank sei Gott! Durch Christus, unseren Herrn, ist es mir möglich, dieses zu verändern, in dieses Verhältnis einzugreifen! – An die Stelle des Gesetzes tritt dann für Paulus das, was er die Liebe nennt, wobei man dazu natürlich genauer ausführen müsste, was Paulus darunter dann tatsächlich versteht. Aber er stellt als neues moralisches Prinzip an die Stelle des Gesetzes das, was aus dem Menschen aus Freiheit heraus als Liebe entwickelt wird.

Nun ist es interessant zu sehen, wenn man diese Wandlung des Rechtsverständnisses und des Verständnisses der menschlichen Natur überhaupt bei Paulus weiter verfolgt, dass man dann auch zu einer Antwort kommt auf die Frage, warum diese Tugenden mit dem Tierkreis verbunden sind. Auf diese Frage gibt nämlich Paulus selbst eine sehr interessante Antwort. Es findet sich bei ihm, ebenfalls im Römerbrief, schon ein Verständnis der Tugenden im Zusammenhang mit den zwölf Tierkreiskräften.[2]

Im zwölften Kapitel des Römerbriefes spricht Paulus vom Opfer des Leibes. Was meint er damit? Nun, der Leib ist gebildet durch die Kräfte des Tierkreises, die ja mit bestimmten Regionen des Leibes in Verbindung gebracht werden. Für Paulus sind die Tierkreiskräfte das Naturhafte im Menschen, das ihn bindet und damit unfrei macht. Im vierten Kapitel des Galaterbriefes führt er das genauer aus. Das, was den Menschen aus der Vergangenheit heraus, kosmisch gesehen, geformt hat, das sind die Kräfte des Tierkreises, die sich in bestimmten Leibesregionen dann auswirken. In diesem leibbildenden Prinzip sieht Paulus dasjenige, was es zu verwandeln gilt. Denn die Leibesgrundlage ist es ja gerade, die den Menschen von dem Erreichen des Tugendhaften abhält. Deshalb schreibt er am Anfang des zwölften Kapitels des Römerbriefes: «Ich rufe euch auf, ihr Brüder, kraft des göttlichen Allerbarmens: Bringt euren Leib dar als lebendiges, heiliges, gottgefälliges Opfer! Das sei der euch gemäße Gottesdienst. Lasst euer Wesen nicht bestimmen durch das Weltalter, in dem ihr lebt.»[3] Nicht das Äußere, die äußeren Umstände sollen den Menschen bestimmen. «Strebt vielmehr nach Verwandlung durch ständige Erneuerung eurer Gedanken, so dass ihr lernt, wahrzunehmen, was der Wille Gottes ist, das Gute, Wohlgefällige und Vollendete.» Also: Verwandelt euch in eurem Geistigen und lernt wahrzunehmen, was das Gute ist. Anders ausgedrückt: Strebt nach der Tugend, indem ihr eure Leibesgrundlage vom Geistigen her umwandelt. Auf den Tierkreis übertragen bedeutet das nichts anderes, als dass den Menschen mit der Entwicklung der Tugenden die Aufgabe gestellt ist, diese vom Natürlichen, von der Vergangenheit, vom kosmischen Ursprung des Menschen her wirksamen Tierkreiskräfte zu verwandeln. Und jetzt entsteht die Frage: in was? «Denn wie jeder von uns an dem einen Leibe viele Glieder hat, doch nicht alle Glieder denselben Dienst verrichten, so sind wir als Vielheit doch ein Leib in Christus.» Das ist das neue Leibesprinzip, auf das Paulus hinweist, das leibbildende Tierkreis-Prinzip wird verwandelt in eine neue Leibbildung, die Leibbildung, die die Menschen als Gemeinschaft in Christus verbindet. Die Menschen als Glieder am Leibe Christi – das ist es, was Paulus mit dieser Verwandlung anstrebt.

Das ist übrigens auch das, was Rudolf Steiner in seiner «Tugendlehre», in den Vorträgen über «Theosophische Moral» als Prinzip angibt. Er sagt: Indem der Mensch die Tugenden entwickelt, schafft er für den Christus-Impuls die Leibesglieder. Er schafft durch die Entwicklung der Tugenden zunächst einen Astralleib, dann einen Ätherleib und zuletzt einen physischen Leib für diesen Christus-Impuls, der sich mit der Erde verbunden hat.[4] Also auch bei Rudolf Steiner findet man diesen Gedanken, der von Paulus zuerst gefasst wurde, dass durch die Verwandlung der kosmischen Kräfte, die in der Leibbildung tätig waren, ein neuer Leib, ein neuer Tierkreis gebildet wird, dessen Herr der Christus ist.

Paulus deutet nun auf die Tätigkeit hin, durch die jene Verwandlung zur Gemeinschaft als Leib Christi möglich wird. Es ist eine Zwölfheit von Prinzipien, von denen wir sehen werden, dass sie tatsächlich übereinstimmen mit den zwölf Tugenden, die Rudolf Steiner als die Monatstugenden angegeben hat. Ich lese Ihnen zunächst diese Passage im Ganzen vor (Röm. 12, 9-21):

«Eure Liebe sei ganz echt, verabscheut das Böse, verbündet euch innig mit dem Guten; lebt miteinander als Freunde und Brüder, übertrefft einander in gegenseitiger Wertschätzung. Erlahmt nicht in eurem Eifer, lasst die Flamme des Geistes brennen in eurem Dienst für den Herrn. Seid froh in der Hoffnung, geduldig im Leide und treu im Gebet. Sorgt gemeinsam für die Lebensbedürfnisse der Glieder eurer Gemeinde, übet Gastfreundschaft. Segnet eure Verfolger, segnet und verflucht nicht. Seid froh mit den Fröhlichen und weint mit den Weinenden. Seid untereinander einmütig, schwebt mit euren Gedanken nicht in Höhen, sondern kümmert euch um das Einfache und Schlichte. Meint nicht, alles besser zu wissen. Vergeltet niemandem Böses mit Bösem; kommt allen Menschen mit guten Gedanken entgegen. Tut, was ihr nur könnt, um mit allen Menschen in Frieden zu leben. Verhelft euch nicht selbst zu eurem Recht, meine Lieben, sondern überlasst das dem Gotteszorn, denn es steht geschrieben: ‹Mir obliegt die Bestrafung, ich werde vergelten›, spricht der Herr. Aber ‹wenn dein Feind Hunger leidet, gib ihm zu essen, wenn er Durst hat, gib ihm zu trinken. Wenn du das tust, wirst du glühende Kohlen auf sein Haupt sammeln.› Lass nicht das Böse über dich siegen, sondern besiege das Böse durch das Gute.»

In der schematischen Darstellung (*Abb. 6*) sieht man

also diese Gesamtheit des Tierkreises mit den zwölf Tierkreiszeichen, beginnend rechts mit dem Widder, wo eben Paulus sagt: Verbindet euch mit dem Guten – Hingabe an das Gute, «Devotion» nennt es Rudolf Steiner. Dann «gegenseitige Wertschätzung», schätzt euch als Freunde – «inneres Gleichgewicht» wird es von Steiner genannt. Dann «erlahmt nicht in Eurem Eifer» – Rudolf Steiner nennt das die «Ausdauer», darauf kommen wir nachher. Dann: die Geduld, die Treue im Gebet – von Rudolf Steiner als «Selbstlosigkeit» bezeichnet; die Fürsorge, die Gastfreundschaft – das «Mitleid». Dann «segnet und verflucht nicht» – die «Höflichkeit». Seid mit dem Einfachen zufrieden – die «Zufriedenheit». Übt Positivität, hegt keine bösen Gedanken gegen Eure Mitmenschen – «Geduld». Friedfertigkeit – «Gedankenkontrolle». Gottvertrauen, das heißt Gott die Rache überlassen, nicht selbstgerecht herrschen wollen – «Mut». Liebe zum Feind – «Diskretion». Besiege das Böse durch das Gute – «Großmut».

Diese zwölf Tugenden kann man also bereits bei Paulus finden in dem Sinne, dass durch die Übung der Tugend die entsprechende Tierkreis-Kraft verwandelt wird. Das Neue bei Rudolf Steiner ist die zukünftige Kraft, das, was in der Zukunft als Glied am Leibe Christi entsteht, was als Teil eines neuen Tierkreises sich bildet. Die zukünftige Kraft, das ist es, was Rudolf Steiner hinzufügt, was bei Paulus noch nicht genannt wird; da ist zunächst nur von der Überwindung der alten Naturkraft des entsprechenden Tierkreiszeichens die Rede.

Durch die Übung der Ausdauer wird die Naturkraft, die Unbeständigkeit oder der Starrsinn, überwunden (das ist das, was schon bei Paulus genannt wird), und es wird die Treue daraus (das wird von Rudolf Steiner hinzu-

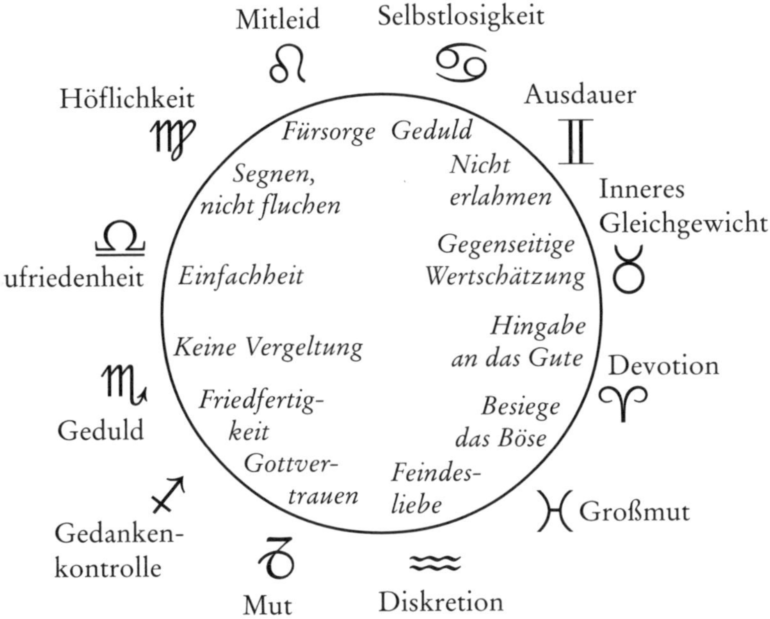

Abb. 6: Die Tugenden und der Tierkreis bei Paulus und bei Rudolf Steiner

gefügt) – das wäre die entsprechende Übung für das Tierkreiszeichen der Zwillinge, mit dem wir uns nun etwas genauer beschäftigen wollen.

Die Tugend des Tierkreiszeichens Zwillinge

Wenn wir nun zum eigentlichen Thema kommen, haben wir es ja mit der Kraft der Zwillinge und mit der Übung der Ausdauer zu tun. Auch da habe ich mich gefragt: Was ist denn eigentlich die Natur der Zwillinge, und warum jetzt die Übung der Ausdauer für die Zwillinge? Was hat die Ausdauer, die Treue mit dieser Tierkreiskraft zu tun? In der griechischen Mythologie, aus der ja die meisten der Tierkreisbilder stammen, gibt es den Mythos der Zwillinge Kastor und Polydeukes, wie sie im Griechischen heißen, oder Castor und Pollux, wie sie dann bei den Römern genannt wurden. Dieses Tierkreiszeichen hat im Februar und März seinen Höchstpunkt am abendlichen Sternenhimmel erreicht und ist immer deutlich zu erkennen durch die beiden Hauptsterne dieses Sternbildes, eben Castor und Pollux. Nun wird von diesen Zwillingen Folgendes berichtet: Kastor und Polydeukes sind die Kinder der Leda, einer menschlichen Frau – Sie wissen, in der griechischen Mythologie gibt es da sehr viele Übergangsformen zwischen Mensch und Gott –; Leda hat diese beiden Zwillinge hervorgebracht, aber auf eine nicht ganz natürliche Weise. Denn nur der eine Zwilling war tatsächlich das Kind ihres irdischen Mannes, Thyndareos, der andere aber war ein Erzeugnis des Zeus, der sich in der Gestalt eines Schwanes der Leda genähert hatte. Er hatte sich in sie verliebt und mit ihr dann den anderen der

Zwillinge gezeugt, so dass der eine der Zwillinge, Kastor, tatsächlich irdischer Natur ist, Sohn des Thyndareos, und der andere der Zwillinge, Polydeukes, Sohn des Zeus, also ein Göttersohn. Dieses Zwillingspaar des göttlichen und des irdischen Menschen erlebt nun verschiedene Abenteuer, beide zeichnen sich durch große Kraft, durch große Ausdauer könnte man sagen, im Kampf, auch im sportlichen Wettkampf aus; sie sind Spartaner und nehmen an den Olympischen Spielen teil und sind dort eben herausragend durch ihre Leistungen.

Sie geraten dann aber in einen schlimmen Streit mit einem anderen Bruderpaar, mit dem Bruderpaar Lynkeus und Idas. Diese beiden anderen Brüder streiten sich mit Kastor und Polydeukes, es geht um die Aufteilung einer Beute, die sie gemacht haben, und in diesem Streit fangen sie an, sich gegenseitig nach dem Leben zu trachten. Kastor und Polydeukes verstecken sich in einem Baum, aber Lynkeus, der ein sehr scharfes Auge besitzt, erspäht die beiden, wirft seinen Speer durch den Baum hindurch und trifft Kastor, den Irdischen der Zwillinge, tödlich; er bricht zusammen. Der andere, Polydeukes, verfolgt die beiden, rächt sich furchtbar, indem er den einen niederschlägt, und der andere wird durch einen Blitz des Zeus, der seinem göttlichen Kind zu Hilfe eilt, ebenfalls getötet. Weiter heißt es dann (in Schadewaldts Fassung der *Sternsagen*):

«Schlimm ist der Streit für die Menschen, wenn man in ihm zusammengerät mit Stärkeren. Schnell aber eilte zu dem Bruder Kastor der Thyndaride und fand ihn noch nicht gestorben, sondern in der Beklemmung des Atems röchelnd, und heiße Tränen vergießend rief er hochauf: ‹Vater Kronion, welche Lösung wird sein der Leiden? Auch mir sende den Tod zusammen mit diesem meinem

Bruder, Herr. Denn dahingeschwunden ist der Wert des Mannes, wenn man ihn seiner Freunde beraubt. Aber wenige sind so treu in der Not unter den Sterblichen, dass sie auch bereit sind, selbst den Tod zu teilen.› So sprach er, aber Zeus trat ihm vor das Angesicht und sprach zu ihm: ‹Du bist mein Sohn, den anderen dort hat erst nachher Thyndareos als Ledas Gatte, sterblichen Samen, deiner Mutter nahend eingeträufelt, der Held. Doch auf, über dieses gebe ich dir die Wahl: Willst du, dem Tod entronnen und dem feindseligen Alter, allein für dich den Olymp bewohnen mit mir zusammen und Athene und dem Kriegsgott Ares mit dem dunklen Speer, so sei dir dieses gewährt. Doch willst du eintreten für den Bruder und mit ihm teilen das gleiche Los, so sollst du zur Hälfte unter der Erde leben und zur Hälfte mit ihm zusammen in des Himmels goldenen Räumen.› Und als er so gesprochen hatte, da schwankte Polydeukes nicht, zwiespältigen Rats, in seinem Herzen, sondern sagte, dass er das Zweite wolle, und bewirkte so, dass sich dem Kastor zuerst das schon tot befangene Auge und dann auch die Stimme wieder löste.»

Die beiden teilen also ihr Schicksal, der himmlische Zwilling gibt dem Bruder sozusagen einen Teil seiner göttlichen Unsterblichkeit und löst damit das Schicksal des irdischen Zwillings, der von nun an auch im Himmlischen und im Irdischen abwechselnd leben kann. Er wird nicht zum Tode verdammt, während der Göttliche der Zwillinge nicht zur ewigen Dauer, sondern sich eben zum Wechsel, zum Hin und Her zwischen dem Irdischen und dem Göttlichen entschließt.

Das ist also dieser Mythos der beiden Zwillinge Kastor und Polydeukes, der in vieler Hinsicht sehr zum Nachdenken Anlass gibt. Wir werden später noch sehen, in welcher Weise sich dieser Mythos tatsächlich erfüllt, auch in der historischen, in der tatsächlichen Menschheitsentwicklung.

Wir haben es also bei diesen Zwillingen mit diesem Schwankenden, mit diesem Hin und Her zwischen dem irdisch Möglichen und dem überirdisch noch nicht Möglichen zu tun. Dieses Hin und Her, dieses Schwanken zwischen dem Irdischen und dem Göttlichen ist eines der Kennzeichen der Zwillingskraft. So wird traditionellerweise in der Astrologie dem Zwilling eine gewisse Unbeständigkeit zugeschrieben, die bis zum Zweifel führen kann. Aber wir sehen im Mythos auch die Überwindung des Zweifels in der Treue zum Bruder. Polydeukes entschließt sich und schwankt nicht in «zwiespältigem Rat», dem Bruder von seiner eigenen Unsterblichkeit etwas abzugeben.

Ausdauer und Arbeit

Als ein weiteres – und damit kommen wir wieder auf die Frage der Leibesbildung – wird dem Zwilling zugeordnet die Region der Hände. Die Hände, die Arme, das, womit der Mensch ins Leben eingreift, ist die Region der Zwillinge. Damit nähern wir uns der Frage: Was hat nun diese Tugend, diese Übung der Ausdauer, mit den Händen, mit diesem Zwillingshaften zu tun?

Ich kehre nochmals zurück zu unserem Ausgangspunkt, zur Vertreibung aus dem Paradies. Denn damit nimmt das ganze Schicksal seinen Lauf. Auch für die Tugend der Ausdauer entstehen da eigentlich die Grundvoraussetzungen. Ich lese Ihnen die Worte vor, die Jehova

Elohim zu Adam und Eva – zunächst zu Eva, dann zu Adam – bei der Vertreibung aus dem Paradies spricht. Er sagt zu Eva (1. Mose 3, 16-19): «Deine Mühsal muss ich mehren und zur Reife will ich bringen die Frucht in deinem Schoß. Unter Wehen wirst du Kinder gebären.» Und zu Adam: «So ist der Erde Lebensgrund verwünscht durch das, was von dir ausgegangen ist. Mühsal musst du auf dich nehmen, wenn du dich nährst, solange dein Leben währt. Dornen wird dir der Erdengrund treiben und wirres Gewächs, und essen sollst du, was ihm entsprosst. Im Schweiß deines Angesichts sollst du das Brot essen, wenn du jetzt zurückkehrst zum mütterlichen Erdengrund, aus dem du genommen wurdest. Bedenke dieses: Du bist gebunden an den Erdenstoff, und zum Erdenstoff wirst du wiederum werden.» Das sind diese bedeutsamen Worte, die am Anfang der Menschheitsgeschichte stehen. Wir können uns daraus relativ leicht vergegenwärtigen, was das für den Menschen bedeutet. Er muss sowohl in der Erziehung der Kinder wie auch in der Bearbeitung der Erde die Unstetigkeit, die Unbeständigkeit, die alles Irdische mit sich bringt, überwinden, er muss die Ausdauer üben. Die Hände sind dem Menschen als Werkzeug gegeben, mit dem er Ausdauer üben kann in dem, was man ganz generell als «die Arbeit des Menschen» bezeichnet. Die Arbeit ist das Betätigungsfeld des Menschen, in dem die Ausdauer schlechthin geübt und täglich getätigt werden muss; denn, wie es Gott-Vater in dieser Mahnrede ausspricht: Die Erde ist seitdem verflucht, sie bringt nicht mehr wie im Paradies ständig Neues hervor, sondern sie ist verdorrt; sie muss bearbeitet werden, sie ist seit dem Sündenfall unbeständig, wechselhaft und nicht mehr fruchtbar. Der Mensch muss sie mit seinen Händen bearbeiten, er muss Ausdauer zeigen, damit sie Früchte trägt.

Denn wenn er das nicht tut und sich in einen paradiesischen Zustand zurücklehnt, wird aus der Natur eben nichts, dann gedeiht nichts, dann wächst nichts, dann schießt das Unkraut.

Diejenigen von Ihnen, die gärtnerisch sich betätigen, können davon ein Lied singen, was geschieht, wenn man einmal eine Woche lang nichts im Garten getan hat. Das heißt, dieses Ausdauern im Bearbeiten der Erde ist das Erziehungsmittel, mit dem Jehova den Menschen anspornt, die in ihm veranlagte Unbeständigkeit zu überwinden. Man könnte da auch wieder eine gewisse Polarität an die Tafel schreiben (*Abb. 7*). Das, was ich als Arbeit bezeichnet habe, steht in der Mitte, und als eine Abweichung von dieser Mitte könnte man den Müßiggang nehmen. Das andere Extrem, wozu ja natürlich die Arbeit leicht ausarten kann, wenn sie vom Menschen nicht aus Freiheit geleistet wird, das ist das, was die Arbeit meistens in der Menschheitsgeschichte gewesen ist: Sklaverei! Diese Kraft der Arbeit, das, was der Mensch durch seine Hände im Irdischen bewirken kann, sei es in der Erziehung, sei es in der Pflege der Kinder, sei es in der Pflege der Erde – das sind ja die beiden Grundtätigkeiten, die der Mensch ausübt, meistens nach Mann und Frau getrennt –, diese beiden Grundkräfte der Arbeit werden durch die Hände und durch die Ausdauer geübt.

Nun ist die Arbeit aber nicht per se gut, denn sie kann leicht ausarten in die Sklaverei oder in den Müßiggang. Welche Qualität muss da also noch gesucht werden? Für diese mittlere Qualität der Arbeit braucht es das, was in der *Philosophie der Freiheit* bezeichnet wird als «Liebe zur Handlung». Ohne die Liebe zur Handlung, ohne die Zuwendung und das wirkliche Wollen dessen, was ich mir als Handlung vorgenommen habe, wird die Arbeit entwe-

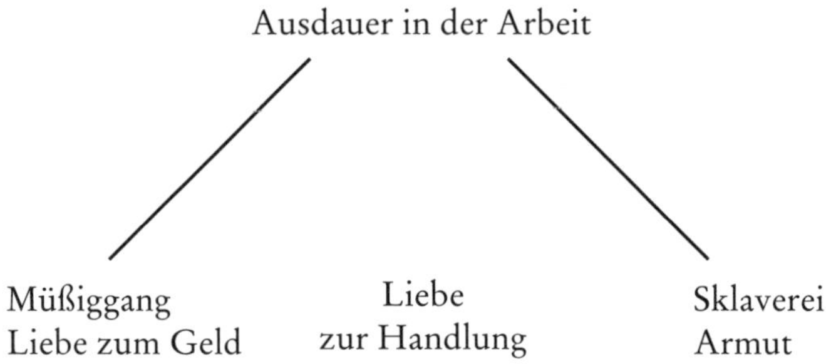

Abb. 7

der zur Sklaverei, oder ich verliere die Lust an ihr und lasse mich im Müßiggang hängen. Die Liebe zur Arbeit, die Liebe zur Handlung ist die zweite, die eigentliche Kraft, die entwickelt werden muss. Arbeit ist also nicht schlechthin gut, Arbeit macht auch nicht frei, wie es dann in einer perfiden Perversion im Dritten Reich geheißen hat. Es stellt die Sache auf den Kopf, wenn man meint, Arbeit mache frei, da hat man genau das Gegenteil von dem gesagt, was eigentlich wahr ist. Die Freiheit muss vorausgehen, die Liebe zur Handlung muss vorausgehen, damit Arbeit tatsächlich fruchtbar und für den Menschen förderlich sein kann.

Eine zweite Gefahr der Verkehrung dieses Ideals, dieses Mittleren, findet man darin, dass die Arbeit bezahlt wird (*Abb. 7*).

Indem die Arbeit bezahlt wird, entsteht die Liebe zum Geld. Heute in der arbeitsteiligen Welt ist aber in Wirklichkeit Arbeit nichts anderes als die Befriedigung der Bedürfnisse anderer Menschen. Dadurch dass Arbeit bezahlt wird, tritt jedoch das Motiv, etwas für andere Menschen zu tun, völlig zurück, und an seine Stelle tritt das Verlangen, immer mehr Geld zu verdienen. Das ist der eine Fluch. Der andere ist die Arbeitslosigkeit. Auch durch sie wird das Mittlere als Ideal pervertiert: Der Mensch will zwar arbeiten, aber er findet keine Arbeit; er wird in einer gewissen Weise versklavt, gegen seinen Willen zur Untätigkeit verdammt.

Diese beiden Extreme ergeben sich, wenn die Qualität des Mittleren nicht gehalten werden kann. Rudolf Steiner hat ja diesen Zusammenhang in dem *Sozialen Hauptgesetz* beschrieben, das eigentlich nichts anderes darstellt als die Beschreibung dieses Mittleren. Es besagt, dass die Gesamtheit einer Zahl von zusammenarbeitenden Menschen eben dann in einem heilsamen Sinn sich entwickelt, wenn es tatsächlich möglich ist, dass der Einzelne diese Liebe zur Handlung ausüben, das heißt tatsächlich Bedürfnisse anderer Menschen zum Motiv seiner Arbeit machen kann, und er selber wiederum durch die Arbeit der Anderen erhalten werden kann.[5] Wenn man dieses Gesetz nicht beachtet, dann geraten die Verhältnisse aus dem Gleichgewicht, und es entsteht auf der einen Seite das Extrem «Liebe zum Geld», auf der anderen Seite das Extrem «Arbeitslosigkeit». Beide Extreme hängen unmittelbar miteinander zusammen. Die gesamte gesellschaftliche Entwicklung unserer letzten Jahrzehnte zeigt genau diesen Zusammenhang: Wo auf der einen Seite immer mehr Geld angehäuft wird, entsteht auf der anderen Seite immer mehr Arbeitslosigkeit.

Auf diesen Zusammenhang der Ausdauer mit der Arbeit und der Liebe zur Handlung kommt man, wenn man sich fragt, was die Übung der Ausdauer mit den Händen mit dieser Region der Zwillinge zu tun hat.

Der Zweifler Thomas und die Treue

Nun kommen wir zu dem zweiten Bereich, zu dem, was dann aus dieser Ausdauer werden soll, zur Treue. Man könnte darüber natürlich wochenlang sprechen, ganze Kontinente, die damit zusammenhängen – Verrat, Treue im Krieg und so weiter – also ganze Menschheitsepochen muss ich hier überspringen, denn es ist mir im Ganzen doch darum zu tun, dass man gewisse Urbilder verstehen lernt, und ein Urbild erschien mir eben für die Frage nach der Ausdauer dieses zu sein, das ich eben versucht habe zu erläutern. Ein weiteres Urbild – und das hängt auch wiederum mit den Zwillingen zusammen – ist nun das Folgende. Es gibt ja eine Gestalt, die sozusagen urbildhaft einen Zwilling darstellt, und das ist der Jünger Thomas, einer der zwölf Apostel, der ja von vornherein als Didimos, als der Zwilling, bezeichnet wird. Mit Thomas ist zunächst nicht das verbunden, was man Treue, was man Ausdauer nennt, sondern eben gerade, was den Zwilling auch kennzeichnet, dieses Hin- und Herschwanken im Zweifel: Thomas, der Zweifler. Wie Sie wissen, ist er bei der Kreuzigung selbst nicht anwesend, er erlebt das Kreuzigungsgeschehen nicht mit. Er ist verunsichert, hat sich zurückgezogen wie die meisten der anderen Jünger auch; sie sind in alle Winde zerstreut und wissen nicht mehr wohin, nicht mehr weiter. Auch als der Auferstandene Maria Magdalena und später den anderen Jüngern erscheint, ist Thomas nicht dabei. Er wird als der Einzige genannt, der nicht dabei ist. Der andere, der nicht dabei ist, ist ja bereits tot, Judas, der Verräter. Man kann da die Linie vom Zweifel immer weiter ziehen und tatsächlich zum Verrat hinkommen. Soweit ist Thomas nicht gegangen; Thomas ist nicht der Verräter, er ist der Zweifler. Er zweifelt an der Auferstehung seines Herrn, und als er dann zu den Jüngern hinzutritt und sie ihm davon berichten, ist er der Ungläubige.

Nun gibt es in der deutschen Gegenwartsliteratur einen sehr interessanten Autor, der sich gerade dieses Thema für einen Roman vorgenommen hat: Patrick Roth. Sein dritter Roman heißt: *Corpus Christi*. Er hat als Protagonisten Thomas Didimos, den Zwilling, und er beschreibt die verzweifelte Situation, in der er sich befindet, weil er nicht in treuem Glauben sich der Erscheinung seines auferstandenen Herrn zuwenden kann. Thomas tritt also zu den Jüngern wieder hinzu, die ihm vom Auferstandenen berichtet haben, und er zweifelt das an und sagt in der Sprache des Buches von Patrick Roth: «‹Wie könnt ihr so leben? Jeder will gesehen haben, weil es nichts zu sehen gab, das Grab leer war. Warum forscht ihr nicht, wer ihn hat? Wendet den Mut nicht auf die Bilder, die hinter verriegelter Tür jedem Kind einkommen, wenn es sich, einsam gelassen, Besuch erträumt! Sondern schließt euch auf, sucht ihn und lebt. Oder sterbt ihm nach. Aber wisst, wem ihr nachsterbt. Denn ihr erklärt das Haus zur Welt, in der euch Angst verriegelt hält. Denn wäre mein Herr euch wirklich erschienen: aufgestoßen und aufgeriegelt hätte ich unsere Türen gefunden, heute nacht schon, und verschwunden die ängstlichen Bewohner, leer die Wohnung. Leer wie das Grab. Und ihr wärt mir freudig entgegengerannt, noch sein Blut an Armen und Händen, bezeichnend die Stellen, wo ihr den Wiedergewonnenen umarmtet, wo ihr ihn für mich, der ich fehlte und sehen wollte und gern umarmt hätte, zu halten versucht hättet. Auch wenn er euch entkommen wäre, seine Spuren noch hätt ich an euch geküsst und hätte geglaubt. Aber seht selbst, hinter Mauern und Riegeln wohnt ihr, phantasiert ins Leere und steckt euch an mit Gesichten.›

Da protestierten sie und wurden heftig darüber, dass ich nicht glaubte. Ich wiederum war sie satt, die Besserwisser, und mit einiger Wut, auch über mich selbst, rief ich wütend zu ihnen:

‹Haltet ihn nächstes Mal, wenn er euch wieder erscheint! Haltet den Dieb, der uns den Verstand geraubt hat! Denn hört her: Den Auferstandenen will ich annageln, die Nägel ihm in die Wundmale schlagen, meinem Messias, dass er mir nicht mehr entkommt und dass seine Worte im angenagelten Körper noch zum Zuspätgekommenen sprechen. Haltet ihn, dass mir eure Phantasien erspart bleiben, haltet mir den, der mir die Zweifel zermalmt zugleich mit dem Zweifler, die Phantasien zerbirst uns Phantasten, dass ein neuer Mensch aus uns würde, vor ihm zu Boden geschlagen, unfähig, ihm in die Augen zu sehen. Der neue Mensch aber, unten am Boden, soll mit eigenen Augen noch rot die eigenen Hände sehen. Beweisrot soll er sie sehen, seine Hände. Herkunftsrot jeden Finger, der eben noch stak in den Kesseln der Wunden. Haltet ihn also, wenn er wirklich auferstanden sein soll, dass er uns nie mehr verlässt. Dann will ich euch glauben, wenn ich mich nicht mehr verlassen glaube, er fest vor mir steht. Unterdessen zeugt euer Zeugnis gar nichts, ist ingezüchtet, farblos und blass.›»

So wird Thomas in dem Buch von Patrick Roth in diesem Wutausbruch, in dem Zorn auch über den eigenen Zweifel, den er nicht überwinden kann, beschrieben, und die weitere Entwicklung wird in einer sehr interessanten Variante dann zu einem sehr spannenden und sehr tief nachdenklich machenden Ende geführt. Das kann ich jetzt hier nicht weiter ausführen.

Die ganze Situation wiederholt sich dann eine Woche später, der Herr erscheint den Jüngern aufs Neue. Thomas ist dieses Mal unter ihnen, und der Herr, wie wenn er das Ganze miterlebt hätte, wendet sich sofort an Thomas und sagt: «Gib deine Hände, lege sie in meine Seite.» Also die *Hände* des Thomas sollen den Zweifel, den er hat, überwinden, indem er sie in diese Wunde legt. In diesem Moment kniet er nieder und spricht dann die Worte: «Mein Herr und mein Gott.» In dieser Situation hat man im Grunde genommen die Erfüllung des griechischen Mythos der Zwillinge: Der irdische Bruder (Thomas), der eigentlich verzweifelt, wie tot in seinem Zweifel, wie gestorben ist, der am liebsten seinem Herrn nachsterben möchte, dieser Irdische der Zwillinge wird von seinem himmlischen Bruder, von Christus erlöst. Christus lässt ihn Anteil haben an seinem Göttlichen; er selber nimmt das Leibliche auf sich, er opfert sich, stirbt und aufersteht dann wieder. Der Mythos der Zwillinge hat sich in einer gewissen Weise im Evangelium, im Jünger Thomas, in der Berührung der Hände, die den Leib Christi berühren, erfüllt. In dieser Berührung drückt sich die Erfüllung des Zwillingsmythos aus, und es entsteht etwas Neues, es entsteht tatsächlich die Treue, die dann durch Hingabe, durch Glaubenskraft, könnte man auch sagen, gestärkt wird. Glaube und Vertrauen sind die beiden Kräfte, die die Treue überhaupt erst möglich machen (*Abb. 8*). Über die Treue werden wir jetzt weiter sprechen.

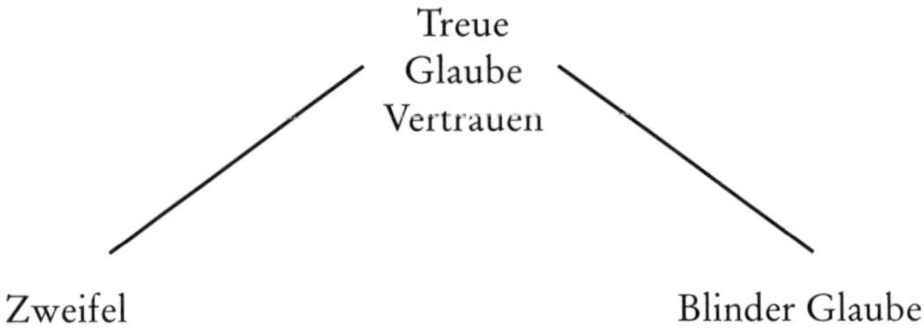

Abb. 8

Die Treue zu Gott und die Überwindung des Zweifels – das Hiob-Problem

Nun ist ja das Merkwürdige, dass diesem Jünger Thomas gesagt wird: Du hast mich mit Augen geschaut. Selig aber, die nicht sehen und doch glauben (Joh. 20, 29). Ein rätselhaftes Wort, das dem Thomas da gesagt wird, das einen auch nachdenklich machen kann im Hinblick auf die Frage, der wir jetzt noch weiter nachgehen wollen: Was heißt es, zu glauben und treu zu bleiben, auch wenn man nicht sieht? Wenn im Grunde genommen alles dagegen spricht? Auch da gibt es ein Urbild, und dieses Urbild findet sich im Alten Testament. Es gibt dort eine Gestalt, die tatsächlich Gott die Treue hält, obwohl alles dagegen spricht. In der Philosophiegeschichte ist dieses Problem, um das es sich da handelt, als «Theodizee» bezeichnet worden, das heißt die Rechtfertigung eines Gottes oder Gottes überhaupt angesichts des Bösen. Wie kann Gott das Böse zulassen, wenn er doch Gott der Allmächtige ist, der das Gute in der Welt will? Ist Gott überhaupt möglich, wenn es das Böse in der Welt gibt? Die Frage der Rechtfertigung Gottes, die Theodizee ist ein großes philosophiegeschichtliches Thema. Urbildlich stellt diese Frage im Alten Testament die Gestalt des Hiob. Die Geschichte ist diese, dass zunächst im Himmel, in der überirdischen, übersinnlichen Welt Gott-Vater seine Heerscharen, seine Hierarchien um sich versammelt und dass unter diesen Engeln auch der Satan sich befindet. Schon das ist eine sehr merkwürdige Erscheinung. Satan, hebräisch «der Ankläger», ist anwesend, und Gott kommt in ein Gespräch mit ihm, meidet also nicht etwa den Satan. Das Gespräch führt dazu, dass der treueste der Knechte Gottes, Hiob eben, in Versuchung geführt werden soll und dass diese Versuchung von Satan nicht etwa hinterlistig eingefädelt wird, sondern verabredungsgemäß geschieht, indem Gott-Vater dem Satan gestattet, Hiob in Versuchung, ins Elend zu stürzen, um die Treue seines Knechtes zu prüfen.

Es gibt ein 1996 wieder erschienenes Buch zu diesem Hiob-Problem von Margarete Susmann, *Das Buch Hiob und das Schicksal des jüdischen Volkes,* ein Buch, das 1946 zum ersten Mal erschien und in dem die ganze Hiob-Thematik auf das Schicksal des jüdischen Volkes, die Shoah, bezogen wird. Aber in diesem Buch werden ganz grundlegende Gedanken für das Verständnis des Buches Hiob geäußert, und da möchte ich Ihnen einige Sätze vorlesen.

«Satan, der Feindschaft zwischen Gott und Menschen zu säen ausgeht, der nur dazu die Erde durchschweift, der Geist des Verdachts und der Aussonderung, der Unordnung, der Verstörung und Zerstörung, erscheint unter den Kindern Gottes. Gott spricht vertraulich mit ihm über Hiob, und Satan vermag ihn, der ganz um die Treue seines Knechtes weiß, der ihm göttlich vertraut, so weit zu überzeugen, dass er ihn dennoch dem Feind zur satanischen Prüfung ausliefert.

Wie kommt es, dass Gott, der Hiob so ganz kennt, in die Prüfung durch den Satan einwilligt? Ist es, weil er ihm dennoch nicht bis zum Letzten traut, weil er weiß, dass auf dem Grunde jedes Menschenlebens ein Verstörbares, Erschütterbares ist? Oder will er im Gegenteil den Geist des Verrats und der Verstörung demütigen und niederwerfen, ihn durch die große Treue seines Knechtes beschämen?

Aber wer ist er denn überhaupt, dieser Satan, dem Gott Macht gibt über Leib und Seele des ihm treuesten Menschen? Er kann nicht mehr wie etwa im Manichäismus und verwandten Lehren die bloße Gegenmacht, der reine Widersacher Gottes sein; er muss zu ihm in einem sehr viel näheren und verwickelteren Verhältnis stehen.»

Das ist die allererste Frage, die natürlich sofort auftaucht: In welchem Verhältnis steht Satan zu Gott, wenn sich dieser in ein vertrauliches Gespräch mit ihm einlässt und ihm gestattet, seinen treuesten Knecht Hiob zu versuchen, zu überfallen. Wenn das geschieht, dann kommen eben die sogenannten Hiobsbotschaften: eine böse Nachricht nach der anderen, alles wird zerstört, sein ganzes Hab und Gut, sein ganzer Reichtum – er war sehr reich, hatte viele Ländereien, viel Macht und Ansehen –, alles ist zerstört. In wenigen Stunden erreichen ihn furchtbare Botschaften. Seine Söhne, seine halbe Familie kommt ums Leben. Und schließlich, in einem zweiten Anlauf, den der Satan dann auch wiederum mit der Einwilligung Gottes unternimmt, wird Hiob auch noch selbst an Leib und Leben geschädigt, er wird mit einem furchtbaren Aussatz bestraft. Aber bestraft wofür? Diese Frage entsteht für Hiob: Bestraft wofür? Womit habe ich das verdient, ich, der treueste der Knechte Gottes? In meinem Glauben, in meinem Vertrauen auf Gott, woher kommt mir dieses

Elend? Das ist die Grundsituation, in der Hiob sich befindet, und er wird zusätzlich bestraft und geprüft durch seine Frau, die ihm vorwirft, er laufe einem unsinnigen Gott nach. Die Theodizee-Frage entsteht da schon in dem Dialog mit der Frau. Wer ist denn dein Gott, dem du so vertraut hast, wenn er dich in ein solches Elend stürzen lässt? Wie kannst du einem solchen Gott noch Glauben schenken? Und seine drei «Freunde» klagen ihn zusätzlich an, indem sie ihm Vorwürfe machen und sagen: Diese Strafe muss dir doch irgendwoher zu Recht zukommen. Niemand wird bestraft, ohne dass er ein Unrecht begangen hat.

Hiob aber ist sich keines Unrechts bewusst, er ist der Tadelloseste unter allen Menschen, er ist der gute Mensch schlechthin, und gerade dieser Mensch wird in ein solches Elend gestürzt. Aus dieser Situation kommt er zunächst nicht heraus – im Gegenteil, er verstrickt sich immer tiefer in diese Zweifel, in diese Frage: Wer ist dieser Gott?

Da fängt er nun einen Dialog mit Gott an, in dem er ihm immer heftigere Vorwürfe macht: er wisse gar nicht was ein Mensch überhaupt ist, er habe ja keine irdischen Augen. Kannst du schauen, wie Menschen schauen? Kannst du leiden, wie Menschen leiden? Du, der du jenseits alles Menschlichen lebst, außerhalb jeder Zeit, außerhalb jedes Raumes, wie kannst du die Zeit des Menschen, das irdische Dasein des Menschen überhaupt nachvollziehen? Je tiefer er in diese Zweifel und Fragen hineingerät, umso stärker aber wird sein Festhalten an Gott. Denn seine Freunde, die ihm deutlich zu machen versuchen, dass die Schuld allein bei ihm liege, die führen ihn dazu, dass er einsieht: Bei mir liegt die Schuld nicht. Es wird ihm eigentlich immer mehr offenbar, dass die Leiden, die er zu erdulden hat, gar nicht etwas sind, was ihn persönlich als einzelnen Menschen trifft, sondern dass er eine Art Stellvertreter der Menschheit schlechthin ist. Denn das, was da «bestraft» wird, worüber Gott in Zorn geraten ist, das ist das Irdisch-geworden-Sein, das Gefallen-Sein des Menschen schlechthin. Gottes Zorn über das Gefallen-Sein des Menschen, das ist es, was Hiob da erlebt: das Zurückgewiesenwerden von der Schwelle der geistigen Welt, das Nicht-Hinüberdürfen über die Schwelle. Doch es gibt eine Kraft, die es dann ermöglicht, dass er sich aufrecht hält. Diese Passage will ich hier wörtlich zitieren (Hiob 19, 23-27):

«Oh dass doch meine Worte aufgeschrieben und dass sie in einem Buch eingetragen würden, mit eisernem Griffel in Blei eingegraben, auf ewig in den Felsen eingehauen würden. Ich aber, ich weiß, dass mein Erlöser, mein Verteidiger lebt und als Letzter auf der Erde auftreten wird. Und danach werde ich, mag jetzt auch meine Haut so ganz zerfetzt und ich meines Fleisches ledig sein, Gott schauen. Den ich schauen werde mir zum Heil und den meine Augen sehen werden, und zwar nicht als einen Entfremdeten, als einen Gegner, Ihn, um den sich mir das Herz in der Brust abgehärmt hat. Ich werde Gott schauen nicht mehr als einen Gegner, ich werde Gott schauen mit den eigenen Augen.»

Ich weiß, dass es einen Erlöser, einen Verteidiger gibt, der mich verteidigt gegen den Ankläger, gegen den Satan. Indem Hiob das ausspricht, spürt man unwillkürlich, dass er etwas ahnt von dem, was sich im Übersinnlichen abgespielt hat. Margarete Susmann drückt das so aus: «Und Hiob beginnt dunkel zu ahnen, und in dieser Ahnung sinkt ein schweres schwarzes Tuch über alles Gottgeschaffene herab, beginnt dunkel zu ahnen, dass Gott selbst diese fremde Macht zugelassen hat.» Das drückt sich aus in diesem «Ich weiß, dass mein Erlöser lebt», dass mein Verteidiger – hebräisch gesprochen – lebt, der dem Ankläger widersprechen wird. Ich weiß, dass dieser lebt und als Letzter auf der Erde auftreten wird.

Das ist eben nichts anderes als die Vorausschau dessen, was sich in Thomas, dem modernen Zweifler, erfüllt. Was sich in Christus tatsächlich vollzieht, ist die Entstehung eines neuen Leibes, die Überwindung des Irdischen, des Verfallenden, dessen, was Hiob in furchtbarer Weise erleiden muss. – Margarete Susmann fasst das Ganze dann so zusammen, dass sie am Schluss darauf hinweist: «Vor vielen Jahrtausenden wurde hier das Buch eines Lebens jenseits von Gut und Böse geschrieben, in dem Gott sich selbst, den Satan und den Menschen in seinem schweigsamen Liebesgeheimnis umfängt.» Dieses tiefe Rätsel verbirgt sich also hinter der Frage: Was führt den Menschen zur Treue, zu dieser Gottestreue, die wohl die höchste Form der Treue sein kann? Die Gewissheit, dass sein Verteidiger, sein Erlöser lebt, die ist es, die ihn über alle Zweifel hinweghebt, die ihm die Gottestreue ermöglicht.

Das Bild der «treuen Hände»

Nun möchte ich das Ganze noch in einem abschließenden Bild zusammenfassen. Dieses Bild befindet sich unter den Entwürfen Rudolf Steiners für die große Kuppel des ersten Goetheanums und trägt den Titel «Gottes Zorn und Gottes Wehmut» (*Abb. 9*). Es befindet sich im Zentrum der Deckenmalerei und ist ja jetzt im neu eröffneten Saalbau des zweiten Goetheanums wieder zu sehen. Man sieht dort in ein tiefes Rot getaucht die Augen Gottes, die aber nur verhüllt erscheinen. Drumherum ein Flammenmeer, ein großes, warmes Flammenmeer, das sich nach unten herunter in ein warmes Orange ergießt, und unter diesem verhüllten Angesicht, von dem man nur die Augen sieht, erblickt man die blaue Erdkugel, den blauen Erdplaneten. Aber der Erdplanet ist verwundet durch das ahrimanische, das satanische Wesen, das da als schwarze Gestalt wie mit einem Stachel hineinsticht und versucht, die Erde herabzuziehen. Die Erde ist verwundet, große Flammen leuchten aus der Erdkugel heraus, und das göttliche Angesicht schaut mit großem Zorn und großer Sorge auf die Kugel herunter. Von den beiden Seiten sieht man noch Engelwesenheiten, hierarchische Wesenheiten, die in einer segnenden, beruhigenden Geste versuchen, die Wunde der Erde in einer gewissen Weise zu schließen, zu heilen. Dieses Bild «Gottes Zorn» wird aber erst vollständig, wenn man sieht, was dann am unteren Rand des Bildes sich befindet: zwei Hände, die in einer tragenden Gebärde die Erdkugel, das satanische Wesen und alles, was mit der menschlichen Entwicklung zu tun hat, umfassen. Man kann sie dann bezeichnen als «die treuen Hände». Die treuen Hände Gottes umfassen das ganze Entwicklungsgeschehen, in dem der Mensch sich befindet, mit allen Versuchungen, mit allen Dingen, die dem Menschen da widerfahren. Dem, was der Mensch als Treue entwickelt, entsprechen in höchster Form die «treuen Hände» Gottes, die da in diesem bewegenden, vielleicht geheimnisvollsten Bild des Goetheanum-Baues sich wiederfinden.

Mit diesem Bild der «treuen Hände» möchte ich nun diese Ausführungen über die Tugend der Ausdauer und die der Treue beschließen. Sie haben uns von der Grundfrage nach der menschlichen Tugend überhaupt über die

Abb. 9:
Rudolf Steiner, Gottes Zorn und Gottes Wehmut. Aus: Hilde Raske, «Das Farbenwort. Rudolf Steiners Malerei und Fensterkunst im ersten Goetheanum». Stuttgart 1983.

Station des Sündenfalls und die Erringung der christlichen Tugenden bei Paulus auf den Zusammenhang mit dem Tierkreis geführt. Von da ausgehend haben wir über den griechischen Mythos der Zwillinge den Zusammenhang der Ausdauer mit diesem Tierkreiszeichen entdeckt, der dann in der Tatsache der menschlichen Arbeit seinen Ausdruck findet. Die Treue haben wir schließlich als die christliche Erhöhung der Ausdauer in der Geschichte des Zweiflers Thomas nacherlebt, und diese hat uns am Schluss über das Drama des treuen Gottesknechtes Hiob zu jenem abschließenden Bild der «treuen Hände» Gottes geführt.

Anmerkungen

1 Rudolf Steiner, *Die Philosophie der Freiheit,* Anfang des 4. Kapitels, GA 4, Rudolf Steiner Verlag, Dornach [16]1995.

2 Den Hinweis auf die zwölf Tugenden bei Paulus im Zusammenhang mit dem Tierkreis verdanke ich dem Benediktiner Gerhard Voss und seinem Buch *Astrologie christlich (Regensburg [3]1996).* Genauer erläutert er dieses in dem Artikel «In Christus Gemeinschaft bilden» in *Una sancta* 4/88, S. 277 ff. Voss bringt die zwölf Tugenden bei Paulus überdies mit den zwölf Stufen der Demut in der Ordensregel des Hl. Benedikt in Verbindung. Es scheint, dass diese Zwölfheit im Mittelalter weit verbreitet war. So taucht z.B. in der *Legenda aurea* in der Geschichte des Apostels Thomas an einer Stelle die Lehre von den zwölf Tugenden auf: «Da fing der Apostel an, das Volk zu lehren, und sagte ihnen von den zwölf Stufen der Tugenden …»

3 Die Übersetzung folgt der Ausgabe des Neuen Testamentes von Heinrich Ogilvie, Verlag Urachhaus, Stuttgart 1996.

4 Vgl. den Vortrag vom 30. Mai 1912 in dem Band *Christus und die menschliche Seele,* GA 155, Rudolf Steiner Verlag, Dornach 1982.

5 Wörtlich lautet das «Soziale Hauptgesetz»: «Das Heil einer Gesamtheit von zusammenarbeitenden Menschen ist um so größer, je weniger der einzelne die Erträgnisse seiner Leistungen für sich beansprucht, das heißt, je mehr er von diesen Erträgnissen an seine Mitarbeiter abgibt, und je mehr seine eigenen Bedürfnisse nicht aus seinen Leistungen, sondern aus den Leistungen der anderen befriedigt werden.» – In *Lucifer-Gnosis. Grundlegende Aufsätze zur Anthroposophie ... 1903-1908.* GA 34, Rudolf Steiner Verlag, Dornach [2]1987.

VII. Juli

Selbstlosigkeit wird zu Katharsis

Thomas Hilden

Wenn wir einen Augenblick ganz an das gegenwärtige Leben anknüpfen, kann sich jeder der Anwesenden ja einmal fragen: Habe ich denn heute schon etwas getan, was so selbstlos ist, dass daraus etwas entstanden ist, was mich seelisch verändert hat? Davon kann man ausgehen, dass diese Tugend ganz aus dem praktischen Leben, aus den unmittelbaren Begegnungen mit anderen Menschen gestaltet werden muss. Es gab Familien, in denen morgens der Vater seinen Kindern auferlegte, jedes einzelne solle im Laufe des Tages eine gute Tat vollbringen. Am Abend wurde dann berichtet, welche Möglichkeiten sich ergeben hatten, sich handelnd zu betätigen. Ein solches Ritual, regelmäßig Rückschau zu halten auf die eigenen Handlungen, kann bei Kindern etwas Gutes veranlagen.

Wenn wir die zwölf Tugenden, die Rudolf Steiner aus vielen anderen Tugenden, die aufzuzählen wären, ausgewählt hat, eingehend betrachten, dann können wir erleben, dass sie immer neu gestaltet und errungen werden müssen. Sie sind nicht selbstverständlich vorhanden als etwas seelisch Statisches, sondern sie müssen prozesshaft erworben werden. Es bedarf eines ständigen Übens, um sie auf Dauer lebendig zu erhalten. Wenn wir einen Augenblick zurückschauen auf die vergangenen sechs Monate, wo wir hier in jeweils eine der zwölf Tugenden hineingeführt wurden, wenn wir da hineinlauschen, können wir nachempfinden, wie in den Darstellungen der einzelnen Übungswege im Fortgang etwas entstanden ist wie eine Art Goldenen-Eimer-Reichens, indem die einzelnen Darstellungen zum Abschluss ein Tor öffneten, das uns unmittelbar überführte in die folgende Übung. –

Die Tugend «Selbstlosigkeit wird zu Katharsis», über die wir heute sprechen, ist ja die siebte Tugend im Jahreskreislauf. Es ist dies die Zeit, in der wir den Durchgang durch die Johannizeit erleben, und wenn wir kosmisch nachzuempfinden versuchen, was Rudolf Steiner uns mit den vier kosmischen Imaginationen[1] gegeben hat, können wir erkennen, wie die jetzt vorhandenen Vorgänge in der Natur sich einbeziehen lassen in die heute zu besprechende siebte Monatstugend. Wir können erleben, wie die Gebärde der Johannizeit eine Aufforderung enthält, sich dem Geschehen, das um uns herum vor sich geht, hinzugeben; gleichzeitig aber stehen wir vor der Aufgabe, durch das bewusste Durchdringen der Vorgänge uns gegen das Aufgesogenwerden in die Prozesse des Vergänglichen zu schützen.

Rudolf Steiner weist darauf hin, wie wir gerade in der Johannizeit gemahnt werden, die möglichen Fehler, die von uns gemacht werden, in wirkliche Tugenden umzuwandeln. Er schildert, wie der Erzengel Uriel, der in dieser Zeit vorherrscht, diese Verwandlungskräfte aufnimmt und sie in einer Art «Schönheitsbildern» dem Kosmos einschreibt. Dort haben sie Bestand, dort können sie wirken. Diese von Rudolf Steiner geschilderten Vorgänge machen uns deutlich, dass die zwölf Tugenden dem Jahreslauf zugeordnet und qualitativ in einem engen Zusammenhang stehen mit den jeweils vorherrschenden kosmisch-naturhaften Wandlungskräften. Wir können davon ausgehen, dass die im Umkreis vorhandenen Gegebenheiten bis in das Innerste des menschlichen Seins ihre Wirkungen haben. So können wir verstehen und auch nachvollziehen, dass diese zwölf Monatstugenden nicht zufällig jeweils einer bestimmten Zeit zugeordnet sind, sondern dass Gesetzmäßigkeiten walten, und wir könnten sicher, so wie wir heute vom menschlichen Dasein aus diese Tugenden betrachten, auch von der anderen Seite, nämlich von der kosmischen Seite her, einmal die Frage stellen: Was wird denn von dieser Seite her veranlagt und bewirkt im Menschen oder in der Natur?

Wenn man sich nun innerlich aufgerufen fühlt – und das ist ja wichtig, dass das entsteht –, den Übungsweg einer Tugend zu gehen, wird man ganz real an diese Vorgänge, die sich um uns herum abspielen, herankommen und sie als Hilfen erleben im eigenen Bemühen.

Nun kann die Frage gestellt werden: Wo liegt denn der Ansatz im Bemühen um die Tugend der Selbstlosigkeit, im Hinblick auf unser alltägliches Ausleben von individuellen Fähigkeiten? Wir müssen einen Zugang finden in unserem Bemühen, etwas zu erschließen, das uns wie ein Weg sein kann, der uns führt. Da können wir zunächst sehr deutlich erleben – besonders in unserer heutigen Zeit, früher war das sicher anders –, dass der Zugang zu einer solchen Tugend nur durch die Verinnerlichung der mehr und mehr nach außen gerichteten individuellen Fähigkeiten erschlossen werden kann; das heißt, wir müssen gerade im Hinblick auf die Selbstlosigkeit unser eigenes Selbst durchforschen und es kennen lernen, um mit ihm umgehen zu lernen.

Wenn wir nun in der heutigen Zeit, im 20. Jahrhundert, den Menschen anschauen, wie er sich darlebt, so können wir erkennen, dass er sich auf dem Weg seiner Persönlichkeitsentfaltung weit entfernt hat von seinem ursprünglichen Sein. Was war das ursprüngliche Sein? Wir können von der Tatsache ausgehen, dass der Mensch als ein Ebenbild Gottes erschaffen wurde und dass ihm zunächst dieser göttliche Vatergrund die einzige Lebensgrundlage war, dass er darin aufgegangen ist, ohne in irgendeiner Weise eine Abgrenzung zu erleben. Der Mensch lebte sich in dieser Zeit in diesem Vatergrund aus, und erst durch das Wirken anderer Mächte – wir kennen ja alle aus den Bildern der Weihnachtsspiele oder aus der Bibel den Sündenfall – wurde dem Menschen etwas verliehen, was ihn langsam dahin führte, dass er die heutige Freiheit erringen konnte. Diese Kräfte haben die Persönlichkeitsfindung des Menschen bewirkt. Auf der anderen Seite ist eine Aus- und Abgrenzung entstanden. Der Mensch erwachte mehr und mehr zu seinem Eigensein, er wurde sich seiner bewusst, und damit einhergehend – und das ist für mich eigentlich der Kern unserer Fragestellung – verlor er seine Reinheit. In der jetzigen Phase menschlicher Entwicklung ist dieses Eigenerleben so stark und so vordergründig geworden, dass wir die seelisch-geistige Ebene, die zu uns gehört, nur noch durch ein intensives meditatives Bemühen und Üben zum Erleben bringen und dadurch zur Aktivierung dieses Seelisch-Geistigen kommen können.

Der amerikanische Schriftsteller John Steinbeck hat in einer Art Standortbestimmung die Haltung des heutigen Menschen beschrieben; ich möchte Ihnen das vorlesen:

«Menschliche Eigenschaften wie Güte, Großzügigkeit, Offenheit, Ehrlichkeit, Verständnis und Gefühl sind in unserer Gesellschaft Symptome des Versagens. Negativ besetzte Charakterzüge wie Gerissenheit, Habgier, Gewinnsucht, Gemeinheit, Geltungsbedürfnis und Egoismus hingegen sind Merkmale des Erfolges.»[2]

Nun kommt eine sehr interessante Aussage, der ich noch etwas nachgehen möchte: Man bewundert die Qualität der ersteren, so Steinbeck, aber begehrt die Erträge der letzteren.

Was können wir von einer solchen Beurteilung menschlichen Seins und menschlichen Handelns ableiten? Zunächst – so ging es mir – kann man erschüttert sein über die Schärfe in der Darstellung der Gegensätze. Aber durch die täglichen Informationen, welche uns durch die Medien zukommen, muss man zugeben, dass der Mann Recht hat. Wie verhält es sich aber mit der Aussage der Bewunderung? Ich glaube, wir können glücklich sein, dass immer noch bei den meisten Menschen eine Ahnung, eine Empfindung vorhanden ist von der Qualität höherer Wertigkeiten. Damit kann man auch rechnen. Diese Ahnung drückt sich eben in der Bewunderung für die «Symptome des Versagens» aus. Doch – und das ist die Tragik, die wir darin sehen müssen – der Wille, diesen erahnten Idealen zu folgen, müsste eben ergriffen werden, und das fällt schwer. Warum? Weil sich ein solches Bemühen erst nach und nach und ganz im Innern des Seelenlebens als wirksam erweist und im alltäglichen Leben zunächst nichts einbringt.

Ich habe selbst als junger Mensch ein Erlebnis gehabt, das mich lange Zeit beschäftigt hat, das mir auch heftige Schmerzen bereitet hat in der Urteilsfindung. Ich habe mir in einer bestimmten Zeit nach dem Krieg vorgenommen, beim Betreten der Eisenbahn und der Straßenbahn oder sonst wo immer den Menschen Vorrang oder Vortritt zu lassen, die bedürftiger waren als ich – also älteren

Menschen, Kindern oder behinderten Menschen. Diese innere Aufgabenstellung habe ich dann einmal im Freundeskreis dargestellt, und ich habe gehofft, dort Anerkennung zu finden, aber das Gegenteil war der Fall. Es wurde gesagt: «Weißt du, so wie wir dich kennen, bist du veranlagt, immer den Weg des geringsten Widerstandes zu gehen.» – Ein schmerzhaftes Erlebnis, das mich in Zweifel stürzte. Ich habe dann lange Jahre versucht, mich zu kontrollieren: Ist dieses Zurücktreten, dieses Zurücknehmen tatsächlich etwas wie Selbstaufgabe oder spricht sich darin etwas aus von dem, was mich absetzt von den anderen?

Ein anderes Erlebnis, das ich auch schildern möchte, war dieses: Ich hatte einen hochverehrten Lehrer, von dem man, als er älter wurde, immer wieder sagte: «Dieser Mensch ist eigentlich ein Versager.» Ich habe dann Gespräche mit ihm geführt, und er sagte mir, dass er das gut verstehen könne, was man von ihm denke, denn er habe sich nun einmal vorgenommen, in jeder Situation, in jedem Gespräch zu versuchen, dahin zu kommen, das höchste Ideal mit der niedersten Gegebenheit einer Angelegenheit zu verbinden; also ein permanent Suchender zu werden, in die Mitte zu kommen, im Gespräch, nicht einseitig zu urteilen, sondern in ein objektives Geschehen hineinzufinden … Das sei aber sehr schwer, deshalb würde er oft schweigen. Dieser Mensch wurde als Versager bezeichnet. Sehen Sie, das ist ja etwas, das uns heute immer wieder entgegentritt, das uns vorgespiegelt wird durch die Werbung, durch alles, was um uns herum vor sich geht, dass nur das zählt, was unmittelbar kontrollierbar zum Erfolg führt. Insofern wird das Bemühen, ein eigenes Seelenleben aufzubauen und es wirksam werden zu lassen im Handeln, als ein Schritt in die falsche Richtung gedeutet. Der Ausdruck «Wer zu spät kommt, den bestraft das Leben» ist sehr modern.

Kommen wir nun zu den Charakterzügen, die Steinbeck als die «Merkmale des Erfolges» bezeichnet. Erinnern Sie sich noch einmal: Gerissenheit, Geltungsbedürfnis, Egoismus – das sind die Merkmale des Erfolges. Man bewundert die positiven Qualitäten und begehrt die Erträge der niederträchtigen. Was geschieht denn in diesem Gieren nach Erfolg mit allen Mitteln? Da genießt der Mensch die Wirkungen und den Besitz, der ihm zukommt durch das Ausleben seiner individuellen Bedürfnisse, und er fühlt sich berechtigt, seiner Selbstbezogenheit dadurch Geltung zu verschaffen, dass er diese Erträge, die ihm da zukommen, für seinen Umkreis sichtbar entsprechend verwendet und sich dadurch letztendlich sehr oft Macht und Abhängigkeiten schafft. Nun können wir erleben und nachvollziehen, dass bei dem Ausleben dieser doch sehr oberflächlichen Bedürfnisse etwas fehlt, dass da etwas hinzukommen muss – wir erkennen, dass in diesen letzteren Handlungen, die da geschildert sind, ein geistiges Führungsprinzip fehlt; es wird nicht mit einbezogen als Mitgestalter. Wir müssen erkennen, dass diese Grundhaltungen des Egoismus eigentlich zur Selbstsucht führen. Das heißt, wenn wir zu stark auf Äußerlichkeiten zugehen und Besitz ergreifen, erleben wir, dass im Seelenleben des Menschen Leere entsteht – eine Leere, die den Menschen zwingt, zu immer stärkeren Mitteln zu greifen, um diese äußeren Erfolge zu garantieren. Sehen Sie, seelische Leere heißt nichts anderes, als auf dem Weg zu sein, süchtig zu werden. Und Sucht wird immer, mit noch stärkeren Mitteln zu bekämpfen versucht, aber anstatt dass man diese Sucht lindert und sie läutert, wird sie immer stärker durch die Befriedigung. Nun können wir im Fortgang und im Studium solcher Gegebenheiten erkennen, wie sich aus den geschilderten Vorgängen Umkehrungen ergeben, und zwar Umkehrungen im Hinblick auf das reale geistige Ideal, das der Mensch zwar erahnt, aber nicht mehr ohne weiteres ergreifen und ausleben kann. Wie sehen diese Umkehrungen aus? Wo erleben wir sie?

Betrachten wir einmal die beiden hohen Ideale Selbstbestimmung und Selbstverwirklichung. Von welchen negativen Beweggründen sind sie heute ergriffen? Sie sind belegt vom Egoismus, von Machtimpulsen und vom Triebleben. Ich habe als junger heilpädagogischer Lehrer mir eine Aufgabe gestellt für meinen Beruf: Mein Ziel solle sein, dem behinderten Menschen ein Leben zu ermöglichen, in dem er sich selbst verwirklichen kann, in dem er sich selbst bestimmen kann. Wenn Sie aber hinschauen, wie diese beiden Begriffe heute belegt sind, dann erkennen Sie, dass es eigentlich nicht mehr wünschenswert ist, einen Menschen in diese Richtung zu erziehen. Denn die Forderung nach Selbstbestimmung ist zu einer hohlen Formel geworden. Und wohin führt sie? Sie führt zur Abgrenzung und zu den Egoismen nationaler und persönlicher Verhaltensweisen. Das können Sie studieren: Überall, wo das Wort Selbstbestimmung als Forderung verwendet wird, geht es in die verkehrte Richtung. Die Selbstverwirklichung – Sie können das in vielen Veröffentlichungen in Presse und Fernsehen nachvollziehen – wird immer dahingehend gedeutet, dass der Mensch eigentlich nur Mensch werden kann, wenn er durch alle Niederungen des Lebens hindurchgeht, nur durch das intensive Ausleben der persönlichen Bedürfnisse kann er sich dann selbst verwirklichen. Am Ende steht Macht- und Lustgewinn, und es kristallisiert sich heraus, dass auch in diesem Bereich wieder etwas entsteht, das den

Menschen nicht erfüllt, sondern das ihn eigentlich abzieht und ablenkt von seinem eigentlichen Streben und von den Ahnungen, die er in sich trägt.

In diesen sich umkehrenden, die Selbstbezogenheit des Menschen fördernden Prozessen werden die Gegenbilder von Selbstlosigkeit erlebbar und wirksam. An einer solchen Stelle, in einem solchen Prozess, den wir da wahrnehmen, muss uns immer wieder bewusst werden, dass, wenn wir über Selbstlosigkeit sprechen, wir nicht über einen permanent statischen Zustand sprechen, sondern dass wir die Selbstlosigkeit nur erringen können, wenn wir permanent ein Gleichgewicht suchen zwischen der Tendenz der Verhärtung und der Auflösung menschlichen Seins. Die Verhärtung menschlichen Seins finden wir dort, wo wir uns zu stark in egoistischer Weise mit dem verbinden, was uns in die Erde hineinführt. Und in der Auflösung finden wir das, was mit Sucht zu tun hat, wo der Mensch sich immer mehr entfernt von der Realität seiner wirklichen Aufgabe. Es ist unerhört tragisch, erkennen zu müssen, wie diese Fluchtsituation heute im zwölften, dreizehnten Lebensjahr entsteht. Nicht im Studentenalter, wie es früher einmal war, beginnen die jungen Menschen süchtig zu werden oder die Empfindungen zu haben, dass sie leer sind, sondern das beginnt heute mit dem zwölften, dreizehnten Lebensjahr, in einer Zeit, in der der Mensch eigentlich an die Wahrhaftigkeit des Lebens herankommen will.

Die wahre Selbstlosigkeit, wenn wir sie uns erringen, verteidigt weder die Abgrenzung zur subjektiven Persönlichkeit hin noch verliert sie sich an andere Menschen oder an andere Dinge. Dieser Zustand ist nur sehr schwer zu beschreiben. Ich möchte sagen – für mich, das kann ja auch sehr subjektiv sein –: Selbstlos sein heißt, sich immer auf dem Wege zu befinden, wieder in Einklang zu kommen mit der Reinheit unseres Selbst, das wir verloren haben.

Wenn wir uns nun diesem Übungsweg zuwenden, bedarf es zunächst einer Erkenntnis, einer Erkenntnis von dem Zusammenwirken seelisch-geistiger Kräfte im Menschen. Und Erkenntnis heißt nicht «kennen», sondern Erkenntnis heißt, sich etwas erarbeiten, etwas erwerben, es erleben können, Sicherheit erringen, damit umgehen zu können – erst dann haben wir die Erkenntnis. Kennen kann man viel, aber wenn man fortschreitet und zur Erkenntnis kommt, dann hat man eine gewisse Überschau. Rudolf Steiner empfiehlt gleich in den ersten Ausführungen des *Heilpädagogischen Kurses*[3] den Heilpädagogen: Sie müssen sich eine wirkliche Erkenntnis erwerben von dem gesunden Seelenleben eines Menschen, nur dann können sie das Krankhafte verstehen.

Nun möchte ich Sie heranführen an eine solche Aufgabe. Sehen Sie, Rudolf Steiner hat uns die Wirkungsweisen von physischem Leib, Äther- oder Bildekräfteleib, Astralleib und Ich beschrieben. Er hat dargestellt das Zusammenwirken der einzelnen Wesensglieder und auch die Wirkungen, die von den einzelnen Wesensgliedern und ihren Kraftfeldern, wenn man das vielleicht einmal so nennen darf, ausgehen. Gehen wir zum Anfang des menschlichen Erdenlebens zurück, nämlich zu dem Augenblick, da der Mensch geboren wird. Da geschieht etwas im Hinblick auf unseren physischen Leib und auf den Ätherleib, dass nämlich diese beiden sich unabdingbar zusammenschließen, zusammenfügen und zusammenbleiben bis zum Augenblick des Todes. Diese Tatsache des engen Zusammenwirkens bildet zunächst die Grundlage unseres physischen Daseins hier auf der Erde.

Während sich diese Verbindung – auch im Schlafe – erhält, tauchen die beiden anderen Wesensglieder Astralleib und Ich phasenweise in den physischen und Ätherleib ein, verbinden sich, nehmen teil, wirken in das Tagesbewusstsein herein und heben sich dann zu bestimmten Zeiten wieder heraus, um in andere Dimensionen, in ein geistiges Sein einzutauchen und sich dort mit neuen Kräften zu versehen; diese Lösungsphase nennen wir den Schlaf. Wir können an uns selbst erleben, wenn wir wach sind, dass der Schlaf auf uns wirkt wie ein gottgegebenes Übungsfeld, dem wir uns hingeben können. Wir merken es meistens erst, wenn wir einige Wochen schlaflos sind, was uns da entgeht an Kraft und an zukommenden Hilfen.

Was bedeutet dieser Schlaf für den Übenden? Im Zustand des Schlafes erleben wir etwas, das wie eine Art Läuterung gesehen werden kann – ich nenne es einmal «eine kleine Katharsis» –, denn wir tauchen ein in eine objektive moralische Welt, die ihr Urteil abgibt zu den Fehlern und Versäumnissen, die wir im intellektualistischen Tagesbewusstsein gemacht und nicht aufgearbeitet, sondern verdrängt haben. In einer solchen Phase können wir erkennen, wie sich da etwas herausbildet und besonders wirksam wird gerade in den Ruhezeiten des Schlafes, das mit dem Gewissen zusammenhängt. Sicher haben Sie das auch schon erlebt, dass es in Augenblicken des Halbbewussten in der Nacht plötzlich wie ein Rattenzahn zu nagen beginnt und etwas auftritt, was mit dem Gewissen zu tun hat; was im Tagesbewusstsein verdrängt werden kann, das wird in dieser Phase plötzlich lebendig, das wird erlebbar. So können wir eigentlich davon ausgehen, dass der Schlaf eine Erhebung ist und sich eine Selbstbeurteilung vollzieht; und wir können davon ausgehen, dass wir am Morgen die Chance haben, bestimmte Versäumnisse oder Fehler aufzugreifen und unmittelbar zu korrigieren, denn wir können ja jeden Morgen neu ansetzen – das ist etwas, das uns gegeben ist. Wir haben also im Schlaf, dadurch dass wir uns herauslösen können, dass wir in eine Sphäre eintauchen können, die uns verbindet mit unserem ursprünglichen Sein, eine natürliche Hilfe bekommen, diese Verbindung zu erhalten und als Realität in unser Üben hineinzunehmen.

Nun möchte ich auf etwas anderes eingehen: Wenn der Mensch geboren wird, dann trägt er als Zielvorgabe etwas in sich, das er in einem bestimmten Augenblick seiner früheren Inkarnationen, seiner Menschwerdung, aus einer gewissen Freiheit heraus aufgenommen hat und das nun im Menschenleben zur Verwirklichung drängt. Wir tragen in uns eine selbstgestellte Aufgabe, nämlich – und jetzt komme ich zu einem anderen Begriff, der demjenigen gegenüberstehen kann, was heute Selbstbestimmung bedeutet – die Aufgabe der Selbstbildung und Selbsterziehung, die der Mensch sich selbst auferlegt hat, um sich in die Möglichkeit zu versetzen, mit demjenigen die Verbindung zu erringen, was wir als das Höhere, das Reine des Menschseins bezeichnen können. Im Schlaf haben wir die natürliche Verbindung; den anderen Weg müssen wir bewusst gehen. Es ist der bewusst ergriffene Übungsweg, der sich dann auch im Tagesbewusstsein erhalten kann. Wenn wir in diesem Zusammenhang an die Tugend denken, die wir zu erringen haben, dann kann sie nur wirklich wirksam werden, wenn sie auch im Tagesbewusstsein in unserem Handeln zur Geltung und zur Wirkung kommt.

In der Erziehung des Kindes können wir entdecken, dass Kinder ein inneres Bedürfnis haben, etwas auszuleben, das man so beschreiben kann: Die Welt ist gut. Diese

Grundstimmung verändert sich im Schulalter, das erlebt werden will durch die Darstellung aus dem Umkreis: Die Welt ist schön. Die dritte Stufe, die wir dann erringen können im Jugendalter, ist die, dass der Mensch nur noch der absoluten Wahrhaftigkeit folgen will. Wenn wir diese Wege, diese inneren Haltungen in der Erziehung aufgreifen und pflegen, dann kann das Kind seine inneren Zielvorgaben, die vorhanden sind, aber erst im Erwachsenenalter bewusst ergriffen werden können, bereits in sich stärken. Die religiöse Erziehung, wenn sie wirkliche religiöse Erziehung ist, kann ein erster Weg oder eine erste Wiederverbindung sein mit dem, was wir anstreben, wenn wir einen bewusst ausgelebten oder erarbeiteten meditativen Übungsweg aufgreifen. Wenn wir diesen meditativ bewusst erfassten Übungsweg gehen, dann können wir etwas erleben, was wie eine Art Erhebung beschrieben werden kann. Man kann es so beschreiben, dass man herankommt an den Charakter, nicht an das wirkliche Selbst, sondern an den Charakter des geistigen Selbstes. Dieser Bereich wird von Rudolf Steiner beschrieben. Der Seinscharakter dieses geistigen Selbstes kann erlebt werden:

Strahlender als die Sonne
Reiner als der Schnee
Feiner als der Äther
Ist das Selbst,
Der Geist in meinem Herzen.
Dies Selbst bin Ich,
Ich bin dies Selbst.[4]

Höchste Qualitäten, die da erlebbar werden können, wenn wir uns bemühen, in dieser Weise die Selbstlosigkeit zu erlangen.

In diesem Bemühen haben wir eine Hilfe in der Selbstbildung. Sie kann uns hinführen zum inneren Erleben der Wahrheit. Jeder von uns hat sicher einmal oder schon öfter das Ringen um die wirkliche Wahrheit durchgemacht. Wenn wir eintauchen in den Bereich, wo die Wahrheit sich real objektiv darstellt, können wir sicher sein, dass wir auf einem solchen Weg, unser Selbst aufzugeben, keinen Irrungen verfallen. Rudolf Steiner regt die Heilpädagogen an, sich zu üben in der Andacht zum Kleinen. Diese Andacht zum Kleinen führt den Menschen dahin, dass er bescheiden wird, dass er lernt, das Wesentliche vom Unwesentlichen zu unterscheiden, und dass er in die Haltung kommt: Nur das Wesentliche hat Bedeutung. Ich kann das wirklich nur skizzenhaft vor Sie hinstellen, aber es ist ja sicher auch so gedacht, dass Sie diese Anregungen ganz persönlich weiterverfolgen und vertiefen.

Was heißt das, wenn nur noch das Wesentliche Bedeutung bekommt im Umgang mit anderen Menschen, im Umgang mit sich selbst? Dann wird die Gefahr, der Eitelkeit zu verfallen, dem Fanatismus, der Weltflucht zu erliegen, zurückgedrängt. Bei allen Übungsfeldern, in denen wir unser eigenes Selbst zunächst einmal in Frage stellen müssen, sind wir immer in der Gefahr, von der einen oder von der anderen Seite aufgesogen zu werden.

Gehen wir noch auf das andere Ideal menschlichen Strebens, menschlicher Bemühung ein – auf die Selbsterziehung. Auch hier haben wir wieder etwas, was wir in Beziehung bringen können zu dem, was ich vorhin dargestellt habe, nämlich zur Selbstverwirklichung. Die Selbsterziehung, wenn wir uns darum bemühen, kann eine wirkliche Erkenntnis von den Wirkungen unseres eigenen Seelenlebens hervorrufen und uns dahin führen, dieses eigene Seelenleben in aller Differenziertheit in positiver Weise zu gestalten. Den Weg der Selbsterkenntnis können wir täglich gehen, indem wir am Abend auf dasjenige zurückschauen, was wir den Tag über getan, was wir den Tag über erlebt haben. Wir können aber auch die Selbsterkenntnis so aufgreifen und so vertiefen, dass wir an die Wirkungen unserer eigenen Wesensglieder bewusst herankommen, dass wir erleben können, was der Ätherleib bewirkt, was der Astralleib mit uns tut und wie das Ich eingreift. Wir können die Kontrolle über diese Gegebenheiten erlangen und damit zu einer Konditionierung, zu einem Erziehungsprozess, zu einer Stärkung dieser Wirkungen kommen. Auf dem Wege zur Selbsterziehung können wir also erreichen, dass die Qualitäten seelisch-geistiger Gesetzmäßigkeiten erfahrbar und auch kontrollierbar werden.

Über die Handhabung solcher Übungen zu sprechen, wäre heute Abend die Zeit zu kurz; ich möchte nur einige Dinge nennen, die da erlebbar werden können. Wenn wir in der Selbstbetrachtung dahin kommen, dass wir unsere Leidensfähigkeit in der rechten Weise durchlebt haben, dass wir das, was mit Verzicht zu tun hat, in der rechten Weise erkennen können, dass wir dasjenige, was mit Mitleid zu tun hat, durchschauen, durchleben, dann können Fähigkeiten entstehen, von denen unmittelbar, ohne dass der einzelne Mensch in Handlungen eintritt, Wirkungen auf den anderen Menschen ausgehen und ihm Hilfe sein können. Es werden aber auch Gesetzmäßigkeiten erfahrbar, Gesetzmäßigkeiten des Nehmens und Gebens. Wenn wir auf etwas verzichten, etwas hingeben, dann können wir erleben, dass in diesem Verzicht, in dieser Hingabe eine Zunahme seelischer Substanz entsteht – im Gegensatz zu dem, was ich am Anfang geschildert habe, wo wir innerlich leer und ausgehölt werden dadurch, dass wir bestimmte Bedürfnisse ausleben. Von etwas Besitz ergreifen, sich etwas aneignen, um damit andere beherrschen zu wollen, erzeugt Armut und – ich komme wieder auf das Wort zurück – Leere in uns. Wir können erkennen, wenn wir eintauchen in solche Übungen, dass wir eigentlich entgegengesetzte Prinzipien in uns lebendig machen. Im Irdischen haben wir ja gerade im Hinblick auf das Geben und Nehmen umgekehrte Wirksamkeiten: Wenn ich ein volles Glas Wasser habe und etwas daraus weggebe, so wird dieses Glas leerer; wenn ich Substanz hineingebe, füllt es sich wieder. Im Seelischen können wir davon ausgehen, dass es gerade umgekehrt ist. Wir können das sehr deutlich erleben bei der Sucht. Wenn jemand süchtig ist und nicht lernt zu verzichten, sich sozusagen innerlich zu erfüllen mit einer Kraft, die ihn langsam wegführt von dieser Sucht, dann wird er in die Situation kommen, dass er immer stärker und stärker sich anfüllen muss und bei diesem Anfüllen immer leerer wird. Jede Sucht, die befriedigt wird – das ist eine Erfahrung –, zieht ein stärkeres Mittel nach sich. Und eine Sucht beginnt ja bei leichten kleinen Gewohnheiten und führt schließlich dazu, dass man wirklich süchtig, das heißt abhängig wird.

Selbstlosigkeit wird wirksam dort, wo wir Einseitigkeiten überwinden und etwas zurücknehmen von dem, was ausgelebt werden will. Ich möchte an dieser Stelle auf das Leben zweier bedeutender Persönlichkeiten hinweisen, an denen wir studieren können, wie durch eine Verinnerlichung, durch den Verzicht, aber auf der anderen Seite durch ein tiefes Eintauchen in geistige Realitäten die Selbstlosigkeit in Erscheinung getreten ist. Es sind dies Buddha und Franz von Assisi.

Buddha wurde als Sohn wohlhabender Eltern geboren, und er wurde streng behütet. Um das Anwesen seiner

Eltern war eine große Mauer gezogen, weil der Junge nicht in Berührung kommen sollte mit Krankheit, mit Armut, mit dem Tod. In einem bestimmten Alter entsteht in diesem Jungen das Bedürfnis, diese Mauer zu übersteigen. Er tut es auch, kommt in Verbindung mit der Krankheit, mit dem Tod, und er entschließt sich dann, sein Leben so zu gestalten, dass er dem entgegentreten kann, was mit Krankheit und Tod zu tun hat. Er wird ein hoher Gelehrter, er wird ein Weiser, ein hochverehrter Mensch, der zum Schluss gar nicht mehr seinen Sinn auf die irdische Welt hinrichtet, sondern hinweist auf – das ist ein Begriff, der aus dem Buddhismus stammt – das ewige Nirwana. Es wird geschildert, dass die, die um ihn herum waren, unmittelbar ergriffen wurden von der Kraft, die von diesem Menschen ausging. Interessant ist jedoch, dass durch die Lehre Buddhas, in der er so stark auf die andere Seite des Seins hinwies, bei seinen Jüngern eine gewisse Weltflüchtigkeit auftrat und der Begriff «Das Leben ist nur Maja» sehr deutlich ausgelebt wurde; das können Sie noch heute am Buddhismus erfahren. Das Erdenleben wurde unbedeutend.

Franz von Assisi beginnt sein Leben sehr ähnlich. Er hat alle irdischen Güter zur Verfügung, er liebt die Schönheit und den Kampf, und dann kommt der Moment, in dem er von einer ganz bestimmten Aufgabe ergriffen wird. Franz ist mit seinen Freunden unterwegs, sie gehen abends nach Hause, und plötzlich überfällt ihn etwas wie eine Ahnung; er lauscht in diese Ahnung hinein, kann sie aber nicht greifen, und in diesem Zögern rufen ihm seine Freunde zu: «Aha, unser Franz wird heute Abend sicher noch bei einem schönen Mädchen sein.» Und sehen Sie, im Augenblick, als er das hört, entsteht in diesem jungen Franz von Assisi – in diesem lebensfrohen Menschen

Franz von Assisi – ein Entschluss, von dem er später sagt, er wisse selbst nicht, wie das in ihn hineingefahren sei: Ja, ich will mich mit der lieben Frau Armut vermählen; ich will alles hingeben, was ich habe, ich will nur noch diesem Wesen dienen. Und im Gegensatz zu Buddha steigt Franz von Assisi in alle Niederungen des Lebens hinunter, bis zur niedersten Kreatur entwickelt er Verständnis und lernt, die Sprache dieser Kreaturen zu verstehen. Wenn wir seinen Weg verfolgen, dann können wir erkennen, wie Franz von Assisi wirklich wie ein moderner Mensch unserer heutigen Zeit gerungen hat, in diese Erhebung, von der ich gesprochen habe und wie sie Rudolf Steiner uns schildert, hineinzukommen.

Mit diesen beiden Biographien sich zu beschäftigen, ist lohnenswert, denn sie spiegeln etwas von dem wider, was uns erwartet, wenn wir in solche Übungsfelder eintreten.

Nun möchte ich zum Schluss kommen und zusammenfassen. Der bewusst ergriffene Übungsweg, die Selbstlosigkeit zu erlangen, erfordert zunächst von jedem, der diesen Übungsweg gehen will, dass er die einzelnen Schichten seelischer Wirksamkeiten in sich selbst durchdringt, sie bewusst ergreift und sie dann übend zur Verwandlung bringt. Die Bemühung, nur das auszuleben, was in der Verbindung mit der Wahrheit Bestand hat, führt uns zur Läuterung, zur Katharsis. Wenn aus der Verzagtheit, die im Augenblick auftreten kann, Mut entsteht und aus der Versuchung der Selbstaufgabe Selbstvertrauen, dann erleben wir in diesen Verwandlungen dasjenige, was wir mit Läuterung beschreiben. Die Katharsis wird wirksam im Erreichen der Ungebundenheit, das Leben unter Anerkennung des selbstgewählten Schicksals so auszugestalten, dass wir immer wieder den inneren Weg suchen, dass wir die Reinheit des Selbstes, von der ich am Anfang gesprochen habe und die wir verloren haben, als Träger unserer Willensimpulse in das reale menschliche Sein einfließen lassen. Wenn die Worte des Täufers Johannes «Ich muss abnehmen, damit der andere zunehmen kann» und die Paulus-Worte «Nicht ich, sondern der Christus in mir» wirksam werden können aus diesem Üben heraus und dadurch, dass wir als einzelne Menschen sie zu leben versuchen, zum allgemeinen Zivilisationsprinzip werden können, dann, verehrte Anwesende, bedeutet die Tugend *Selbstlosigkeit* – meditativ erfasst – einen Weg in die Mitte. Die Katharsis, durch Überwindung und Verwandlung errungen, ist eine Antwort auf die Gefahren, die in der heutigen Zeit vorhanden sind und die uns bedrohen im Hinblick auf die Ausbildung unserer Herzenskräfte. Sie erfordert, dass wir die einst gewonnene Freiheit, die uns zugekommen ist und uns aus- und abgegrenzt hat, dass wir diese gewonnene Freiheit so einsetzen, dass wir uns selbst – und das ist nun ein wirklich heilpädagogischer Weg, ein seelenpflegender Weg, der aber erweitert werden kann und muss – zum Heilmittel zubereiten, dass wir selbst Heilmittel werden und damit zum Wegbereiter werden für einen neuen sozialen Kulturimpuls. Gerade wenn wir jetzt im Durchgang durch die Johannizeit uns verbinden mit diesen Kräften, die da wirksam werden, werden wir diesen Weg mit dem höchsten Ernst, mit der tiefsten Andacht und mit dem heiligsten Wollen, das in einem Menschen aufleben kann, zu gehen versuchen.

Anmerkungen

1 Rudolf Steiner, *Das Miterleben des Jahreslaufes in vier kosmischen Imaginationen,* Sechs Vorträge gehalten in Dornach 3. bis 13. Oktober und Stuttgart 15. Oktober 1923, Gesamtausgabe Bibl.-Nr. 229 (GA 229), Rudolf Steiner Verlag, Dornach 1989.
2 John Steinbeck, zitiert nach Daniel Goeudevert, *Wie ein Vogel im Aquarium.* Aus dem Leben eines Managers, Rowohlt Berlin 1996.
3 Rudolf Steiner, *Heilpädagogischer Kurs.* Zwölf Vorträge für Heilpädagogen und Ärzte, Dornach 25. Juni bis 7. Juli 1924. GA 317. Rudolf Steiner Verlag, Dornach [7]1985.
4 – *Zur Geschichte und aus den Inhalten der ersten Abteilung der Esoterischen Schule 1904 – 1914.* GA 264, Rudolf Steiner Verlag, Dornach 1984, S. 63.

VIII. August

Mitleid wird zu Freiheit

Jean-Claude Lin

Das Mitleid. Es gibt so viele verschiedene Meinungen darüber, was das Mitleid bedeutet im menschlichen Leben. Für Lessing war der mitleidigste Mensch der beste aller Menschen. Für Rousseau, für Schopenhauer bedeutete das Mitleid überhaupt die Quelle aller Moralität. Rousseau sprach von einem ursprünglichen, unschuldigen Zustand des Menschen, in dem der Mensch ein reines Wesen war und das Mitleid ganz stark war, sein Leben geprägt hat, seine Moralität geprägt hat; nur die gesellschaftlichen Verhältnisse hätten dazu geführt, dass dieser ursprüngliche Mensch verdorben und die Quelle des Mitleids verschüttet wurde, so dass auch sein moralisches Leben davon Schaden genommen hat. Für Schopenhauer war das Mitleid der Ursprung der Moralität schlechthin, ja ursprünglicher noch als die Liebe. Es gab aber auch andere Stimmen unter den Philosophen. Friedrich Nietzsche kämpfte gegen das Mitleid und die großen Prediger des Mitleids. Erstens meinte er: Mein Leiden will ich mir nicht nehmen lassen, und auch den tiefsten Schmerz will ich mir nicht nehmen lassen, denn das Höchste, was der Mensch zustande bringt, verdankt er seinem Leiden und seinem Schmerz. – Das war die eine Stimmung, die in ihm lebte. Und zweitens vertrat er die Ansicht: Diejenigen, die zu stark, zu viel versuchen, Mitleid zu üben, die können nur schwache Naturen sein, sie müssen krank und melancholisch sein. Heute müsste man sagen: depressiv werden, wenn man alles zum Anlass nehmen würde, Mitleid zu üben. Das sind sehr verschiedene Ansichten darüber, was das Mitleid im menschlichen Leben bedeutet.

Denken wir einmal an einfache Redewendungen wie: «Sie hatte nur ein mitleidiges Lächeln für ihn übrig.» Was klingt da auf? «Nur ein mitleidiges Lächeln für ihn übrig.» Es gibt viele Verhältnisse, bei denen man ganz deutlich spürt: Mitleid bedeutet hier keine Hochschätzung des Menschen, dem es entgegengebracht wird, sondern eher eine Erniedrigung. Ein solch überhebliches Mitleidempfinden möchte man nicht empfangen. Denken wir an die vielen Romane, in denen ein Hauptdrehpunkt der ist, dass aus Mitleid geliebt wird und dann derjenige, der aus Mitleid geliebt wurde, das plötzlich entdeckt. Das ist eine furchtbare Entdeckung! Wie viele Romane, wie viele Werke der Literatur behandeln gerade dieses Verhältnis – Mitleid und Liebe!

Es gab eine Germanistin und Philosophin, Käte Hamburger, die ein sehr kluges Buch über das Mitleid geschrieben hat. Da sammelt und behandelt sie die vielen Stimmen und Anschauungen, die es gerade zum Mitleid gibt, sowohl bei den Philosophen wie auch bei den Schriftstellern, bei den Literaten, die ja versucht haben, das Leben einzufangen in ihren Werken. Ein Großteil ihres Buches behandelt gerade dieses Verhältnis zwischen Liebe und Mitleid und zeigt, wie zwiespältig gerade das Mitleid in vielen literarischen Werken ist. Womit haben wir es da zu tun?

Mich hat zudem immer wieder die Frage beschäftigt:

Wieso führt Mitleid eigentlich nicht eher zu *Unfreiheit* als zu *Freiheit*? – einerseits. Und andererseits: Wenn Mitleid etwas Erstrebenswertes ist, *wie übt man Mitleid*, wenn man nicht über allzu große Fähigkeiten auf diesem Gebiet verfügt? Wenn man nicht Mitleid empfinden kann, wie übt man denn das? Ein Gefühl kann man nicht irgendwie wollen. Höchstens kann man versuchen, diejenigen Bedingungen herbeizuführen, unter denen sich so ein Gefühl einstellen kann. Aber gibt es denn Schritte, die man tun kann, um Mitleid zu *üben* und sich als Fähigkeit anzueignen? Das ist eine zweite Frage, die mich sehr beschäftigt. Ich kann nur einige Gesichtspunkte zu beiden Fragen anführen und sie beileibe nicht abschließend behandeln.

Mitleid – wieso führt es nicht eher zu Unfreiheit als zu Freiheit? Denken wir zum Beispiel an die Menschen mit Behinderungen, die auf die Straße gehen und für eine Verbesserung ihrer Verhältnisse demonstrieren, und auf deren Transparenten zu lesen ist: «Wir wollen kein Mitleid!» Auch hier wieder, aus dem unmittelbaren Leben, dieses Negative, das das Mitleid oft an sich hat. Wenn man sich jetzt umschaut bei einigen Menschen, in deren Biographie Mitleid ein großes Motiv gewesen ist, dann entsteht auch etwas Seltsames, zumindest bei einigen Biographien, die mir bekannt geworden sind. Manche von Ihnen werden von der Schriftstellerin und Philosophin Simone Weil etwas gehört oder gelesen haben. Simone Weil, Tochter jüdischer Eltern, eine sehr begabte junge Frau, 1909 in Straßburg geboren, hat großes Interesse für alles, was in der Welt geschieht. Sie nimmt Anteil an allem, insbesondere nimmt sie Anteil an Schülern, die aus untergeordneten sozialen Verhältnissen kommen; ihnen widmet sie sich als Lehrerin ganz besonders – man möchte sagen ungerechterweise, weil sie dabei fast diejenigen vernachlässigt, die aus wohlhabenden Verhältnissen kommen –, sie verbringt sehr viel Zeit mit ihnen. Dann, noch in jungem Alter, arbeitet sie ein ganzes Jahr in einer Fabrik, weil sie die Verhältnisse am eigenen Leibe empfinden will, unter denen Arbeiter leben und arbeiten müssen. Es ist ein furchtbares Erlebnis; sie zerbricht fast gesundheitlich, denn sie ist von sehr zarter Konstitution, hat dauernd starke Kopfschmerzen, aber sie hält durch und erlebt die ganze Erniedrigung der Stücklohn-Arbeit. Etwas aber, was sie in dieser Zeit auch empfunden und erlebt hat, was sie sonst nicht erlebt hatte, das war der sehr starke Zusammenhalt unter den Arbeitern. Man wurde rein als Mensch angenommen, schildert sie; weder als Frau noch als Gelehrte, sondern einfach als *Mensch*. Und diese ursprüngliche Menschlichkeit und Kameradschaft hat sie dort in einem Maße erlebt, die sie sonst nicht kannte. Aber gesundheitlich konnte sie das nicht weiter fortsetzen. Sie ist wieder Lehrerin geworden. – Simone Weil ist nicht sehr alt geworden; sie stirbt bereits 1943. Als Jüdin hatte sie unter der Besatzung ihren Beruf nicht mehr ausüben dürfen. Sie flüchtet nach England und leidet furchtbar darunter, dass sie nicht bei denen sein kann, die unter der Besatzung leben müssen. Sie leidet so, dass sie die Hälfte ihrer Lebensmittelmarken an politische Gefangene abgibt, isst selbst nur wenig und meidet schließlich das Essen gänzlich, weil sie sich noch so stark seelisch verbunden fühlt mit den anderen, die unter den Kriegs- und Besatzungsverhältnissen leben mussten. Sie wollte nicht bessergestellt sein als sie. Und unter solchen Verhältnissen stirbt sie. – Es ist eine Biographie, in der eben das Mitleid eine große Rolle spielt und bei der man die Frage stellen kann:

Wo ist da dieses ursprünglich Lebensfreudige eines freien Menschen, wenn das Leben so enden muss?

Ein anderes Beispiel: ein norwegischer Schriftsteller, Jens Bjørneboe. Nicht ganz so bekannt hierzulande, aber in Norwegen hat er in der Nachkriegsliteratur eine große Rolle gespielt. Es erschien vor einigen Jahren auch in deutscher Sprache eine Biographie über Jens Bjørneboe, und zwar von Fredrik Wandrup, die auf dem Einband die Aufschrift trägt: *die Biographie des norwegischen Dichters, Anthroposophen und Anarchisten.* Es ist eine seltsame, aber sehr treffende Zusammenstellung, diese drei Begriffe: Dichter, Anthroposoph und Anarchist. Auch Jens Bjørneboe, der 1920 geboren ist, hatte diesen Drang, sich mit den Menschen seiner Zeit zu verbinden. In seinen literarischen Werken nahm er sich immer derjenigen an, die am Rande der Gesellschaft existierten, ja selbst im Gefängnis saßen – oder der Kinder, die aufgrund eines falschen pädagogischen Systems so gestriezt wurden, dass sie fast zugrunde gehen mussten, wie in dem Roman *Jonas* zum Beispiel. Er musste sich immer wieder mit den Grausamkeiten des Nationalsozialismus beschäftigen und sich immer wieder fragen: Wie kommt es, dass Menschen solche Grausamkeiten aneinander tun? In den letzten Jahren seines Lebens protokollierte er für sich, fast wie besessen alle Arten Grausamkeiten, die Arten von Hinrichtungen, von Folterungen. Er war der Überzeugung, so etwas dürfe nicht vergessen werden; es müsse einige Menschen geben auf der Welt, die das ständig im Bewusstsein hielten. In seinem Zimmer hatte er lauter Bilder solcher Hinrichtungs- und Folterszenen. Seine Tochter fragte eines Tages: «Papa, warum hast du so gräßliche Bilder an der Wand?» – «Damit ich es nicht vergesse; damit ich nicht vergesse, es wieder gut zu machen», war die Antwort. –

Jens Bjørneboe hatte es sehr schwer mit dem Alkohol zu tun, und er ist an dieser Alkoholsucht auch zugrunde gegangen. Man kann sich fragen, ob das nicht einfach die Kehrseite derselben Medaille war: auf der einen Seite diese große Neigung, sich den anderen Menschen zu widmen, den Schmerz, das Leiden der anderen Menschen als das Eigene zu empfinden; und auf der anderen Seite eine Art Kompensation im Alkohol, in dem sozusagen das Selbstbewusstsein irgendwie wieder aufgebaut wurde, in dem auch vergessen werden konnte, was sonst das Bewusstsein an Bildern der Grausamkeiten, die Menschen sich gegenseitig antun, erfüllte. Sechsundfünfzigjährig erhängt sich Jens Bjørneboe. – Er hat aber ein paar Sätze geschrieben, die, so glaube ich, sehr charakteristisch, sehr sprechend sind gerade für unser Thema. Er schreibt: «Gefühllosigkeit und Dummheit gehören nach meiner Erfahrung meistens zusammen. Es gehört ein gewisser Grad an Intelligenz und Phantasie dazu, die Leiden anderer mitfühlen zu können.»

Es gehört ein gewisser Grad an Intelligenz und Phantasie dazu, die Leiden anderer mitfühlen zu können. Denn man muss sich einmal vergegenwärtigen: Wenn ein Mensch Schmerz empfindet und ich nur den Anfang von Mitleid, eine Spur von Mitleid empfinde – stark oder weniger stark –, ist das noch nicht der gleiche Schmerz, den ich und der andere fühlt. Und doch taucht man durch ein mitfühlendes Herz in den anderen unter, oder man nimmt den anderen in sich auf. Es ist schon ein Akt der Phantasie, der Einbildungskraft, sich so in einen anderen Menschen, in seine Situation einzuleben, dass man zumindest ahnt, was der andere empfindet.

Es gibt eine «klassische» Darstellung davon, wie aus Mitleid Gutes getan wird. Sie kennen sie alle – die

Geschichte des barmherzigen Samariters. Ich möchte sie Ihnen vorlesen, einige Motive daraus werden uns dann beschäftigen.

Lukas-Evangelium, 10. Kapitel: «Und siehe, da stand ein Schriftgelehrter auf, versuchte ihn [Jesus] und sprach: Meister, was muss ich tun, dass ich das ewige Leben ererbe? Er sprach zu ihm: Wie stehet im Gesetz geschrieben? wie liesest du? Er aber antwortete und sprach: Du sollst Gott, deinen Herrn, lieben von ganzem Herzen, von ganzer Seele, von allen Kräften und von ganzem Gemüte und deinen Nächsten als dich selbst. Er aber sprach zu ihm: Du hast recht geantwortet. Tue das, so wirst du leben. Er aber wollte sich rechtfertigen und sprach zu Jesu: Wer ist denn mein Nächster? Da antwortete Jesus und sprach: Es war ein Mensch, der ging von Jerusalem hinab gen Jericho und fiel unter die Mörder; die zogen ihn aus und schlugen ihn und gingen davon und ließen ihn halbtot liegen. Es begab sich aber ohngefähr, dass ein Priester dieselbige Straße hinab zog, und da er ihn sahe, ging er vorüber. [In der englischen Fassung heißt es: Er ging auf die andere Seite der Straße, um also ja nicht den Eindruck zu erwekken, dass er ihn tatsächlich gesehen hatte.] Desselbigen gleichen auch ein Levit [also auch ein Mann des Kultus], da er kam bei der Stätte und sahe ihn, ging er vorüber. Ein Samariter [also ein Fremder, der eben nicht zu den Juden gehörte, die in Jerusalem lebten, sondern ein «Ausländer»] aber reisete und kam dahin, und da er ihn sahe, jammerte ihn sein [das ist die lutherische Übersetzung dafür, daß er Mitleid mit demjenigen, der halbtot dalag, empfand], ging zu ihm, verband ihm seine Wunden und goss drein Öl und Wein, und hob ihn auf sein Tier, und führete ihn in die Herberge und pflegete sein. Des andern

Tages reisete er und zog heraus zween Groschen, und gab sie dem Wirt und sprach zu ihm: Pflege sein, und so du was mehr wirst dartun, will ich dir's bezahlen, wenn ich wieder komme. – Welcher dünkt dich, der unter diesen Dreien der Nächste sei gewesen dem, der unter die Mörder gefallen war? [fragt Christus jetzt den Schriftgelehrten]. Er sprach: Der die Barmherzigkeit an ihm tat. Da sprach Jesus zu ihm: So gehe hin und thue des gleichen.»

Also derjenige, der Barmherzigkeit übte, war eben demjenigen, der halbtot geschlagen war, am nächsten. Die Geschichte ist auch in anderer Hinsicht von großem Interesse. Denn der Samariter reist mit seinen Gütern Öl und Wein; er sieht den halbtoten, zusammengeschlagenen Nackten mit seinen Wunden. Als erstes erfüllt ihn Mitleid mit ihm, dann will er etwas tun. Zunächst natürlich seine Schmerzen lindern, die Wunden reinigen. Da ist aber kein Wasser. Jetzt sieht man, wie er sozusagen aus diesem «Mutterkuchen» des Mitleids die Idee fasst: Ja, dann nehme ich zunächst Wein und reinige die Wunde damit. Und nachdem die Wunde reingewaschen ist, nimmt er das Öl und gießt es auf die Wunden, um Linderung zu verschaffen. Dann trägt er den Verwundeten in eine Herberge, damit er gepflegt werden kann. In diese Geschichte ist unmittelbar die oben genannte Kraft der *Phantasie,* einer *moralischen* Phantasie, einverwoben.

Der Samariter hat *Barmherzigkeit* getan, wird übersetzt. – Und jetzt eine Eigentümlichkeit! In ihrem Buch über das Mitleid kommt Käte Hamburger nach einer ausführlichen, detailreichen Analyse des ganzen Phänomens zu dem Ergebnis: Mitleid ist moralisch, ethisch völlig *neutral.* Für die moralische Handlung kommt es auf die *Barmherzigkeit* an, darauf, dass man seinem Nächsten eben hilft. Und das könne man – dafür gibt es viele Beispiele – ganz unabhängig davon, ob man Mitleid fühlt oder nicht. Denken Sie an die vielen Ärzte, die täglich Schmerzen und Wunden behandeln, mit einer großen Sachlichkeit, wo nicht unbedingt in jedem einzelnen Fall die Schmerzen des anderen empfunden werden. Und vom Richter wird gesagt, er solle ja nicht zu viel Mitleid mit dem Angeklagten empfinden, denn sonst könne das sein Urteil trüben, die Gerechtigkeit des Urteils verfälschen. Barmherzigkeit – darauf kommt es an im moralischen Leben, aber Mitleid selbst, das kann oder kann nicht zu einer moralischen Handlung führen. Das ist das Ergebnis der Untersuchungen von Käte Hamburger. So nannte Spinoza das Mitleid auch «schlecht und unnütz»: Warum das Leid und den Schmerz in der Welt vermehren dadurch, dass man empfindet, mitfühlt mit dem Leidenden? Es geht darum, den Schmerz zu mindern in der Welt und nicht ihn zu vermehren dadurch, dass man Mitleid empfindet. Spinoza legte eben sehr großen Wert auf die Barmherzigkeit, nicht auf das Mitleid. Barmherzigkeit ist allerdings aus unserem Vokabular fast verschwunden. – Es gab unter Philosophen und Theologen gerade um diese Geschichte vom barmherzigen Samariter eine ausführliche Diskussion, in der einige vorschlugen, man sollte eigentlich das Wort «Barmherzigkeit» ersetzen durch «Mitleid» oder «Mitgefühl». Dagegen erhob Käte Hamburger starken Protest: Nein, das ist gar kein Äquivalent dafür, für diese tätige Hilfe, die man einem anderen Menschen leistet.

Die Erzählung vom Samariter hat nun zudem die Eigentümlichkeit, dass im gesamten Neuen Testament und auch im Alten Testament, nach dem Zeugnis Käte Hamburgers, nirgendwo sonst davon berichtet wird, dass ein ursprüngliches Mitleid zu einer Handlung der Barmherzigkeit führt. Auch im Neuen Testament die einzige Stelle?! Das wird uns noch etwas beschäftigen. Ich möchte später darauf zurückkommen.

Zunächst möchte ich mich der Frage zuwenden: *Wie kann man Mitleid steigern?* Wie kann man – wenn man den Eindruck hat, man sei nicht so sehr begabt, Mitleid zu empfinden – sich dieses Gefühl stärker aneignen?

Wir haben in den verschiedenen Beispielen gesehen, dass es nicht ganz ungefährlich ist, wenn man sich mit vollem Herzen diesem Gefühl hingibt, dass es auch für die eigene Biographie eine starke Herausforderung darstellt, der standzuhalten nicht leicht ist. Das führte eben bei Simone Weil und bei Jens Bjørneboe in den Tod. *Nun ist der Tod selbst die größte Wandlungskraft im menschlichen Leben.* Natürlich, für Menschen, die keine andere Möglichkeit mehr sehen als den Tod, ist das fast eine zynische Bemerkung, denn für viele Menschen unserer Gegenwart gibt es nach dem Tod gar nichts mehr. Das Leben erfährt durch den Tod die größte Wandlung dadurch, dass das Leben eben zu Ende gebracht wird … Wenn man aber die Zeugnisse von Menschen liest, die etwas über die Todesgrenze hinaus erlebt haben, und insbesondere wenn wir die Schilderungen Rudolf Steiners verfolgen, die ja sehr ausführlich sind über dasjenige, was der Mensch nach dem Tod erlebt, dann entsteht ein ganz anderes Bild, und man erfasst das Wort, dass die größte Wandlungskraft im menschlichen Leben der Tod ist in ganz anderem Sinn.

Was geschieht nach dem Tode? Zunächst erlebt der Mensch in den ersten Tagen ein großes Panorama, sein vergangenes Leben, alles, was er getan hat, erlebt er wie in einem großen Bild vor sich ausgebreitet. Einige Menschen haben das sehr eindrücklich beschrieben, wenn sie einen

Moment sozusagen hinübergeschlüpft waren, tot waren und dann wieder zurückgeholt wurden – im Moment des Ertrinkens oder im Moment eines großen Schmerzes oder Angstgefühls, wenn sie sozusagen herausgehoben wurden aus ihren Leibern. Nach einigen Tagen, so beschreibt das Rudolf Steiner in verschiedenen seiner Werke, fängt der Mensch an, sein vergangenes Leben rückwärts durchzuleben. Also das, was er getan hat, was er gesprochen hat, was er mit anderen Menschen erlebt hat, erlebt er nun wieder, vom Augenblick des Todes an bis zurück in die Kindheit, bis zur Geburt. Aber wie? Nicht so, wie er das auf der Erde erlebt hat, als ihm beim Agieren auf andere Menschen nur die eigenen Gefühle bewusst wurden, sondern so, dass er dasjenige, was er getan, gesprochen hat im Leben, so erlebt, wie die anderen es erlebt haben. Zu erleben wie andere Menschen einen selbst erlebt haben, ist mitleiden, mitfühlen, im unmittelbaren Bezirk der eigenen Biographie. Ein existentielles Mitleid. Es tritt mit Sicherheit ein, dem gibt es kein Entrinnen. Aber dadurch, dass der Mensch das durchmacht, wachsen ihm die Fähigkeiten, aus diesem Leben tatsächlich Neues zu lernen, neue Fähigkeiten sich zu erwerben, so dass er, nachdem er diese Zeit durchgemacht hat, später im Verbund mit den geistigen Wesen ein neues Leben vorbereiten und mit ganz neuen Fähigkeiten auf die Erde herunterkommen kann. Also entsteht eine große Wandlungskraft dadurch, dass der Mensch gezwungenerweise zunächst das Mitleid ausüben muss nach dem Tod. – Durch das Eintauchen in die Erlebnisse des Anderen, das existentielle Mitleid nach dem Tode, befreit sich der Mensch allmählich von der Selbstbezogenheit und den Einseitigkeiten des einen vergangenen Erdenlebens: *Mitleid wird zu Freiheit.*

Wenn wir etwas davon hereinholen wollen in unser

gegenwärtiges Leben – und das ist immer ein Charakteristikum des *freien* Menschen, dass er immer mehr herunterholen kann aus seiner geistigen Biographie –, wenn wir nicht nur warten wollen, bis wir verstorben sind, und Mitleid üben *müssen*, sondern in freier Weise und jetzt nicht nur bezogen auf das, was wir unmittelbar dem Nächsten antun, die Mitleidfähigkeit zu erweitern versuchen – dann stellt sich erneut die Frage: Wie können wir das üben? Diese Frage hat mich beschäftigt. Das Mitleid selbst kann ich schwer angehen, das Gefühl selbst kann ich nicht einfach hervorzaubern, sondern ich muss irgendetwas in der Seele erschaffen, damit Mitleid eben Platz greifen kann in der Seele. Wie kann ich mich auf einen Übungsweg dahin begeben?

Rudolf Steiner weist nun darauf hin, dass es sehr schwierig ist, das Leben nach dem Tode zu beschreiben, weil wir gewohnt sind, eine gegenständliche Welt um uns zu haben, und es nach dem Tod, wenn die Seele und der Geist des Menschen für sich leben, diese physische Gegenständlichkeit nicht mehr gibt. Die Kategorien, die wir gewohnt sind zu benutzen, um die Dinge und Wesen der Welt zu beschreiben, gelten in der geistigen Welt nicht in gleicher Weise, sondern da muss ich mir behelfen mit bestimmten Vergleichen. Nun gibt es aber ein Gebiet, das dem sehr ähnlich ist, was wir auch in unserer Welt erleben, und zwar schildert das Rudolf Steiner in dem Kapitel über «Schlaf und Tod» in seinem Grundwerk *Die Geheimwissenschaft im Umriss* folgendermaßen:

«Am ähnlichsten den Eindrücken dieser Sinnenwelt sind nun aber die Töne der geistigen Welt. Und je mehr sich der Mensch einlebt in diese Welt, desto mehr wird sie für ihn ein in sich bewegtes Leben, das sich mit den Tönen und ihrer Harmonie in der sinnlichen Wirklichkeit vergleichen lässt. Nun fühlt er [der Verstorbene] die Töne nicht als etwas, das von außen an ein Organ herankommt, sondern wie eine Macht, die durch sein Ich in die Welt hinausströmt. Er fühlt den Ton, wie in der Sinnenwelt sein eigenes Sprechen oder Singen; nur weiß er in der geistigen Welt, dass diese Töne, die aus ihm strömen, zugleich die Kundgebungen anderer Wesenheiten sind, die durch ihn sich in die Welt ergießen. Eine noch höhere Kundgebung im ‹Geisterland› findet statt, wenn der Ton zum ‹geistigen Worte› wird. Dann strömt durch das Ich nicht nur das *bewegte Leben* eines andern geistigen Wesens, sondern ein solches Wesen selbst teilt sein Inneres diesem Ich mit. Und ohne das Trennende, das ein jedes Beisammensein in der Sinnenwelt haben muss, leben dann, wenn das Ich von dem ‹geistigen Wort› durchströmt wird, zwei Wesen ineinander. Und in dieser Art ist wirklich das Beisammensein von dem Ich mit anderen geistigen Wesen nach dem Tode.»

Das ist dasjenige, was in vollem Umfang erlebt wird von der Seele und wovon das Mitgefühl hier auf der Erde eine kleine Vorahnung ist. Wichtig erscheint mir für unser Thema der Hinweis auf die Töne, weil die Töne hier am ähnlichsten sind denjenigen Erlebnissen, die der Mensch als Verstorbener hat. Da können wir uns fragen: Gibt es die Möglichkeit, sich in all das, was als Ton erlebt werden kann, zu vertiefen? Ist das ein Weg zunächst, um die Fähigkeit des Mitleids anzubahnen? Diese Frage bejaht Rudolf Steiner eindeutig in seinem grundlegenden Werk über geistige Schulung, in dem Buch *Wie erlangt man Erkenntnisse der höheren Welten?*. Ziemlich am Anfang dieses Buches, als die Vorbereitungsschritte zur Einweihung geschildert werden, spricht er gerade über die Pflege der Erlebnisse der Töne in dieser Welt. Ich lese hier einige Teile vor:

«Eine weitere Pflege hat der Geheimschüler der Welt der *Töne* angedeihen zu lassen. Man unterscheide da zwischen dem Tone, der durch das sogenannte *Leblose* (einen fallenden Körper, eine Glocke oder ein Musikinstrument) hervorgebracht wird, und dem, welcher von Lebendigem (einem Tier oder Menschen) stammt. Wer eine Glocke hört, wird den Ton wahrnehmen und ein angenehmes Gefühl daran knüpfen; wer den Schrei eines Tieres hört, wird außer diesem Gefühl in dem Tone noch die Offenbarung eines inneren Erlebnisses des Tieres, Lust oder Schmerz, verspüren. Bei der letzteren Art von Tönen hat der Geheimschüler einzusetzen.» Also zunächst dort, wo unmittelbar in dem Ton entweder Freude oder Leid mitschwingt, mitgehört werden kann, dort zunächst, wo der Ton aus dem Innern von Menschen und Tieren entsteht. «Er soll seine ganze Aufmerksamkeit darauf lenken, dass der Ton ihm etwas verkündet, was außer der eigenen Seele liegt. Und er soll sich versenken in dieses Fremde. Er soll sein Gefühl innig verbinden mit dem Schmerz oder der Lust, die ihm durch den Ton verkündet werden. Er soll darüber hinweg sich setzen, was *für ihn* der Ton ist, ob er ihm angenehm oder unangenehm ist, wohlbehaglich oder missfällig; nur das soll seine Seele erfüllen, was in dem Wesen vorgeht, von dem der Ton kommt. Wer planmäßig und mit Vorbedacht solche Übungen macht, der wird sich dadurch die Fähigkeit aneignen, mit einem Wesen, sozusagen, zusammenzufließen, von dem der Ton ausgeht. Einem musikalisch empfindenden Menschen wird solche Pflege seines Gemütslebens leichter sein als einem unmusikalischen. Doch darf niemand glauben, dass der musikalische Sinn schon diese Pflege ersetzt. Man muss, als Geheimschüler, in dieser Art der *ganzen Natur* gegenüber empfinden lernen. – Und dadurch senkt sich in Gefühls-

und Gedankenwelt eine neue Anlage. Die ganze Natur fängt an, dem Menschen durch ihr Ertönen Geheimnisse zuzuraunen. Was vorher seiner Seele unverständlicher Schall war, wird dadurch sinnvolle *Sprache der Natur*. Und wobei er vorher nur Ton gehört hat, beim Erklingen des sogenannten Leblosen, vernimmt er jetzt eine neue Sprache der Seele. Schreitet er in solcher Pflege seiner Gefühle vorwärts, dann wird er bald gewahr, dass er *hören* kann, wovon er vorher nichts vermutet hat. Er fängt an, *mit der Seele* zu hören.»

Und dieses Mit-der-Seele-Hören, das ist dasjenige,was als Keim aufwacht in der Fähigkeit zunächst, mit einem anderen Menschen das Gefühl zu teilen, seinen Schmerz mitzuempfinden.

Es ist also ein Weg, man könnte jetzt auch sagen ein Pfad des Mitleids vorgezeichnet, auf dem der Mensch sich demjenigen hingibt, was aufklingt in der Welt zunächst als Ton und dann später auch als gesprochenes Wort. Hier können wir ansetzen. Zunächst habe ich nicht die Empfindung des Mitgefühls. Wenn ich mich aber in diese Welt der Töne vertiefe, wachse ich mehr und mehr zusammen mit anderen Wesen.

Nun nennt Rudolf Steiner in seinen Vorträgen über *Okkultes Lesen und okkultes Hören* diese Fähigkeit des Sich-verwandelns in andere Wesen – was eine Bedingung dafür ist, dass man überhaupt Geistiges miterleben, mithören, mit den geistigen Ohren hören kann –, also die Steigerung dessen, was mit dem Mitgefühl anklingt, – diejenige Eigenschaft, die uns mitfühlen lässt unsere «gesamte Menschlichkeit». Es ist sozusagen *das* Charakteristikum unserer *Menschlichkeit*, dass wir diese Kräfte des Sich-verwandeln-Könnens in ein anderes Wesen erleben können.

Das ist also ein kleiner Ansatz zu der Antwort auf die Frage: Wie *übt* man Mitleid, wenn man dieses Gefühl steigern möchte?

Kehren wir nun zurück zu dem Verhältnis zwischen Mitleid und Barmherzigkeit, zu dieser erstaunlichen Feststellung, dass es im ganzen Neuen Testament und im ganzen Alten Testament nur diese eine Schilderung gibt einer barmherzigen Handlung, die aus Mitleid quillt – in der Geschichte des Samariters. Kann das sein? Es ist so. Aber kann es wirklich sein, dass von demjenigen, der als Christus hier auf der Erde gelebt hat, in dem, was wir dokumentarisch überliefert bekommen haben, auch nicht eine Spur von Mitleid nachgezeichnet ist? Wir haben natürlich viele Berichte seiner Barmherzigkeit, seiner tätigen Hilfe. Er hat viele Kranke geheilt, er hat sogar vom Tode auferweckt, aber – und das muss man zugeben, wenn man diese Berichte liest – nirgendwo wird angedeutet, dass er zuvor Mitleid empfunden hat, sondern er handelt. Aus einer übermenschlichen Kraftfülle handelt und heilt er. Das können Sie in prägnanter Form verfolgen im Johannes-Evangelium. Dieses Evangelium hat die Eigentümlichkeit, dass es aus zwei Hälften besteht; die erste Hälfte schildert, wie Christus gewirkt hat in der Welt, im Leben; und die zweite Hälfte schildert seinen Weg zur Kreuzigung und die wenigen Tage danach. Alles ist da verinnerlicht. Er agiert nicht mehr nach außen. Es kommen lange Unterredungen vor, und es wird geschildert, was *ihm* angetan wird – während in der ersten Hälfte beschrieben wird, wie er selbst mächtig gewirkt hat auf die anderen Menschen. Da heilt er den Lahmen zum Beispiel, der achtunddreißig Jahre lang gelähmt lag und nicht aufrecht stehen und gehen konnte; aber es wird nicht erwähnt, dass er Mitleid empfunden habe. Oder er heilt den Blindgeborenen, aber er *heilt* einfach; es wird nicht angedeutet, dass er mitgelitten habe mit demjenigen, der blind geboren war. Das ist sehr seltsam. – Nun gibt es in der Mitte dieses Johannes-Evangeliums, das aus 21 Kapiteln besteht, gerade im 11. Kapitel eine ziemliche Zäsur. Einige empfindsame Theologen haben dieses Kapitel das *«crux interpretationis»* genannt. Von der Deutung dieses Kapitels hängt es ab, ob man das Johannes-Evangelium und überhaupt das Wirken des Christus versteht. Was wird beschrieben in diesem 11. Kapitel? Ich möchte es uns vor Augen rufen:

Es lag einer krank, mit Namen Lazarus von Bethanien, in dem Flecken, in dem Maria, seine Schwester, und ihre Schwester Martha wohnten – so wird erzählt. Und von Lazarus wird gesagt, daß ihn der Herr lieb hatte. Nun schicken die Schwestern eine Mitteilung an Christus, der außerhalb weilt, einige Tagereisen entfernt, dass Lazarus erkrankt ist. Christus erklärt den Jüngern, daß, diese Krankheit nicht zum Tode ist, sondern zur Offenbarung, zur Ehre Gottes. Christus, so wird gesagt, liebte Martha, Maria und Lazarus. Nun macht er sich aber nicht gleich nach Bethanien auf den Weg, sondern bleibt, wo er ist, noch zwei Tage lang. Dann sagt er seinen Jüngern: Wir wollen jetzt nach Judäa zurückkehren (Bethanien liegt in Judäa, nahe bei Jerusalem), denn Lazarus ist krank. Zunächst sind die Jünger sehr aufgeregt, und da sagen sie ihm: Neulich, als wir da waren, haben die Menschen versucht, dich zu töten. Es ist gefährlich dort. – Ja, aber jetzt ist Tag, und wir wollen während des Tages noch dahin gehen, denn wenn es Nacht ist, stolpert man. Lazarus schläft, und ich will ihn aufwecken. – Ja, wenn er schläft, dann ist doch alles gut, insbesondere, wenn man krank ist, dann ist man auch schneller gesund! Jetzt sagt Christus: Lazarus ist gestorben, und ich bin froh, dass ich nicht dabei gewesen bin, euretwegen, damit ihr stärker glauben werdet. – Wenn das so ist, sagt Thomas, der spürt, dass es etwas Besonderes mit dem Tod auf sich hat, dann wollen wir mitgehen und mit sterben. – Nun machen sie sich auf den Weg, und bevor sie in Bethanien ankommen, erfährt Martha davon und geht ihm entgegen. Sie kommt zu ihm und sagt: Herr, wärest du hier gewesen, wäre mein Bruder nicht gestorben. Sie merkt plötzlich, dass das wie ein Vorwurf klingt – vielleicht ist es ja auch tief im Innern ein Vorwurf –, und sagt: Aber ich weiß, dasjenige, was du von Gott erbittest, wird er dir auch geben. – Da ist die leise Hoffnung, dass er vielleicht doch jetzt, auch wenn Lazarus gestorben ist, irgendwie darum bitten könnte, dass er wieder zum Leben erwacht. Und Christus antwortet: Er wird auferstehen. – Ja, das weiß ich, sagt Martha. Sie kennt sich in der jüdischen Tradition aus, sie weiß, dass die Verstorbenen am Ende der Zeiten auferstehen werden. Das meinte aber Christus nicht, und er sagt: Ich bin die Auferstehung und das Leben. Glaubst du das? – Jetzt erwacht Martha für die Wesenheit Christi und sagt: Ja, ich glaube, ich weiß, dass du der Sohn Gottes bist, der Christus. – Sie eilt zurück und geht zu Maria, die zu Hause geblieben ist, ganz vertieft in den Schmerz über den Verlust des Bruders. Es sind auch viele Freunde und Bekannte aus der Stadt Jerusalem da, um mitzutrauern. Martha geht also heim zu Maria und sagt: Der Herr ist da und ruft nach dir. Das hat er zwar nicht ausdrücklich gesagt, aber sie empfindet: Wenn Maria jetzt dort dem Herrn begegnen würde, dann würde das ihrer Situation helfen, sie könnte besser ergreifen und verstehen, auf was es jetzt ankommt. Maria eilt also zu Christus, wirft sich ihm zu

Füßen und sagt: Wärest du hier gewesen, wäre mein Bruder nicht gestorben. – Und das ist jetzt nicht mehr in der Verklärtheit des Verstandes gesagt wie bei Martha, sondern das ist mit der vollen Leidenschaft eines mitfühlenden Herzens, eines trauernden Herzens gesagt. Sie wirft sich ihm zu Füßen und klagt an: Wärest du hier gewesen, wäre mein Bruder nicht gestorben. – Jetzt wird gesagt: Da ergrimmte Jesus im Geiste. Er ist erschüttert von diesem Ausbruch, von diesem Zeugnis des Schmerzes. Die Freunde und Bekannten sind Maria gefolgt in der Annahme, dass sie zum Grab gehen würde, um sich dort auszuweinen, und auch sie sind tief gezeichnet durch den Schmerz über den Tod des Lazarus, des Freundes. Christus nimmt das wahr und «ergrimmt» im Geiste. Jetzt spricht er nicht mit Maria, sondern sagt nur: Führt mich hin zum Grabe. – Er geht hin, nimmt diese tief trauernde Gemeinde wahr, und jetzt wird gesagt: *Und Jesu gingen die Augen über*. Es heißt nicht ausdrücklich, dass er jetzt Mitgefühl empfinde, den Schmerz der Trauernden mitleide, aber die Tränen fließen. Er schreitet zum Grab. Beim Grab angekommen, sagt er: Nehmt den Stein weg! – Martha, die eben eine sehr Verständige, Vernünftige ist, wendet ein: Aber Herr, er ist schon vier Tage gestorben und stinkt bereits. – Habe ich dir nicht gesagt, sagt Christus, dass, wenn du glaubst, jetzt die Kraft Gottes sich offenbaren wird? – Der Stein wird weggeschoben, und nun ruft Christus laut die Worte: Lazarus, hier heraus, heraus! – Diese Worte dringen durch das Ohr des Verstorbenen, und er steht auf, an den Armen und Händen und den Füßen und auch am Kopf mit Binden umwickelt, und tritt zurück ins Leben.

Dieser Moment ist aber auch der Moment, der über das Schicksal des Jesus Christus entscheidet, indem die

Hohenpriester jetzt endgültig beschließen, dass dieser für das Volk sterben solle. Es geschieht dies im mittleren Kapitel des Johannes-Evangeliums, wo in der ganzen Erzählung des Evangeliums am fassbarsten ist, daß Gott Mensch wird, indem ihm die Tränen über das Gesicht herunterfließen.

Jetzt können wir uns daran erinnern, wie Rudolf Steiner das volle Mitfühlen-Können, in dem man sich in ein anderes Wesen verwandelt, charakterisierte, als er nämlich sagte, dies sei das Menschlichste am Menschen und man könne sich dadurch voll zum Erleben bringen, was es heißt, *Mensch zu sein*. Hier, in dem Augenblick, da das Schicksal des Christus besiegelt wird, nach dem er nicht mehr nach außen, sondern nur im Inneren durch sein Wort wirken kann und durch die Jünger, nach dem er keine Heilungen mehr durchführt – es ist das letzte Zeichen, die letzte Tat, die er vollbringt, bevor sein eigener Tod geschieht –, hier in diesem Augenblick sehen wir das Bild des weinenden, mitfühlenden Christus.

Käte Hamburger bemerkt zu der Tatsache, dass im ganzen Neuen und Alten Testament Mitleid im Zusammenhang mit Barmherzigkeit ausdrücklich nur in der Samariter-Geschichte erwähnt wird: Ja, das ist auch eigentlich gar nicht verwunderlich, denn Mitleid hat nie zu den Attributen, zu den Eigenschaften der Gottheit gezählt, sehr wohl aber die Barmherzigkeit. – Das ist auch nicht falsch. Was wir aber im elften Kapitel des Johannes-Evangeliums haben, ist nicht Gott als Gott, sondern Gott *als Mensch*. Und der *Mensch* empfindet *mit* dem anderen.

Als beim Ausbruch des Ersten Weltkrieges Rudolf Steiner Rat gegeben hat, wie man sich stärken kann, dem anderen zu helfen – er hat praktische Vorträge darüber gegeben, wie man einen Verwundeten verbindet –, hat er seinen Zuhörern einen kleinen Spruch mitgeteilt, in dem von den Schmerzen des anderen gesprochen wird und von dem Mitempfinden der Schmerzen des anderen. Er sagt dazu: «Dass es so sein kann, dass die Menschheit allmählich dazu kommen kann, dass der Schmerz, der in dem andern lebt, uns nicht selber meidet, sondern in uns fortwebt, dazu ist Christi Blut auf Golgatha geflossen. Darum suchen wir auch die Gesinnung, die hiermit angedeutet ist, gerade in diesen Zeiten in unseren Seelen zu verstärken.» Es ist am 1. September 1914, dass er diese Worte spricht. «Das kann geschehen mit Worten wie diesen, die man ganz wie zu sich selber spricht, möglichst oft in den Gedanken, die uns verbinden mit dem Ernst dieser Zeit, indem man in der ersten Zeile sich an den Mitmenschen wendet. Die Worte lauten:

Solang du den Schmerz erfühlest,
Der mich meidet,
Ist Christus unerkannt
Im Weltenwesen wirkend.
Denn schwach nur bleibet der Geist,
Wenn er allein im eignen Leibe
Des Leidesfühlens mächtig ist.»

Was ist das, was in dem zarten Gefühl des Mitleids auflebt und den Geist stark werden lässt, indem dieses Gefühl immer stärker, immer mehr in die Selbständigkeit des Menschen hereingeholt wird? Nur dadurch, dass der Mensch dieses Mitleid immer stärker entwickelt, empfindet er das volle Gewicht dessen, was es heißt, ein Mensch zu sein. «Solang du den Schmerz erfühlest, der mich meidet, ist Christus unerkannt, im Weltenwesen wirkend. Denn schwach nur bleibet der Geist, wenn er allein im eignen Leibe des Leidesfühlens mächtig ist.»

Ich möchte diesen Vortrag mit einigen wenigen Zeilen beenden, die Jens Bjørneboe aufgeschrieben hat, als er versuchte, einiges über sein eigenes Leben festzuhalten. Wir haben ja gehört, wie gerade in ihm, einem Menschen unseres Jahrhunderts, der Impuls lebte, das Mitgefühl nicht schwinden zu lassen, sondern umgekehrt es immer stärker zu pflegen und zu empfinden. Er schreibt, ziemlich am Ende seines Lebens, am Ende dieses von Tragik gezeichneten Lebens:

«Ich hatte die ganze Zeit ein intensives Gefühl, dass alles, sowohl Mensch wie Natur, durchdrungen, durchleuchtet ist von Geist, oder, wenn man will, von Gott. Wenn ich nur einen Baum sehe, überkommt mich dieses Gefühl. Ich fühlte einen seltsamen Frieden und eine Sinnfülle in allen Dingen. Die Welt besteht aus Geist. Und Pflanzen und Sonne und Gräser und Wolken, alles ist, wie der Mensch, in einer gesammelten, enormen geistigen Kraft aufgehoben, mitbewahrt, einer Kraft, die den gesamten Kosmos mit Sinn erfüllt. Und ich verstehe zum ersten Mal die ganze Tragweite der Worte: Nicht ein Spatz fällt zur Erde, ohne dass es der Wille Gottes ist. Diese Worte bedeuten etwas ganz anderes als den idiotischen Inhalt, den man ihnen unterlegt, um seine mitmenschliche Faulheit, seine Gefühllosigkeit und seinen Mangel an Hilfsbereitschaft zu entschuldigen: die Bürde des anderen zu tragen, wo es möglich ist. Ich war immer der Meinung, dass die wichtigste Eigenschaft eines Schriftstellers die Fähigkeit zum Mitleid ist, die Fähigkeit, die Leiden der anderen wie die eigenen zu fühlen. Und ich bin immer noch dieser Meinung: Das Wichtigste ist das Mitleid und dann die Umsetzung des Mitleids in Handlung.» –

Nicht nur für den Schriftsteller gilt das, glaube ich.
Das Wichtigste ist das Mitleid.

Das Mitleid, das uns unsere Menschheit fühlen lässt.
Mitleid, das zu Freiheit wird.

Das sind einige wenige Gesichtspunkte zu diesem großen Thema, die ich Ihnen heute Abend ans Herz legen wollte, Ihnen anheimstellend, sie weiter zu vertiefen.

Literatur

Käte Hamburger, *Das Mitleid.* Klett-Cotta, Stuttgart 1985.

Angelika Krogmann, *Simone Weil.* rororo monographien Bd. 166, Rowohlt Taschenbuch Verlag, Reinbek 1970.

Friedrich Nietzsche, *Morgenröte*, in: *Sämtliche Werke* in Einzelbänden. Kritische Studienausgabe, dtv, München 1988.

Rudolf Steiner, *Die Geheimwissenschaft im Umriss* (1910). Gesamtausgabe Bibl.-Nr. 13, Rudolf Steiner Verlag, Dornach 1989.

– Das Geheimnis der Wunde. Aufzeichnungen zum Samariterkurs, in *Beiträge zur Rudolf Steiner Gesamtausgabe* Nr. 108, Ostern 1992, Rudolf Steiner Verlag, Dornach 1992.

– *Wie erlangt man Erkenntnisse der höheren Welten?* (1904/1905). GA 9, Rudolf Steiner Verlag, Dornach 1993.

– *Okkultes Lesen und okkultes Hören.* Vier Vorträge, Dornach 3. bis 6. Oktober, in GA 156, Rudolf Steiner Verlag, Dornach 1987.

Fredrik Wandrup, *Jens Bjørneboe. Der Mann, der Mythos und die Kunst.* Aus dem Norwegischen von Lothar Schneider. Merlin Verlag, Gifkendorf 1990.

IX. September

Höflichkeit wird zu Herzenstakt

Erika von Arnim

Während wir hier sitzen und versuchen, uns gemeinsam in das Thema «Höflichkeit wird zu Herzenstakt» zu vertiefen, sind viele Menschen draußen in der freien Natur, schauen nach dem Himmel, schauen nach dem Mond, der gerade jetzt sichtbar wird und auf den bald die Erde ihren Schatten werfen wird. Rudolf Steiner beschreibt, dass bei einer Mondfinsternis aus dem geistigen Kosmos böse Gedanken, dämonische Gedanken herunterwirken und von Menschen, die in ihrem unteren Menschenwesen böse Gedanken wollen – er sagt ausdrücklich: wollen – wie magnetisch angezogen werden.[1] Das ist etwas sehr Besonderes. Wenn wir die heutige Zeitsituation anschauen, dann merken wir ja, wie das, was als «Neigungen zum Bösen»[2] in jedem einzelnen Menschen der Bewusstseinsseelenzeit vorhanden ist, sich immer stärker auch in bösen Taten auszuleben beginnt. Da wird eine Mondfinsternis das ihre dazu beitragen. Umso wichtiger ist es, dass Gruppen von Menschen während dieser Zeit zusammen sind und versuchen, so gut das eben geht, etwas zu gestalten, was den geistigen Raum auch wieder befreit.

Ich habe – und das ist wie eine Gnade in meiner Biographie – über vierzig Jahre lang in Lebensgemeinschaften gelebt, zusammen mit großen Gruppen von Menschen. – Nun habe ich in meinem Leben einige Generationen an mir vorüberziehen sehen; und ich konnte dabei etwas sehr Besonderes erleben. Ich durfte erleben, wie die Menschen, die mit Seelenpflege-bedürftigen Kindern, Jugendlichen und Erwachsenen arbeiten wollen, aus einer ganz besonderen Sehnsucht heraus kommen. Dass sie zu dieser Arbeit hinstreben, an Seminaren teilnehmen, am Gestalten der christlichen Jahresfeste mitwirken und an den Sonntagsfeiern – das ist sicher etwas, was sie aus der geistigen Welt mitgebracht haben. Viele versuchen nun, diesen Impuls im Leben zu verwirklichen, Gutes zu tun für diese Menschen mit den meist vielfältigen Behinderungen.

Wenn man sich nun fragt, was sich in diesen Jahrzehnten bei den Menschen, die in solchen Lebensgemeinschaften gelebt haben und leben, verändert hat, dann merkt man, dass das Verlangen nach Formen, das Sich-Hingezogen-Fühlen zu bestimmten Umgangsformen schwächer und schwächer geworden ist. Immer wieder, besonders in den letzten fünf, zehn Jahren, wird die Frage laut: Müssen denn so strenge Formen sein? Ist das denn noch notwendig, kann das Zusammenleben nicht freier gestaltet werden? Aber in solchen Lebensgemeinschaften müssen Formen sein, sonst wäre die Arbeit in dieser Weise nicht möglich. Rudolf Steiner bringt das Problem auf den Punkt, wenn er sagt: Formen müssen entwickelt werden, aber sie müssen mit Leben erfüllt werden.[3] Er spricht davon, dass wir auf dem ganzen Weg, den wir zur sechsten Kulturepoche gehen, neue soziale Formen entwickeln müssen, die dann später weitergeführt und mit geistigen Inhalten neu gestaltet werden können.

Höflichkeit – damit haben besonders in den letzten Jahren die meisten jüngeren Menschen nicht mehr so viel im

Sinn. Höflichkeit umfasst ja auch ein sehr weites Gebiet, nicht nur, dass man «Bitte» und «Danke» und «Verzeihung» sagt, dass man jemandem die Türe aufhält oder grüßt. Man könnte die Reihe endlos fortführen und würde bemerken: All das wird weniger und weniger. Die jungen Menschen sprechen auch manchmal darüber: «So alte Zöpfe! Warum muss man das?» Bitten und danken möchte ich da ausschließen, das ist etwas, was die meisten Menschen noch nicht ganz vergessen haben. In der September-Nummer der Zeitschrift *Die Drei* ist bereits über das Thema «Höflichkeit wird zu Herzenstakt» geschrieben worden. Da wird in einer ganz außerordentlichen Weise geschildert, wie in der Nähe von Danzig ein Rabbi es sich zur Aufgabe gemacht hatte, wo immer er war, mit einem Gruß auf die Menschen zuzugehen und sie beim Namen zu nennen – ob Kinder, Jugendliche oder Alte. Einer von diesen war ein Volksdeutscher, und auch diesen pflegte er mit seinem Namen «Herr Müller» zu begrüßen. Als der Rabbi, wie so viele andere polnische Juden, im Konzentrationslager Auschwitz einer «Selektion» entgegensah, erkannte er in dem SS-Mann, der da über Leben und Tod entschied, eben diesen Herrn Müller und grüßte ihn bei seinem Namen. Da erklang unter der mit einem Totenkopf verzierten SS-Mütze eine menschliche Stimme: «Guten Morgen, Herr Rabbiner!» Und das Stöckchen wies in Richtung «Leben». Wenn der Rabbi später davon erzählte, sagte er: «Dies ist die Macht eines Guten-Morgen-Grußes. Der Mensch soll immer seinen Mitmenschen grüßen.»[4]

Für mich war diese Geschichte eine wunderbare Entdeckung. Denn auch wenn man in einer Gemeinschaft lebt, kann es einem immer wieder passieren: Die Menschen stehen zu zweit, zu dritt beieinander, im Gespräch oder sonstwie beschäftigt; man geht als älterer Mensch vorbei – mein Mann ist krank, oft gehe ich mit ihm spazieren, und wir gehen da langsam zu zweit auf dem Weg –, und keiner bemerkt einen, keiner sagt «Grüß Gott». Ich habe mir schon lange vorgenommen und praktiziere es auch, jeden zu grüßen, egal, wer es ist, Kinder, junge Menschen, Menschen mittleren Alters, Kranke in der Klinik, wen auch immer. Das schafft ein ganz besonderes Klima. Die Menschen erwarten ja gar nicht, dass man sie grüßt, wenn man sie doch gar nicht kennt. Und wenn es trotzdem geschieht, dann entsteht etwas wie Überraschung und Freude. – Dies also als Einleitung, die uns an das Thema «Höflichkeit» heranführen soll.

Was bedeutet Höflichkeit, oder auch «Takt» (man sagt ja auch: du bist taktlos, du bist unhöflich)? Was bedeutet es, das menschliche Miteinander in einer neuen Weise so zu gestalten, dass vielleicht nicht mehr die alten Rituale das Wichtigste sind, sondern Formen entstehen, die gar nicht bei allen Menschen oder Menschengruppen gleich sein müssen, aber aus der unmittelbaren menschlichen Begegnung entstehen? Vielleicht auch ein ganz unmittelbares menschliches Wahrnehmen und Aufeinander-Zugehen, das der Höflichkeit entspricht? Ich will einen großen Bogen schlagen, der eigentlich das Ergebnis vorwegnimmt und sagen: Wenn wir es fertig bringen, wo immer wir sind, in einer neuen Weise menschlich miteinander umzugehen, in einer neuen Weise unsere Beziehungen zueinander zu gestalten, uns als geistig-seelische Wesen zu erleben und zu erkennen, dass soziale Formen mit Leben erfüllt sein müssen – dann bekommt auch die Höflichkeit einen neuen Platz in unserem Leben.

Im *Pädagogischen Jugendkurs* kommt Rudolf Steiner

einmal auf ein Phänomen zu sprechen, wodurch sich der heutige Mensch so sehr von dem früherer Zeiten unterscheidet. Er schildert da zum Beispiel, wie noch im Mittelalter ein Mensch unmittelbar erkennen konnte, welche Stellung der andere einnahm, und zwar an seinem Gang, seinem ganzen äußeren Habitus. Wenn ein Schlosser, so sagt er, auf der Straße einem Ratsherrn begegnete, dann wußte er: Das ist ein Ratsherr! Denn er ging anders, trug den Kopf anders als andere. Wir merken, wie da noch Gruppenformen lebendig waren, in die der einzelne Mensch eingebunden war und die so etwas wie Hüllen bildeten. Und dann kommt etwas, was uns verstehen lässt, warum alle derartigen Formen so sehr im Schwinden begriffen sind. Rudolf Steiner sagt: «In unserer Zeit geht die Menschheit über von einem hüllenhaften Erleben des anderen Menschen zu einem wirklichen Erleben des Ich des anderen Menschen. Und das ist die Schwierigkeit des menschlichen Seelenlebens, dass wir uns in dieses ganz neue Verhältnis von Mensch zu Mensch hineinleben müssen.»[5] Wenn wir also neue Formen, neue Hüllen schaffen wollen, dann können wir sie nicht mehr auf äußere Gegebenheiten gründen, sondern allein auf das, was sich zwischen den Menschen ereignet, wenn ein Ich dem anderen unverstellt begegnet. Das ist gewiss keine leichte Aufgabe; denn die Bewusstseinsseelenentwicklung stellt eben ganz andere innere Anforderungen an den Menschen und ist, wie alles Neue, mit Unsicherheit und Angst verbunden. Daher mag auch verständlich werden, warum viele Menschen heute eine Aversion gegen alle Formen der Höflichkeit entwickeln oder sich in die Enge getrieben fühlen. Es hat daher auch gar keinen Sinn, sich darüber aufzuregen, dass so einfache Höflichkeitsgesten wie beispielsweise das Aufhalten der Tür oder das Handgeben bei der Begrüßung meistens nicht mehr eingehalten werden. Diese Gesten können sich wieder einstellen, dann aber nicht mehr aus einem äußeren Zwang, sondern als Ausdruck einer neuen, eben «hüllenlosen» Menschenbegegnung und des gegenseitigen Sich-Wahrnehmens. Ich denke, wenn wir wirklich bereit sind, uns in einer neuen Weise als seelisch-geistige Wesen gegenüber zu treten und die verschiedensten Schicksale mitzutragen, dann werden sich Formen finden lassen, die aus einem wirklichen Interesse von Mensch zu Mensch entstehen.

Die äußeren Formen waren ja durchaus nicht immer nur von Leben und Freundlichkeit bestimmt, sondern manchmal viel mehr von Routine und Konvention. Bettina von Arnim beipsielsweise stöhnte furchtbar unter dem Sittenkodex, in den sie hineingeraten war: «Ja, man muss dem Menschen Weisheit zumuten und sie ihm als den einfachen Weg der Natur vorschreiben, aber das Verleugnen eines großen mächtigen Weltsinnes in uns ist immer Folge unseres Sittenlebens mit anderen. Das hängt sich einem an, dass man keinen freien Atemzug mehr tun kann. Nicht groß denken, nicht groß fühlen – aus lauter Höflichkeit und Sittlichkeit.»[6] – Und Goethe in den *Wahlverwandtschaften*: «Es gibt kein äußeres Zeichen der Höflichkeit, das nicht einen tiefen sittlichen Grund hätte. Die rechte Erziehung wäre, welche dieses Zeichen und den Grund zugleich dafür lieferte.» Jean Paul nennt Höflichkeit auch «den Widerschein der Sittlichkeit».

Pestalozzi, der Erzieher, spricht nicht direkt von Höflichkeit, sondern von der heilenden Kraft der Liebe, von der – so könnten wir an Jean Paul anknüpfend sagen – die Höflichkeit der «Widerschein» ist: «Das Gefühl der Liebe gegen ihre Eltern rettet unendlich viele Kinder vor dem Bösen in der Stunde der Versuchung.» Damit berühren wir eine der brennendsten Fragen unserer Zeit. Erleben Kinder heute noch die Haltung der Eltern so, dass sie spüren können: Da begegnen sich zwei Menschen, und das ist etwas Besonderes, etwas Gutes; das kann ich nachahmend aufnehmen und in mein späteres Leben hineintragen?

Noch einige Worte von Menschen, die sich Gedanken über die Höflichkeit gemacht haben. Sybille Gräfin Schönfeldt schreibt: «Höflichkeit schafft Distanz und fördert gleichzeitig Freundschaft. Höflichkeit zeigt auch an, wie ich gerne möchte, dass mit mir umgegangen wird. Höflichkeit zeigt die Chance zur Freiheit und zur Individualität der Manieren, denn wie höflich ich bin, hängt von mir selber ab.» – Und Goethe zu Eckermann: «Es ist eine große Torheit zu verlangen, dass die Menschen zu uns harmonieren sollen. Ich habe es nie getan. Dadurch habe ich es dahin gebracht, mit jedem Menschen umgehen zu können. Und dadurch allein entsteht die Kenntnis menschlicher Charaktere sowie die nötige Gewandtheit im Leben. Denn gerade bei widerstrebenden Naturen muss man sich zusammennehmen, um mit ihnen durchzukommen.» – Das folgende Wort Goethes aus den *Wahlverwandtschaften* führt uns zum Herzenstakt: «Es gibt eine Höflichkeit des Herzens. Sie ist der Liebe verwandt, aus ihr entspringt die bequemste Höflichkeit des äußeren Betragens.»

Höflichkeit und Herzenstakt sind so eng verwandt, dass man auch sagen könnte: Herzenstakt wird zu Höflichkeit. Wie aber komme ich zu diesem Herzenstakt? Offenbar hängt er zusammen mit Menschenerkenntnis. Im oben bereits genannten *Pädagogischen Jugendkurs* sagt Rudolf Steiner: «Mir kommen heute viele Anweisungen über das Erziehungswesen gar nicht anders vor als der Inhalt des – horribile dictu – einstmals berühmten ‹Knigge›, der auch Anweisungen gegeben hat, wie man dem erwachsenen Menschen gegenübertreten soll, und wie die Bücher über den ‹guten Ton›. Daher ist dasjenige, was ich selbst über Erziehung gesprochen und geschrieben habe, und alles, was mit dem praktischen Versuch in der Waldorfschule zusammenhängt, nur darauf berechnet, möglichst viel über Charakteristik des Menschen zu sagen, den Menschen kennenzulernen, aber nicht Anweisungen zu geben: Dies sollst du so machen, das sollst du so machen. – Menschenerkenntnis, das ist es, was man eigentlich anstreben sollte, und das übrige – wenn ich mich eines religiösen Ausdrucks bedienen darf – Gott überlassen.»[7] Wir müssen den anderen Menschen neu erleben, zugleich aber auch Selbsterkenntnis üben. Diese können wir nicht bekommen, wenn wir in uns hineinbrüten, sondern dadurch dass wir in die Umwelt wie in einen Spiegel schauen, der uns Bilder unserer selbst zurückspiegelt. Erst aus dieser Menschenerkenntnis und Selbsterkenntnis können wir ein neues soziales Zusammenleben aufbauen.

Nun möchte ich Sie auf eine gerade für dieses Thema ganz zentrale Darstellung Rudolf Steiners hinweisen. Im vierten und noch mehr im fünften Vortrag der *Geschichtlichen Symptomatologie*[8] beschreibt Rudolf Steiner wesentliche Elemente künftiger Menschenbegegnungen, die bereits jetzt vorbereitet werden müssen. Im Mittelpunkt steht als wesentlicher Impuls für das Zeitalter der Bewusstseinsseele «das Wachsen des Interesses von Mensch zu Mensch» – unabhängig davon, ob man einen Menschen sympathisch oder antipathisch findet. Gerade die Fehler eines anderen Menschen, das, womit man sich schwertut, können Anlass werden, sich liebevoll in den

Anderen zu vertiefen und sein Wesen, sein Schicksal mit einer gewissen Positivität in sich aufzunehmen. Dazu muss man natürlich innerlich lebendig und in Bewegung bleiben. In dem Augenblick, wo eine Stagnation eintritt, richten sich Mauern zwischen Menschen auf. Zur Bewusstseinsseelenentwicklung gehört eben auch anzuerkennen, dass in jeden von uns die bösen Neigungen «hineinträufeln» – das ist der Ausdruck Rudolf Steiners. Was wir daraus machen, ob dann tatsächlich bei dem oder jenem auch böse Handlungen hervorgehen, das ist noch einmal eine andere Frage und hat mit den bösen Neigungen nicht unmittelbar zu tun. Wichtig ist jedoch, dass wir davon wissen und auch wissen, wie es möglich ist, ein Gegengewicht zu diesen bösen Neigungen zu bilden und es immer mehr in die Wirklichkeit umzusetzen. Indem Rudolf Steiner nun schildert, wie sich die Menschenbegegnungen in der Zukunft gestalten werden, gibt er uns zugleich Hinweise darauf, was wir bereits in der Gegenwart tun können, um diese Zukunft vorzubereiten.

Das erste ist, dass wir den Menschen in seiner Bildnatur erfassen lernen, als trinitarisches Wesen. Dabei denke ich natürlich sogleich an die Gestalt des Menschheitsrepräsentanten zwischen Luzifer und Ahriman. Indem die Neigungen zum Bösen in unserer Zeit jedem Menschen eingepflanzt sind, wirken in uns die beiden Widersachermächte Luzifer und Ahriman. Mit ihnen haben wir alle zu tun, jeder in verschiedener Weise. Und auch im gegenseitigen Sich-Wahrnehmen müssen wir damit rechnen und mit Offenheit, Toleranz und einer großen Positivität dieses Wirken beim anderen anerkennen – nicht verurteilend, aber auch nicht urteilslos, wenn ein Urteil nötig ist, jedoch so, dass die Würde des Anderen nicht angegriffen wird, sondern die Fehler im sozialen Bereich an ihren richtigen Platz gestellt werden, wo sie hingehören, wo sie auch korrigiert werden können. – Eine ganz besondere Hilfe dabei, den Menschen in seiner Bildnatur zu erkennen und überhaupt zu einer neuen Menschenerkenntnis zu gelangen, ist das Künstlerische. Wenn wir uns mit Künstlerischem befassen, wenn wir Künstlerisches wahrnehmen, anschauen und uns künstlerisch betätigen, entsteht die innere Wachstumsmöglichkeit, die wir brauchen, damit diese Bilder beweglich bleiben. Dann kann durch das Bild hindurch allmählich das geistige Urbild des Menschen erahnt werden: «Durchsichtig gewissermaßen wird gegen die Zukunft hin der Mensch dem Menschen werden. Wie das Haupt geformt ist, wie der Mensch geht, wird mit anderem innerem Anteil und mit anderem innerem Interesse geschaut werden, als es heute noch in den menschlichen Neigungen liegt.» Wenn man dann in dieser Weise alle Äußerungen des Menschen, der uns entgegentritt, als Bild dessen erfasst, was er als ewiger, übersinnlich-geistiger Mensch ist, dann tritt ein bestimmtes Erlebnis ein; dann wird der Andere einen nämlich mit innerer Wärme oder innerer Kälte erfüllen, je nachdem, wie er innerlich geartet ist.

Das Zweite, was sich in Zukunft in der Menschenbegegnung einstellen wird, betrifft die Beziehung zur dritten Hierarchie, zu den Reichen der Engel, Erzengel und Archai. Da spielt die geistige Welt in unser Leben herein und macht uns darauf aufmerksam, dass wir geistig-seelischen Ursprungs sind und uns geistig-seelisch betätigen können. Eine ganz besondere Rolle spielt hier die Sprache, die Sprache als Gebärde, so dass wahrnehmbar wird, aus welcher Region der Menschenseele die Worte entspringen. Durch die Sprache durchsehen, durch die Sprache hindurch die Seele des Menschen hören – so nennt

Rudolf Steiner diese neue Qualität im Erleben des anderen Menschen. Wenn das gelingt, dann stellt sich allmählich ein eigentümliches Farbengefühl ein, «und in diesem Farbengefühl der Sprache werden sich die Menschen international verstehen lernen. Der eine Laut wird ganz selbstverständlich dieselbe Empfindung hervorrufen wie der Anblick der blauen Farbe oder einer blauen Fläche, der andere Laut wird dieselbe Empfindung hervorrufen wie der Anblick einer roten Farbe.» Was so «auf den Flügeln der Laute von Menschenmund zu Menschenohr tönt», wird alle Sprachgrenzen überwinden.

Das Dritte, was sich in der Zukunft entwickeln wird, wenn wir mit anderen Menschen zusammen sind, besteht darin, dass wir die Gefühle, die im Anderen leben, unmittelbar in unserem eigenen Atem erleben, und zwar so, dass wir entweder schneller oder langsamer atmen, je nachdem, wie die Gefühle des Anderen konfiguriert sind.

Und das Vierte schließlich – und das wird nun wirklich erst in einer sehr fernen Zukunft erreicht werden – ist, dass die Menschen, die «wollend einer Menschengemeinschaft angehören … einander verdauen müssen». Das wird so ähnlich sein, wie wir heute eine Mahlzeit verdauen, nur mehr innerlich-seelisch.

In dieser vierfachen Weise also werden die Menschen einander als Ich kennen lernen. Und wir können uns leicht vorstellen, dass dadurch auch das Zusammenleben eine neue Gestalt annehmen wird. Die Formen der «Höflichkeit», die bisher mehr aus Traditionen und Konventionen gespeist waren und die gerade deshalb am Zerfallen sind, können dann neu aus den Herzkräften, dem «Herzenstakt» in einer wahrhaften Weise gebildet werden. Wir sehen, wie Höflichkeit und Herzenstakt wirklich zusammen gehören.

Das alles ist aber nicht möglich, wenn mit der Erkenntnis des anderen Menschen nicht zugleich Selbsterkenntnis einhergeht. Rudolf Steiner beschreibt als eine wichtige Übung die Rückschau auf das eigene Leben, nun aber nicht in der Weise, dass man jedes einzelne Jahr in den Blick fasst und schaut, was einem da alles begegnet ist, was gut war und was schlecht, sondern dass man aus einer gewissen Distanz auf die Menschenbegegnungen schaut, die man gehabt hat, und sich fragt: Was haben diese Menschen in meinem Leben bewirkt? – wiederum nicht unter dem Gesichtspunkt des Guten oder Schlechten oder Furchtbaren, sondern ganz objektiv. Wenn wir so auf unsere Biographie schauen, als sei es die Biographie eines Anderen, dann entfernen wir uns von unserer Selbstbezogenheit und unseren egoistischen Gefühlen und Taten und erleben uns selbst in unserer Bildnatur, schauen hindurch auf den höheren Menschen in uns, der das alles gerade so gewirkt hat. Dann können auch die Menschenbegegnungen und das soziale Beisammensein gut werden, gut im Sinne des Grundsteinspruches der Anthroposophischen Gesellschaft: «Dass gut werde, was wir aus Herzen gründen, aus Häuptern zielvoll führen wollen.»

Auf eines noch möchte ich hinweisen, was für unseren Zusammenhang eine ganz große Bedeutung hat: auf die sogenannten sechs Nebenübungen und den achtgliedrigen Pfad.[9] Die sechs Nebenübungen scheinen so leicht zu sein, und doch ist es so schwer, immer wieder und mit Konsequenz, Tag für Tag an sie heranzugehen. Sie haben ja ihr Organ in der Herzgegend und müssen als ein Ganzes gesehen werden. Rudolf Steiner betont, dass es keinen Wert habe, die eine oder andere auszulassen; sie müssten eine nach der anderen gemacht werden. Da sind, wie Sie wissen, zuerst die Gedankenkontrolle, dann die Willensübung, dann die Übung, die darin besteht, inneren Gleichmut gegenüber den Schwankungen von Lust und Leid, Freude und Trauer herzustellen. Der Gleichmut wirkt schon stark in den sozialen Bereich hinein; denn wenn ich ihn im täglichen Leben wirklich erreiche, strahlt er in den Umkreis hinein und kann in der Menschenbegegnung hilfreich und heilend wirken. – Dann kommt die Positivität, die Fähigkeit, in allem Schlechten, das uns begegnet, ein Körnchen Gutes, in allem Hässlichen etwas Schönes zu finden. Auch das wirkt im sozialen Miteinander fördernd, denn jeder Mensch empfindet es als einen Ansporn, wenn das Gute in ihm, das vielleicht unter einem Berg von Scheußlichkeiten vergraben liegt, erkannt wird. – Dann die Unbefangenheit, das Zurückhalten des eigenen raschen Urteils, so dass man offen bleibt für Möglichkeiten, die sich nicht so schnell anbieten, und immer wieder prüft und untersucht, bis man weiß: So ist es. Wie segensreich kann diese Offenheit gerade in der Zusammenarbeit mit anderen Menschen sein! Denn allzu leicht neigen wir dazu, uns vom Anderen bestimmte Vorstellungen zu machen und dann starr an ihnen festzuhalten: Ja, der ist halt so, da ist nichts zu machen. Ganz anders die Haltung, ihn werden zu lassen, abzuwarten, sich selbst zu fragen: Was kann ich dazu beitragen, dass etwas Neues in ihm entsteht, ohne ihn belehren zu wollen, sondern einfach durch mein So-Sein, durch mein innerliches Mittragen? Dann können neue Möglichkeiten in ihm entstehen und das menschliche Miteinander befruchten. – Dann die abschließende Übung, das Erringen inneren Gleichgewichts, das alle anderen Übungen zusammenfasst. Dieses Gleichgewicht hilft ungeheuer viel in einem sozialen Organismus, ob es die Familie ist oder eine Menschengruppe, mit der wir es zu tun haben. Es strömt aus in den Umkreis und wirkt wohltuend auf das soziale Klima.

Die Übungen für die Tage der Woche haben ihr Organ in der Kehlkopfgegend. Rudolf Steiner sagt von ihnen, dass man durch sie die richtige Selbsterkenntnis erreicht. Ich will sie kurz darstellen und versuchen zu zeigen, wie sie mit unserem Thema zusammenhängen.

Samstag – «die richtige Meinung». Das bedeutet, dass ich nur Bedeutsames denke und allmählich das Wesentliche vom Unwesentlichen zu unterscheiden lerne. Ferner: «Beim Zuhören der Reden der Mitmenschen versuchen, ganz still zu werden in seinem Innern und auf alle Zustimmung, namentlich alles abfällige Urteilen (Kritisieren, Ablehnen), auch in Gedanken und Gefühlen zu verzichten.» Wie oft fallen wir dem Anderen ins Wort, lassen ihn gar nicht aussprechen – sind also absolut unhöflich –, weil uns selbst etwas dazu eingefallen ist, das wir loswerden möchten; oder wir hören ihm gar nicht mehr recht zu, weil wir schon vorher zu wissen glauben, was er sagen will, oder von vornherein uns ablehnend verhalten.

Sonntag – «das richtige Urteil». Das heißt urteilen jenseits von Sympathie und Antipathie; und auch, an einem einmal gefassten Entschluss in innerer Standhaftigkeit festhalten.

Montag – «das richtige Wort». Gerade diese Montagsübung durchzutragen und durchzugestalten ist für das Zusammenleben besonders wichtig. Auf der einen Seite bedeutet sie, dass man nur das ausspricht, was Sinn und Bedeutung hat, dass man also nicht etwa schweigt, wenn es notwendig ist zu sprechen und man wirklich etwas zu sagen hat, dabei aber das richtige Wort zu finden sucht; auf der anderen Seite leitet sie uns dazu an, auch das Schweigen zu lernen, verbunden mit einem ruhigen Zuhören. Wenn man diese Übung des richtigen Wortes wirklich in diesem Sinne praktiziert, trägt sie dazu bei, dass sich neue Höflichkeitsformen bilden können, die dann zu einem Ausdruck von Herzenstakt werden.

Dienstag – «die richtige Tat». Die äußeren Handlungen «sollen nicht störend sein für unsere Mitmenschen». Hier muss ich, glaube ich, den Zusammenhang mit der neuen Höflichkeit nicht weiter ausführen.

Mittwoch – «der richtige Standpunkt». Das bedeutet, dass wir unser Leben weder in Unruhe und Hast noch in Trägheit hinbringen. Wenn wir unruhig und hastig sind und die innere Ruhe für unsere Handlungen und für das, was vor uns liegt, nicht finden, dann bauen wir nur Hindernisse auf für das, was im Zwischenmenschlichen entstehen will.

Donnerstag – «Alle vorangegangenen Übungen zur Gewohnheit werden lassen». Das heißt, alles tun, was mit unseren Pflichten zusammenhängt und was unseren Mitmenschen helfen kann. Mit anderen Worten: Wenn man die vorangegangenen Übungen beharrlich ausführt, tut man nicht nur etwas für sich selbst, sondern etwas, das in das soziale Feld, in dem man steht, segensreich hineinwirkt.

Freitag – «das richtige Gedächtnis». Es ist das «Streben, möglichst viel vom Leben zu lernen», das, was einem begegnet, von Kindern, von erwachsenen Menschen, aus dem Umkreis aufzunehmen und daraus zu lernen. Und das «richtige Gedächtnis» bedeutet dann, «sich erinnern an das Gelernte, an die gemachten Erfahrungen».

Als Zusammenfassung am Schluss der Übungsreihe steht dann «die richtige Beschaulichkeit», das heißt, dass man immer wieder Blicke in sein Inneres tut, mit sich zu Rate geht, seine Lebensgrundsätze prüft und so weiter.

Allen Übungen ist gemeinsam, dass sie nicht nur auf die eigene Vervollkommnung zielen, sondern allgemein menschlich, menschheitlich wirksam sind. Von Rudolf Steiner wissen wir, dass gerade die Übungen des achtgliedrigen Pfades die sind, die so vervollkommnet werden müssen im Laufe der menschheitlichen Entwicklung, dass der Maitreya Buddha, wenn er in ferner Zukunft seine Wirksamkeit beginnt und durch das Wort das Gute schafft, genügend Menschen und Menschengruppen findet, die den achtgliedrigen Pfad, der in der Kehlkopfgegend sein geistiges Organ hat, wirklich gegangen sind und ihn in ihr Wesen aufgenommen haben. Erst dann ist die Zeit des Maitreya Buddha gekommen. Wir alle, die wir hier sitzen, und viele andere Menschen stehen damit vor einer ganz großen menschheitlichen Pflicht und Aufgabe.

Anlässlich seines fünfzigjährigen Jubiläums hat der Verlag Freies Geistesleben auf der Grußkarte zum Jahreswechsel ein Wort Rudolf Steiners angeführt, in dem er von drei *Ur-Tugenden* spricht: dem Dankbarkeitswillen, den Liebewillen und dem Pflichtwillen.[10] Da habe ich beim Lesen ganz stark empfunden, wie der Dankbarkeitswillen mit unserem Thema zusammenhängt, dass nämlich die Höflichkeit zu Herzenstakt führen soll, so dass beide zusammenfallen. Denn gerade im Dankbarkeitswillen kann man etwas von dem erleben, was ich versuchte, mehr aphoristisch darzustellen: aus der Dankbarkeit anderen Menschen gegenüber mit neuen Höflichkeitsformen etwas zu gestalten, was schicksalhaft ist, was das Karma in die Zukunft trägt und das gewordene Karma in neues Karma verwandelt, das gut werden kann.

Der Liebewillen – das ist eindeutig – entspringt den Herzenskräften. Und im Pflichtwillen ist das enthalten, was wir aus der Geisteswissenschaft Rudolf Steiners kennen: die notwendige soziale Gestaltung des menschlichen Miteinanders als Pflicht so anzunehmen, dass wir aus unserer Freiheit heraus tun, was für den Menschheitsfortschritt hilfreich ist. Die Widersachermächte sind stark am Werk. Und so wird es darum gehen, dass genügend Menschen das Zwischenmenschliche so gestalten, dass dem Kampf aller gegen alle, der hier und dort bereits begonnen hat, etwas Heilendes entgegengesetzt werden kann.

Ich möchte zum Schluss noch zwei Dinge sagen. Das eine ist: Vielerorts in den Camphill-Einrichtungen – nicht mehr überall – versuchen wir das Soziale Hauptgesetz zu praktizieren. In den vielen Jahren, ja Jahrzehnten, in denen ich damit lebte, empfand ich ganz deutlich, wie da etwas von der neuen Höflichkeit, die dem Aufeinander-Zugehen, dem gegenseitigen Sich-Wahrnehmen entspringt, zur Notwendigkeit geworden ist. Dieses Gesetz lautet: «Das Heil einer Gesamtheit von zusammenarbeitenden Menschen ist um so größer, je weniger der einzelne die Erträgnisse seiner Leistungen für sich beansprucht, das heißt, je mehr er von diesen Erträgnissen an seine Mitarbeiter abgibt, und je mehr seine eigenen Bedürfnisse nicht aus seinen Leistungen, sondern aus den Leistungen der anderen befriedigt werden.»[11] Ein ganz kurzes Beispiel, aus dem eigenen Erleben: In Deutschland hat man Gehälter, auch in unseren Zusammenhängen. Wenn man diese nun zusammenfließen lässt und in einer Gruppe von Menschen so damit umgeht, dass die Bedürfnisse des Einzelnen wahrgenommen und befriedigt werden, ist auch das eine Form für neue Höflichkeitsübungen. Man muss in diesen Prozessen dauernd wahrnehmen, was geht und was nicht geht. Das ist etwas sehr Schönes, und ich möchte diese Erfahrung meines Lebens nie missen wollen. Die Formen werden sich sicher wandeln müssen, aber das Grundprinzip – wahrzunehmen, was der Andere braucht, und sich danach zu richten – ist etwas ganz Wesentliches für die menschliche Entwicklung in die Zukunft.

Das Andere, worauf ich zum Schluss noch hinweisen möchte, ist eine Stelle aus Rudolf Steiners Vorträgen über das *Lukas-Evangelium*.[12] Rudolf Steiner greift da ein Wort auf, das sowohl im Lukas- als auch im Matthäus-Evangelium vorkommt, und übersetzt es so, dass der wahre Sinn zutage tritt: «Aus dem Überfließen des Herzens heraus spricht der Mund.» Und er sagt, dass sich in diesen Worten eines der höchsten christlichen Ideale ausspricht. «In den mannigfaltigsten Variationen sagt der Christus, wie das Ich überschäumen soll, wie aus dem Überfluss des Ich heraus, aus einem Gefühl, das aus sich herauskann, in der Welt gewirkt werden soll.» Wenn wir das begreifen und wenigstens anfänglich zu verwirklichen suchen – bei Mutter Teresa, die gerade über die Schwelle ging, waren diese Herzenskräfte sicher schon überschäumend –, dann kann das, was wir sprechen und tun, in neuer Weise menschheitlich wirksam werden. Es geht ja nicht darum, dass wir selbst besonders großartig werden, sondern darum, dass wir menschheitlich helfen und heilen lernen, in aller inneren Demut und Ehrfurcht. In der Fußwaschung hat uns Christus selbst ein Vorbild dafür gegeben. Diese Stimmung der Fußwaschung kann uns helfen, im gegenseitigen Wahrnehmen und im Miteinander die alten Formen der Höflichkeit zu erhalten, aber so, dass sie alles Konventionellen entkleidet und mit neuem Leben erfüllt werden, mit einem Leben, das aus der Liebe von Mensch zu Mensch «überfließt». Dann können wir auch im sozialen Leben etwas miteinander gestalten, was in die Zukunft führt und dem Dämonischen, das auf uns zukommt, ein Heilendes entgegensetzt. Denn so ist die Entwicklung veranlagt.

Anmerkungen

1 Rudolf Steiner, Vortrag vom 25. Juni 1922; in: *Menschenfragen und Weltenantworten*, GA 213, Rudolf Steiner Verlag, Dornach [2]1987.

2 Rudolf Steiner, Vortrag vom 26. Oktober 1918; in: *Geschichtliche Symptomatologie*, GA 185, Rudolf Steiner Verlag Dornach [3]1982.

3 Rudolf Steiner, Vortrag vom 11. November 1904; in: *Die Tempellegende und die Goldene Legende*, GA 93, Rudolf Steiner Verlag, Dornach [3]1991.

4 Jean-Claude Lin, Höflichkeit wird zu Herzenstakt. Wandlungskräfte der Seele IX; in *Die Drei*, Zeitschrift für Anthroposophie in Wissenschaft, Kunst und sozialem Leben, 9/1997, S. 885f. – Die Erzählung vom Rabbi ist entnommen dem Band *Träume vom Überleben. Chassidische Geschichten aus dem 20. Jahrhundert*, von Yaffa Eliach, Herder Spectrum, Freiburg 1997.

5 Rudolf Steiner, Vortrag vom 14. Oktober 1922; in: *Geistige Wirkenskräfte im Zusammenleben von alter und junger Generation. Pädagogischer Jugendkurs*, GA 217, Rudolf Steiner Verlag, Dornach [6]1988.

6 Dieses wie auch die weiteren Zitate von Goethe, Jean Paul und Sybille Gräfin Schönfeldt sind wiedergegeben nach *Höflichkeit. Tugend oder schöner Schein,* herausgegeben von Ruthard Stäblein. Elster Verlag, Bühl-Moos 1993.

7 Siehe Anm. 5.

8 Siehe Anm. 2.

9 Beide Reihen von Übungen sind enthalten in dem Band *Anweisungen für eine esoterische Schulung*. Aus den Inhalten der «Esoterischen Schule». Sonderausgabe. Rudolf Steiner Verlag, Dornach.

10 «Nun gibt es drei Tugenden, die betrachtet werden müssen, auf der einen Seite in bezug auf die Entwickelung des Kindes, aber auf der anderen Seite auch im Zusammenhang mit dem ganzen sozialen Menschenleben. Es sind die drei Grundtugenden. Und diese drei Grundtugenden sind erstens dasjenige, was leben kann in dem Dankbarkeitswillen, zweitens dasjenige, was leben kann in dem Liebewillen, drittens dasjenige, was leben kann in dem Pflichtwillen. Im Grunde genommen sind diese drei Tugenden doch die Urtugenden des Menschen. Alle anderen liegen in gewisser Weise darin beschlossen.» Aus: Rudolf Steiner, Vortrag vom 20. April 1923 in: *Die pädagogische Praxis vom Gesichtspunkte geisteswissenschaftlicher Menschenerkenntnis*, GA 306, Dornach [4]1982.

11 Das Soziale Hauptgesetz wird entwickelt in *Geisteswissenschaft und soziale Frage*, einer Schrift aus dem Jahre 1905. – Einzelausgabe, Rudolf Steiner Verlag, Dornach 1989.

12 Rudolf Steiner, Vortrag vom 25. September 1909; in: *Das Lukas-Evangelium*, GA 114, Rudolf Steiner Verlag, Dornach [8]1985.

X. Oktober

Zufriedenheit wird zu Gelassenheit

Wolf-Ulrich Klünker

Weder Zufriedenheit noch Gelassenheit sind heute in aller Regel gegeben. Wir wollen heute abend versuchen, der Frage nachzugehen, wie Zufriedenheit und Gelassenheit *herzustellen* sind.

Dass Zufriedenheit und Gelassenheit heute nicht mehr gegeben sein können, das macht den Unterschied unserer Zeit am Ende dieses Jahrhunderts zu vorangegangenen Epochen der Menschheitsentwicklung aus. Zufriedenheit und Gelassenheit müssen heute erarbeitet werden. Wir wollen versuchen, uns darüber zu unterhalten, wie sie durch ein bestimmtes Verständnis des anthroposophischen Schulungsweges herzustellen sind. Ich glaube, dass gerade über den anthroposophischen Schulungsweg sich zu verständigen heute eng zusammenhängt mit dem Schicksal der Anthroposophie, und sich über geistige Entwicklung zu verständigen sehr viel zu tun hat mit dem Schicksal der Menschheit insgesamt. Ich würde fast behaupten, beide Schicksale, das der Menschheit und das der Anthroposophie, sind parallel zu sehen. Man könnte sagen: Anthroposophie und Menschheit haben sich bis zu einem bestimmten Punkt entwickelt; jetzt müssen wir diese Entwicklung selber in die Hand nehmen, selber in dieses Entwicklungselement hineinkommen. Deswegen scheint mir menschheitlich und auch geisteswissenschaftlich die Verständigung über den Schulungsweg unabdingbar.

Man kann meines Erachtens, wenn man in das Werk Rudolf Steiners und in die eigene Entwicklung Rudolf Steiners blickt, zwei entscheidende Schritte festmachen, die zeigen, dass dieser Schulungsweg als Lebenselement immer existenzieller wird, das Leben des Menschen immer mehr bestimmt. Und zwar spricht Rudolf Steiner im Jahre 1918 davon, dass mit oder ohne kontinuierliche geistige Übung ein geistiger Ruck durch den Menschen gehen kann – auch durch die Schulung, die die eigenen Existenznöte hervorbringen können, und zwar ein Ruck, der den Menschen ergreift durch unmittelbare Geistberührung, durch unmittelbares Bemühen um Verständnis. Ein Ruck des Stehens in geistiger Wirklichkeit durch geistige Tätigkeit, durch Denkbemühung, durch Erkenntnisbemühung. Dann, einige Jahre später, zur Vorbereitung der Weihnachtstagung, also 1923, und insbesondere auch in den Jahren 1924 und 1925, etwa in den *Anthroposophischen Leitsätzen* und in den sogenannten *Leitsatzbriefen* Rudolf Steiners, die unmittelbare existenzielle Bedeutung des Denkens, die unmittelbare existenzielle Bedeutung des Verständnisversuches. Ich will sagen: des Verständnisversuches, den ich jetzt vornehme; ich bemühe mich um Erkenntnis, und dadurch stehe ich plötzlich wie mit einem Ruck, auch ohne lange Schulung, in geistiger Wirklichkeit – vielleicht ohne es zu bemerken.

Das ist das Neue der anthroposophischen Entwicklung im Werk Rudolf Steiners in den letzten Jahren: Ich stehe durch die unmittelbare Erkenntnisbemühung, durch den Denkwillen – auch wenn er nur punktuell ist – unmittelbar in geistiger Wirklichkeit drin, vielleicht bemerke ich es nur nicht. Wir haben hier ein Gewahrwerden der unmittelbaren existenziellen Bedeutung des Denkens: Es kommt nicht an auf die Erkenntnishöhe, es kommt nicht an auf die Erkenntnistiefe, es kommt nicht an auf die Erkenntnisergebnisse, und deshalb braucht man auch in keiner Weise zu verzweifeln oder den Mut zu verlieren; es kommt darauf an, dass eine unbedingte Bemühung da ist um Erkenntnis, um das Finden von Wahrheit. Deshalb braucht man nicht an den Ergebnissen, an den eigenen Leistungen zu verzweifeln.

Ich glaube, nur aus dieser Erkenntnisbemühung kann bei ehrlicher Selbstbetrachtung so etwas wie Zufriedenheit oder Gelassenheit hervorgehen. Man *hat* sie nicht, man muss selber dahin kommen, sie herzustellen. Der existenzielle Weg dahin ist von Rudolf Steiner beschrieben worden in der Zeit, in der mit diesem Ruck gerechnet wird, der im Menschen geschieht durch die einfache Erkenntnisbemühung, wenn sie nur konsequent und ernst gemeint ist. Diese existenzielle Bedeutung des Denkens hat Rudolf Steiner, brennglasartig zusammengefasst und Ausblick gebend auf das Gesamtfeld, in den beiden ersten *Anthroposophischen Leitsätzen* dargestellt. Da heißt es:

Anthroposophie ist keine Sammlung von Inhalten, Anthroposophie ist keine Weltanschauung, Anthroposophie ist auch kein religiöses System, sondern Anthroposophie ist diese existenzielle Erkenntnisbemühung, ist ein *Erkenntnisweg*. Da kommt das Entscheidende, das eben dieses menschheitlich absolut Neue in den Mittelpunkt stellt und klar macht: die Existenzialbedeutung des Denkens. Sie ist das menschheitlich Neue. Der Übergang zum dritten Jahrtausend wird nur gelingen, für die Anthroposophie, aber auch für die Menschheit, wenn es gelingt, sich deutlich zu machen, dass das Denken und die Erkenntnisbemühung die Lebensgrundlage *werden müssen,* und zwar als Herzens- und Gefühlsbedürfnis. Erkenntnis nicht als geistiger Überbau, wenn es mir seelisch gut geht, sondern als Herzens- und Gefühlsbedürfnis – das ist der Maßstab! Befriedigung für ein Herzens- und Gefühlsbedürfnis muss aus dem Geist kommen.

Dann allerdings wendet sich dieses Kriterium im ersten *Anthroposophischen Leitsatz* auch an den Anthroposophen selbst; man kann sich selbst nicht distanzieren. Man kann nicht sagen: Mein Existenzbedürfnis wird nicht befriedigt, deshalb handelt es sich nicht um Anthroposophie. Dann tritt aber noch eine weitere Bedingung hinzu. Es genügt nicht, dass wir uns ein bisschen für die geistige Welt interessieren oder für geistesgeschichtliche Entwicklung oder die höheren Hierarchien, sondern: Anerkennen kann Anthroposophie nur derjenige, der diese Erkenntnisfragen stellen *muss!* Das ist die Existenzialbedeutung des Denkens, aus dem Gemüt heraus, als Herzens- und Gefühlsbedürfnis. Und: Nicht solche, die sich für die geistige Welt interessieren, sind Anthroposophen, sondern Anthroposophen können nur, so steht hier, Menschen sein, die gewisse Erkenntnisfragen so als Lebensnotwendigkeit empfinden wie Hunger und Durst. Haben Sie das schon bemerkt, dass Sie Erkenntnisfragen auf der Bedürfnis-, Gefühls- und Herzensebene und wie Hunger und Durst zu empfinden haben? Sonst sind Sie keine Anthroposophen.

Nun glaube ich, dass jeder – und das macht eben die neuere Entwicklung aus –, heute diese Frage hat; das Problem ist nur wieder: Bemerke ich sie auch? Es geht nur durch

Erkenntnisbemühung, durch unbedingte Erkenntnisbemühung; sowohl individuell als auch menschheitlich als auch inneranthroposophisch. Das bemerkt jeder im Dunkeln, Unbewussten der Seele. Nur realisiert er es auch im Bewusstsein? Denn Anthroposophie ist nicht nur ein Erkenntnisweg, Anthroposophie ist ja doch auch eine Ansammlung von Inhalten, sie hat eine Inhaltsseite. Erkenntnisse sind nicht nur Bemühungen, Erkenntnis-Denken hat mit Inhalt zu tun, kann sich nur am Inhalt vollziehen. Davon spricht der zweite *Anthroposophische Leitsatz.* Anthroposophie ist nicht nur ein Erkenntnisweg, sondern, so heißt es da, sie vermittelt Erkenntnisse.

Der erste Leitsatz: Erkenntnisweg, Schulungscharakter, Wegcharakter. Zweiter Leitsatz: Inhaltsseite; Anthroposophie vermittelt Erkenntnisse. Warum? Jetzt kommt wieder die existenzielle Situation. Anthroposophie tut das nur deshalb, weil – ich verkürze wieder etwas – das tägliche Leben und die Wissenschaft an eine Grenze des Lebensweges führen. Da haben Sie die unmittelbare Existenzialbedeutung von Erkenntnis, jetzt nicht nur individuell als Schulung, wie im ersten Leitsatz, sondern allgemein menschheitlich bestimmt. Diese Erkenntnisse sind notwendig, weil sonst die Seele sterben müsste, durch die Bedingungen des täglichen Lebens und auch durch die der Wissenschaft; denn wenn es im täglichen Leben nicht mehr klappt, dann ruft man bekanntlich nach der Wissenschaft. Das ist auf allen Lebensgebieten so: Wenn man in der Kindererziehung nicht mehr aus den mitgebrachten seelischen Fähigkeiten heraus zurecht kommt, dann muss man eben Kinderpsychologie studieren oder die Zeitschrift *Eltern* lesen oder *Die Erziehungskunst.* Wenn man nicht mehr zur Nahrung ein entsprechendes Verhältnis hat, dann muss man sich Marmeladengläser auf den Frühstückstisch stellen, auf denen die Brennwerte stehen. Das heißt: Überall da, wo das tägliche Leben an eine Grenze kommt, fragt man heute ganz selbstverständlich die Wissenschaft.

Rudolf Steiner sagt im zweiten Leitsatz: Das ist die Existenzialbedeutung der Erkenntnisbemühung, des Schulungsweges, der geistigen Orientierung, dass die Seele stirbt, wenn nicht die Erkenntnisbemühung um Wahrheit gegeben ist.

Es ist auch klar, warum man nicht mehr zufrieden oder gelassen sein kann angesichts dieser Situation. Lassen Sie uns trotzdem fragen: Wie wird man wieder zufrieden und gelassen? Vielleicht zunächst gar nicht bewusst, sondern eher im geistig Unbewussten der Seele. Denn das Geistige ist ja nicht *nicht da,* wir sind nur nicht schnell genug, nicht wach genug, nicht aufmerksam genug in aller Regel, um es zu bemerken. *Es ist da,* wir bemerken es nur nicht. Wie wacht man auf? Lassen Sie uns das mit drei Schritten versuchen zu klären:

Erster Schritt: Erkenntnis und Meditation, Denken und Meditation.

Zweiter Schritt: Welche Rolle spielen dabei Gefühl und Erinnerung? Man könnte auch mit den Worten Rudolf Steiners sagen: Erinnerung und Liebe?

Drittens wollen wir dann noch gemeinsam einige praktische Schritte versuchen. Denn wir müssen hier wirklich den Überbaubereich verlassen und uns fragen: Wie gehe ich praktisch damit um, dass meine Seele im täglichen Leben und in der Wendung an die Wissenschaft – auch an die Geisteswissenschaft, wenn sie nicht lebendig aufgenommen wird – in den Tod hineingeführt wird?

Da gilt es zunächst, das Verhältnis von Denken und Meditation, Erkenntnis und Meditation noch etwas zu variieren. Es gibt in dem Vortrag vom 15. November 1923 eine sehr interessante Formulierung Rudolf Steiners. Ich bitte Sie einfach, den Duktus und die Abhängigkeitsverhältnisse genauer mit ins Auge zu fassen, weil hier eine Denkgewohnheit umgedreht, auf den Kopf gestellt wird. – Was erleben Sie als tragisch? Ihre Lebenssituation oder dass Sie Erkenntnisgrenzen annehmen? Nehmen Sie für sich selbst Erkenntnisgrenzen an? Prüfen Sie das bitte einmal, jetzt und vielleicht auch heute abend und morgen. Rudolf Steiner sagt hier: Mit der Annahme von Erkenntnisgrenzen ist «etwas innerlich ungemein Tragisches verbunden, etwas Tragisches, das heute noch nicht zum Bewusstsein vieler Menschen kommt, das aber in unbestimmten Gefühlen, in allerlei unterbewussten Empfindungen in zahlreichen Menschenseelen spielt».

Verstehen Sie: Die Annahme, die persönliche Annahme von Erkenntnisgrenzen, ist nicht bewusst; sie wirkt im Unterbewussten der Seele, und zwar folgendermaßen: Sie macht die Seele «unsicher im Leben, oftmals unsicher und untüchtig im äußeren Handeln, im Verhältnis zu ihren Mitmenschen und so weiter».

Verstehen Sie den großen Unterschied? Nicht weil ich unsicher im Leben, weil ich untüchtig im äußeren Handeln, weil ich mich also unsicher und in gewisser Weise auch unfähig fühle, nehme ich Erkenntnisgrenzen an. Nicht weil ich seelisch begrenzt bin, nicht weil ich vielleicht zwischenmenschliche Schwierigkeiten habe, sozial nicht zurecht komme, nehme ich Erkenntnisgrenzen an; sondern der umgekehrte Kausalzusammenhang besteht: Weil ich ganz selbstverständlich von Erkenntnisgrenzen ausgehe, deshalb werde ich seelisch unsicher und sozial unfähig. Denn der Geist ist das eigentliche Lebenselement der Seele. Und wenn ich Erkenntnisgrenzen annehme, komme ich nicht an mein eigentliches, geistiges Wesen, komme ich nicht an mich selbst heran.

Rudolf Steiner sagt: Die Annahme von Erkenntnisgrenzen schneidet nicht nur von der übersinnlichen Welt ab, sondern es ist mit ihr noch etwas ganz Anderes verbunden. Wenn der Mensch allmählich fühlt, dass sein wahres Wesen, durch das er sich als Mensch in seinem Wert und seiner Würde auszeichnet, selbst im Geistigen liegt, also übersinnlicher Natur ist, liegt darin zugleich die Aufforderung, sich selbst-denkend um die Erkenntnis dieses wahren Wesens zu bemühen. Einen anderen Menschen für mich erkennen zu lassen – auch Rudolf Steiner – bedeutet nicht weniger eine Annahme von Erkenntnisgrenzen.

Wir können zu Selbstvertrauen und damit zu innerer Zufriedenheit heute nicht durch dasjenige kommen, was wir seelisch mitbringen, sondern nur durch das, was wir durch geistige Kraft seelisch aus uns machen. Ich zitiere jetzt wieder aus dem schon genannten Vortrag vom 15. November 1923: «Können wir uns nicht fühlen als angehörig einer geistigen Natur, können wir uns nicht fühlen als Wesen, welche die Kräfte, die Substanzen des Geistigen in sich aufnehmen und an sich tragen, dann können wir uns nicht als geistige Menschenwesen überhaupt anerkennen.» Erst dann – so können wir für unseren Zusammenhang hinzufügen –, wenn diese Anerkenntnis möglich wird, können wir *zufrieden* sein. Wenn das nicht gelingt, dann muss Selbstvertrauen fehlen, weil wir an unser Wertvollstes nicht herankommen, und wir müssen uns unzufrieden fühlen, weil wir nicht erkennen, wodurch wir eigentlich Menschen sind.

Die Annahme von Erkenntnisgrenzen destruiert die seelische Existenz, führt sie in eine Sphäre, in der von Zufriedenheit oder Gelassenheit in der Tat nicht die Rede sein kann. Wäre man angesichts dieser menschheitlichen Entwicklungssituation zufrieden oder gelassen, dann wäre das nur Ausdruck davon, dass man die Augen verschließt, sich selbst gegenüber Sandmännchen spielt. Sie erinnern sich an den zweiten *Anthroposophischen Leitsatz:* Da die Seele an die Grenze des Lebensweges, an den seelischen Tod herankommt, müssen Erkenntnisfragen gestellt werden im Sinne des ersten Leitsatzes, und zwar als Bedürfnis wie Hunger und Durst; auch Hunger und Durst sind als Bedürfnis Ausdruck eines Überlebenswillens. Die Erkenntnisfrage, das Verhältnis zum Denken, ist auch heute Ausdruck eines seelischen Überlebenswillens. Es geht längst nicht mehr um Glaubens-, Weltanschauungs- oder geistige Überbaufragen. Eine neue Beziehung zur Erkenntnis ist notwendig als Grundlage seelischer Existenz, nicht als Freizeittätigkeit der Seele, sondern als Fundamentierung. Die Erkenntnisgrenze macht seelisch unsicher im Leben.

Damit gewinnt man allerdings eine andere Beziehung zur Erkenntnis. Ich möchte Ihnen einige Aspekte dieser Beziehung und zwei Sprüche aus dem Werk des Angelus Silesius vorstellen. Wir wollen gewissermaßen in leicht meditativer Stimmung versuchen, uns dieses Erkenntniselement, das zum Lebenselement wird, vor Augen zu führen. Dann macht das Denken in der Tat eine Metamorphose durch. Angelus Silesius sagt – das schon ein Vorblick auf unseren zweiten Punkt, auf die Gefühlsbildung:

Lieb' üben hat viel Müh' – wir sollen nicht allein
Nur lieben, sondern, wie Gott, selbst die Liebe sein.

Setzen Sie für Liebe Gefühl oder Erkenntnis ein. In diesem Bereich bewegen wir uns nämlich, wenn der Geist Existenzialbedeutung bekommt. Wir *werden* das Wesentliche, wir *werden* die Liebe; wir lieben nicht nur, wir werden die Liebe; wir denken nicht nur, wir werden das Denken, die Erkenntnis; Subjekt und Objekt verbinden sich. Thomas von Aquin hat einmal formuliert: Subjekt und Objekt treten im Geistigen nicht mehr auseinander. Ich werde aus dem Element der Erkenntnisbemühung heraus selbst die Liebe sein, selbst das Denken sein. Angelus Silesius sagt sogar: Damit kommt man in den Bereich Gottes hinein, wie Gott ist man dann.

Und zweitens: Das geschieht natürlich nicht aus unverwandeltem Bewusstsein, sondern nur wenn ich an mir arbeite, wenn ich nicht nur die Seraphim von außen anschauen will, sondern geistig Adler werde und hinausfliege über die Seraphim und selbstverständlich auch über alle darunterliegenden geistigen Hierarchien.

Ja, wer ein Adler ist, der kann sich wohl erschwingen
Und über Seraphim und tausend Himmel dringen.

Aber zum Adler muss ich zuerst geistig werden; wenn ich nicht Adler bin, gelingt mir das nicht.

Das Denken darf nicht unverwandelt bleiben, aber wenn es gelingt, dass ich selbst in dieses geistige Element hineinkomme, selbst Adler werde, Liebe werde, das Denken werde, dann gilt etwas, was Rudolf Steiner in *Die Schwelle der geistigen Welt* im Jahr 1913 folgendermaßen formuliert hat: «Die Seele hat ein natürliches Vertrauen zu dem Denken. Sie fühlt, dass sie alle Sicherheit im Leben verlieren müsste, wenn sie dieses Vertrauen nicht haben könnte.» Ich bitte Sie, wieder ernsthaft zu überlegen, inwieweit dieses Vertrauen zum Denken tatsächlich eingelöst ist in der eigenen Existenz. Wir sprechen über seelische Existenzbedingungen der Bewusstseinsseele, des Bewusstseinsseelen-Zeitalters. Worauf vertrauen Sie? Auf Ihr Verhältnis zum Denken? Macht das Ihre seelische Lebensgrundlage aus? Wenn man nicht die seelische Lebensgrundlage im Denken hat, dann hat man seine Sache auf nichts gestellt. Denn die Seele fühlt – das ist eine Gefühlsbeziehung, dieses Vertrauen zum Denken –, «dass sie alle Sicherheit im Leben verlieren müsste, wenn sie dieses Vertrauen nicht haben könnte».

Man vertraut aber in der Regel nicht auf das Denken, sondern auf die Beziehung zu anderen Menschen, und verzweifelt, wenn sie nicht gegeben sind, vergessend, dass man diese Beziehungen hoffnungslos überlastet. Oder man vertraut auf Lebensverhältnisse, die als seelische Stütze herhalten müssen. Nein, die Seele kann sich nur auf ihr Verhältnis zum Denken stützen. Das ist auch für eine spirituelle Psychotherapie oder eine geisteswissenschaftliche Psychiatrie ungeheuer wichtig. Wir bemühen uns gerade, auch diagnostisch, diese Aussage in einem heilpädagogischen und psychiatrischen Zusammenhang zu konkretisieren.

«Das gesunde Seelenleben hört auf, wenn der Zweifel an dem Denken beginnt.» Das heißt, die Seele ist nicht dann krank, wenn sie bestimmte, zum Beispiel frühkindliche Erfahrungen gemacht hat, sondern sie ist dann krank und nur dadurch, wenn durch solche Lebenserfahrungen die Beziehung zum Denken nicht aufgebaut werden konnte – oder nachhaltig gestört wurde, sofern diese Schädigung im Erwachsenenalter eingetreten ist.

Darauf kommt es also an. Zufriedenheit, geschweige denn Gelassenheit, sind solange nicht zu erreichen, wie ich mir nicht ein Bewusstsein davon verschafft habe, dass die Seele sich nur auf ihr Verhältnis zum Denken gründen kann. Ich würde gern hinzufügen – das wird im Kontext an dieser Stelle von Rudolf Steiner ausführlich besprochen: Natürlich kann sich die Seele nicht auf das Denk*ergebnis* gründen – denn wir wissen, dass gerade das Denken absolut irrtumsanfällig ist –, sondern auf die Fähigkeit weiterzudenken, wenn ich an diese Irrtumsgrenze stoße. Nicht das Vertrauen auf bestimmte Inhalte und Ergebnisse, sondern der Erkenntnis*prozess* im Sinne der unbedingten Erkenntnisbemühung und Erkenntnisanstrengung ist entscheidend.

Was ist dann Meditation, Wesenskern und Substanz des Schulungsweges? Es ist zumindest aus der buddhistischen Tradition heraus klar, dass Meditation der einzige Weg ist, der zu Zufriedenheit und auch zu Gelassenheit führt. Was ist aber Meditation auf der Grundlage des bisher Besprochenen?

Rudolf Steiner bezeichnet sie 1918 als die Kraft, Wille ins Denken hineinzubringen. Die willentlich ernste Erkenntnisbemühung, das ist Meditation; sie ist der Weg, auf dem die bisherige Schulungsüberlieferung der Menschheit Zufriedenheit und Gelassenheit erwartet, aber nicht realisiert hat. Intensivierung, Erkraftung, Verstärkung des Denkens, und zwar so weit, dass das Denken interessant wird. Man soll nicht hinter einem schwachen, uninteressanten Denken hinterherlaufen – darauf kann die Seele selbstverständlich nicht vertrauen –, sondern nur auf ein Denken, das so interessant und intensiv gemacht wird, wie sonst nur Sinneserlebnisse sind. Rudolf Steiner geht sogar so weit zu sagen: Wenn das Denken so intensiviert wird, dann zeigt sich das Erkenntnisleben als das eigentlich interessante Wachsein, und das Alltagsleben als Schlaf und Ausruhen. Darauf also kommt es an: das Denken zur Intensität von Wachheit zu steigern, so dass all die Unbewusstheit im Geistigen, von der ich sprach, überwunden wird und sich das Alltagsleben demgegenüber wie Schlaf, vielleicht gerade wie Traumbewusstsein ausnimmt, in dem man sich von dem intensivierten Denken ausruht.

Es gehört allerdings dazu auch eine gewisse Willensschulung, die sich aus der Denkschulung ergibt. Ich würde auch hinzufügen: Zufriedenheit kann entstehen aus einem meditativen Ruhen auf dem Denken. Gelassenheit kann sich nur ergeben, wenn ich vom Denken her auch an den Willen herangehe. Der einzige heute zulässige Zugang zur eigenen inneren Entwicklung kann nur über das Denken erfolgen. Der Zugriff auf das Gefühl – man schraubt dauernd am Gefühl herum – ist falsch, macht unfrei, ist nicht geisteswissenschaftlich, sondern letztlich psychoanalytisch. Wenn ich direkt beim Gefühl mit Veränderungen ansetzen will, weniger leidenschaftlich werden, irgendwie zufriedener werden, dann merke ich sehr schnell: das geht nicht. Es ist eine große Illusion zu glauben, man könne das eigene Gefühlsleben direkt verändern. Rudolf Steiner spricht sogar davon, dass ein direktes Eingreifen in das Gefühlsleben die Selbsterziehung schädige. Und es ist illusionär obendrein. Der Weg kann nur über das Denken führen.

Was heißt Willensschulung? Am 10. Oktober 1918 bemerkt Rudolf Steiner zu dieser Frage Folgendes: Etwas in meinen Willen hineinzustellen, das erlebe ich als absolut schwierig. Ich will etwas, und es geht nicht; was ich willentlich eigentlich anstrebe, das kann ich nicht. Und ich muss diese Grenze des Nichtkönnens aushalten, ohne die Willensintention aufzugeben. Ich erlebe eine Willensintention als so schwer einzulösen, dass ich an eine absolute Grenze komme, und zugleich als so erstrebenswert wie sonst nur Handlungen, die sich aus der Bedürfnis- und Trieborganisation ergeben. Das ist die eigentliche Willensschulung, die zu Gelassenheit führen kann. Ich will die Stelle in der etwas schwierigen Diktion Rudolf Steiners vorlesen: «Dann muss der Mensch zu der inneren Einsicht kommen können, dass er in sich etwas hat, was er in seinen Willen hereinstellen kann, so in seinen Willen hereinstellen kann, dass die Selbstzucht so schwierig erscheint, aber zu gleicher Zeit so begehrenswert erscheint, wie sonst nur diejenigen Willenshandlungen, die den ganz unvermeidlichen Trieben des menschlichen Lebens entsprechen.»

Rudolf Steiner hatte zuvor darauf hingewiesen: Wenn man im alltäglichen Leben vom Willen spricht, über den Willen denkt, dann hat man in der Selbsterziehung ein gewisses nachlässiges Element; man will sich hier oder da verbessern, vielleicht die eine oder andere Ausrichtung in sich verstärken, aber «man achtet nur mit einem geringen Grad einer gewissen Selbsterziehung darauf, dass wir uns vielleicht gewisse Fehler abgewöhnen, gewisse Tugenden aneignen, gewisse Fähigkeiten ausbilden». Und das reicht nicht.

Das ist der Weg von der Zufriedenheit, die entsteht aus dem Ruhen auf dem Denken, aus dem meditativ verstärkten Denken, hin zu einer Gelassenheit, die sich aus einer ganz bestimmten Lebenserfahrung heraus einstellen kann. Ich gebe meine eigentliche Willensintention nicht auf, obwohl ich an diese absolute Grenze komme, dass sie nicht einzulösen ist; und ich erlebe sie gleichzeitig, ich halte das aus, sie so zu erleben, dass sie mir so begehrenswert erscheint wie sonst nur Handlungen aus der Bedürfnisnatur heraus. Man kann sich klar machen, dass nur aus einer solchen Erfahrung wirkliche Lebensgelassenheit hervorgehen kann, wenn sie nicht Illusionen der Lässigkeit darstellen soll.

Lassen Sie uns jetzt noch einige Blicke darauf werfen, was aus dem Gefühlsleben wird, aus dem Erinnerungsleben, wenn dieses existenzielle Verhältnis zum Denken eingelöst ist.

Rudolf Steiner hat in einer Notizbucheintragung zur Vorbereitung des Vortrags vom 10. Oktober 1918 davon gesprochen, dass es für die Grundlegung einer geisteswissenschaftlichen Psychologie nötig ist, sich im Leben so zu orientieren, dass man durch das eigene Denken erstens nicht die Liebe ruiniert und zweitens sich nicht auf Erinnerung abstützt. Dieses neue Denken soll liebefähig sein, sich nicht distanziert zum Gefühlsbereich verhalten, nicht distanziert dem Herzen gegenüber werden – was das alte Denken immer war, da lag die Problematik des alten, nicht verwandelten Denkens; deswegen haben wir kein Vertrauen zu ihm, weil wir das Herz sehr viel intensiver erleben als das Denken. Dieses neue Denken aber ist liebefähig und stützt sich nicht auf Erinnerung; das gilt für jede geisteswissenschaftliche Erkenntnis.

Im Nachwort zur *Schwelle der geistigen Welt* sagt Rudolf Steiner: Das Entscheidende eines übersinnlichen Erlebens, auch eines imaginativen Bildes, ist nicht das Bild in seiner Inhaltlichkeit, sondern ist das dieses Bild begleitende *gefühlsartige Erlebnis im Selbstbewusstsein.* Das Bild ist nicht Selbstbewusstsein, die Erkenntnis ist nicht Selbstbewusstsein, sondern beide sind noch getrennt, Subjekt und Objekt sind noch nicht in dem vorhin angesprochenen Sinne identisch. Sie werden identisch mit dem Selbstbewusstsein im begleitenden gefühlsartigen Erlebnis. Und eben dadurch, dass man sich in dieses gefühlsartige Erlebnis mit dem übersinnlichen Bewußtsein ganz hineinversenkt, tritt die Wirklichkeit vor der Seele auf. Nicht auf dem Erkenntnisbild, nicht auf dem Inhalt, sondern auf dem gefühlsartigen Erlebnis im Selbstbewusstsein, das meine Erkenntnisbemühungen und auch das Erkenntnisergebnis begleitet, ruht geistige Wirklichkeit in der inneren Wahrnehmung. Nun ist ein Gefühl, das man nicht hat, sondern das aus der

Erkenntnisbemühung geschaffen ist, nicht ein Gefühl, das ich mitbringe, sondern eines, das entsteht, wenn ich in der beschriebenen Weise auf dem Denken ruhe. Dieses Gefühl bildet das neue Verhältnis zum Gefühlsleben oder zur Liebe als seelischer Kraft. Dieses Gefühl kann ich ins Bewusstsein bekommen.

Es gibt eine andere Formulierung Rudolf Steiners aus dieser Zeit, die ebenfalls in diese Richtung weist. Er sagt im Vortrag vom 27. März 1913: «Die Selbsterziehung muss so weit gehen, das, was man selber ist, allmählich so umzugestalten, dass einen die eigenen Affekte, die eigenen Triebe, Begierden und Leidenschaften nicht mehr wärmen können ...» Vielmehr soll man sich im Denken einleben in eine frostige Einsamkeit und sich dadurch einer neuen Wärme öffnen. Zufriedenheit darf nichts zu tun haben mit einem Sich-Wärmen an der mitgebrachten Gefühls- und Bedürfnisstruktur. Denn dann würden nur Probleme entstehen. Zufriedenheit, die wirklich seelisch tragfähig ist und die Seele nicht noch weiter in den Bereich des Seelentodes hineinführt, diese Zufriedenheit kann nur entstehen in dem Durchgang durch die frostige Einsamkeit im Denken.

Aber man gelangt durch sie auch zu einer neuen seelischen Grundlage. Zufriedenheit kann sich aus dieser Abgrundbegegnung ergeben, Gelassenheit durch das Erleben: Ich kann etwas nicht, obwohl ich etwas will und obwohl es mir so erstrebenswert und begehrenswert erscheint wie sonst nur Bedürfnishandlungen.

Kommen wir abschließend zu praktischen Übungen. Ich will drei oder vier nennen; Sie müssen weiter damit umgehen und sie natürlich in Ihrem Herzen bewegen. Praktisch werden diese Aussagen erst, indem man sie anwendet.

Ich möchte beginnen mit einem Wort des Meister Eckehart aus dem ausgehenden 13. Jahrhundert, und zwar aus seinen Deutschen Predigten, und Ihnen dann die Version Rudolf Steiners nennen (ohne dass Rudolf Steiner philosophisch an Meister Eckehart anknüpfen würde). Meister Eckehart sagt: «Wäre ich ein König, und wüßte ich nicht, daß ich ein König bin, so wäre ich kein König.» Wie ist das aufzufassen? Ich könnte zufriedener sein, selbst gelassener sein, wenn ich ein König wäre, als wenn ich der Bettler bin, der ich bin. Das, was ich bin, hängt offenbar von meinem Bewusstsein ab, bis in den Bereich der Zufriedenheit hinein. Man könnte heute, siebenhundert Jahre später, vielleicht sagen: Nicht nur wenn ich König *bin* und wüsste es nicht; ich kann auch König *werden.*

Rudolf Steiner bringt diesen Zusammenhang für das 20. Jahrhundert folgendermaßen zum Ausdruck: Der Mensch wird immer mehr zu dem, als was er sich denkt. (Vortrag vom 13. November 1917; GA 178). Das bedeutet: Ich bin nicht das, wie ich morgens aufwache und mich fühle. Ich bin nicht identisch mit meinem Selbstgefühl. Ich sagte Ihnen: Das Denken, die Erkenntnis bekommt zunehmend seelische Existenzialbedeutung. Das Erleben ist gar nicht mehr aussagefähig, und wenn es noch so intensiv ist und ich noch so identifiziert bin mit meinem Erleben, meiner Erinnerung, meinem Empfinden. Rudolf Steiner erläutert: Wenn ich mich denke als vom Affen abstammend, dann werde ich so, als würde ich vom Affen abstammen. Damit bestätige ich mit meinem selbst hervorgebrachten Sein nachträglich die falsche Theorie! Das Erleben, Empfinden, selbst das Sein – das ist die Illusion, und wenn es sich noch so aufdrängt. Man kann die verbreitete Depressionsproblematik – die das Gegenteil von Zufriedenheit und Gelassenheit ausdrücken kann, als

Kulturkrankheit, die individuell erlebt wird – und vieles andere diagnostisch und therapeutisch nur verstehen, wenn man sich diesen Satz wirklich klar macht: Der Mensch ist zunehmend weniger mit seinem Erleben identisch, sondern er ist wesensmäßig das, was er im Denken aus sich macht. – Das ist der einzige Weg aus der Depression, individuell und menschheitsgeschichtlich gesehen.

Ich würde gerne noch ein altes Mysterienprinzip als einen praktischen Übungshinweis nennen. Die alten Mysterien hatten – von Plutarch ist das überliefert und in verschiedenen, insbesondere griechischen Mysterienzusammenhängen festzumachen – drei Prinzipien. Das erste: *Erkenne dich selbst*, als Aufforderung. Dann: *Alles mit Maß*. Das dritte: *Du bist*. Das heißt: Das göttliche Wesen ist. Dieses ist dann im Zuge der Christus-Überlieferung durch das «Ich bin» ersetzt worden. Aber zwischen der Selbsterkenntnis und dem Sein liegt das richtige Maß. Was heißt das – alles mit Maß? Ein Mysterienprinzip, das wir heute weitgehend ausgeblendet haben. Alles mit Maß – darin steckt nämlich das Individualisierungsprinzip. Ich muss in der Erkenntnis, auch beim Erkenntnisweg, das mir persönlich-individuell Angemessene finden. Wir neigen in Schulungs- und Erkenntniszusammenhängen viel zu sehr zu falscher Objektivität. Es herrscht da etwas, das ich ganz gerne als Generalmoralisierung bezeichne. Man jagt dauernd irgendwelchen Idealen nach, Objektivitäten, die man gar nicht einlösen kann. Auch im christlichen Mittelalter wusste man noch um die Bedeutung dieses Prinzips des rechten Maßes. Ich muss den mir angemessenen, ganz individuellen Zugang finden: Erkenntnisbereich, Erkenntnisumfang, die einzelnen Schritte, Intensität. Das kann ich nicht einmal bei Rudolf Steiner nachlesen. *Ich* muss urteilsfähig werden – alles mit Maß.

Origenes hat im dritten nachchristlichen Jahrhundert in seinem philosophischen Hauptwerk *Über die Ursachen* davon gesprochen, dass das Geistige Seelennahrung wird, wenn ich mein geistiges Maß finde. Generalmoralisierung ist, wenn ich dauernd Ausschau halte danach: Wo steht das über den Schulungsweg, was man eigentlich tun *müsste?* Was müsste ich noch alles gelesen haben? Was kann ich alles nicht? Das ist im Grunde ein unbewusster Ausstieg aus der eigenen Urteilskompetenz im Geistigen; sie wird abgegeben an andere Instanzen.

Auch anthroposophische Ausbildungszusammenhänge hätten sich meines Erachtens sehr zu konzentrieren auf dieses mittlere Mysterienprinzip, das im christlichen Sinne verbindet das «Erkenne dich selbst» und das «Ich bin». Das Maß steht wirklich in der Mitte. Nur wenn ich selbst das richtige Maß zwischen diesen beiden Gliedern finde, dann komme ich zu dem, was Christus im Johannes-Evangelium als die Wahrheit bezeichnet, die frei macht – wenn *ich* sie wirklich erkenne.

Man könnte vielleicht abschließend noch hinzufügen: Zufriedenheit ist immer eine Erlebnissituation, heute aber aus dem Erleben des Denkens. Seelisch mitgebracht, geht Zufriedenheit mit an die Grenze des Lebensweges, die der Seelentod ist. Gelassenheit dagegen ist weniger ein Erleben als ein Lebenshabitus, eine Grundhaltung, die ich auch haben kann, wenn ich gar nicht zufrieden bin. Ich kann nicht zufrieden sein, wenn ich nicht gelassen bin; aber ich kann gelassen sein, wenn ich nicht zufrieden bin. Das geht schon sehr stark in den Willensbereich hinein, und trotzdem ist die Beziehung zwischen beiden Elementen nicht einseitig. Zufriedenheit kann, wenn sie sich habitualisiert im Leben, zu Gelassenheit führen, aber Gelassenheit kann auch – wenn ich mich besinne auf dasjenige, was ich nicht im Erleben mitbringe, sondern was ich im Denken aus mir mache – zur Zufriedenheit führen.

Literatur

1 Rudolf Steiner, Vortrag vom 27. März 1913, in: *Welche Bedeutung hat die okkulte Entwickelung des Menschen für seine Hüllen ... und sein Selbst?* Ein Zyklus von zehn Vorträgen, gehalten in Den Haag vom 20. bis 29. März 1913, GA 145, Rudolf Steiner Verlag, Dornach 1986.

2 – Vortrag vom 13. November 1917, in: *Individuelle Geistwesen und ihr Wirken in der Seele des Menschen.* Neun Vorträge in St. Gallen, Zürich und Dornach zwischen dem 6. und 25. November 1917, GA 178, Rudolf Steiner Verlag, Dornach 1992.

3 – Vortrag vom 10. Oktober 1918, in: *Die Ergänzung heutiger Wissenschaften durch Anthroposophie.* Acht öffentliche Vorträge, gehalten in Zürich vom 5. bis 14. November 1917 und vom 8. bis 17. Oktober 1918, GA 73, Rudolf Steiner Verlag, Dornach 1973.

4 – Vortrag vom 15. November 1923, in: *Der übersinnliche Mensch anthroposophisch erfasst.* Ein Zyklus von fünf Vorträgen, gehalten in Den Haag vom 13. bis 18. November 1923 mit zwei öffentlichen Vorträgen vom 15. und 16. November 1923, Gesamtausgabe Bibl.-Nr. 231 (GA 231), Rudolf Steiner Verlag, Dornach 1982.

5 – *Die Schwelle der geistigen Welt.* Aphoristische Ausführungen, GA 17, Rudolf Steiner Verlag, Dornach [7]1982.

6 – *Anthroposophische Leitsätze.* Der Erkenntnisweg der Anthroposophie – Das Michael-Mysterium, GA 26, Rudolf Steiner Verlag, Dornach [9]1989.

XI. November

Geduld wird zu Einsicht

Erhard Fucke

Veranstalter, Vortragende und Besucher dieser Vortragsreihe müssen ein besonderes Völklein sein, wenn sie sich einem Thema widmen, das eigentlich längst «gestorben» ist. So meint zumindest Paul Valéry schon nach dem Ersten Weltkrieg. In einer berühmten Akademie-Rede urteilt er, dass das Wort Tugend aus dem alltäglichen Sprachgebrauch verschwunden sei – als Begriff nicht mehr existent – also tot. Es führe nur noch ein irrelevantes Dasein im Katechismus, in der Operette und in der Académie Française.

Wir beschäftigen uns also in diesen Vorträgen mit etwas, wofür die Gesellschaft den Sinn verloren hat, dessen Sinn nicht nur völlig neu begründet, sondern auch in der Gesellschaft neu verankert werden müsste. Ein schwieriges Unterfangen.

Die einstmalige Bedeutung der Tugendlehre

Lassen Sie uns kurz erinnern, welche Bedeutung die Tugendlehre einstmals hatte. Plato formulierte die vier Kardinaltugenden: Klugheit, Mut, Maß und Gerechtigkeit. Diese Tugenden werden später Grundpfeiler der christlichen Theologie. Geboren aber wurden sie aus dem erwachenden Denken, welches das mythische Bewusstsein beendet, aus der neuen Innenerfahrung der menschlichen Seele. Der Seele ist etwas eingeschrieben, was in der griechischen Kulturepoche «entdeckt» wird. Es wird ins Wort gefasst, es beschäftigt die Menschen. Und es herrscht Übereinstimmung darin, dass das Üben der Tugenden den Menschen fördert, ihn – soweit das möglich ist – Vollendung anstreben lässt. Natürlich werden gleichzeitig auch die Untugenden ins Auge gefasst, die Laster oder, wie es später heißt: die Sünden. Von ihnen wird erlebt, dass sie dem Menschen schaden statt ihn zu fördern, sein Wesen kränken statt heilen, kurz: dass sie der Entwicklung des Menschen entgegenstehen.

Schreitet man die Tugenden und deren Gegenbilder erlebend ab, so wird ein Seelendrama sichtbar, nämlich das Ich im Ringen um Werte, die der Seele wesensgemäß sind, mit anderen, die diesen Werten widerstreben. Die Letzteren müssen in Bann gehalten bzw. verwandelt werden, wenn der Mensch eine Entwicklung durchlaufen will. Der Diskurs darüber wird von den Kirchenvätern aufgegriffen und erreicht seinen Höhepunkt bei dem «allgemeinen Lehrer», Thomas von Aquin, dem «Pater angelicus».

Hier sollen wenigstens zwei grundlegende Gedanken des Thomas kurz festgehalten werden. Tugendlich leben ist Tun, ist willentliche Vollstreckung der in den Tugenden lebenden Einsicht. Wer schafft die Einsicht? Die Klugheit. Und da solche Einsicht der Tapferkeit, der Gerechtigkeit, dem Maßhalten vorausgehen muss, wird die Klugheit als höchste der vier Kardinaltugenden angesehen.

Die Klugheit als Tugend ist selbstverständlich auch Tat. Die Tat besteht darin, dass der Erkennende sich in das rechte Verhältnis zur Wirklichkeit versetzt. Er nennt es

Wahrheit, die er erkennend schafft und sich bewusst macht.

Und insofern auch Tapferkeit, Gerechtigkeit, Maß ein rechtes Verhältnis zur Wirklichkeit anstreben, sind sie auf die Erkenntnis der Wahrheit angewiesen. Freilich steckt in der Klugheit konzentrierter Wille, weil allein der Denkwille den Denkvorgang in Szene setzt, ein Wille, der sich frei hält von jeder subjektiven Tingierung. Er ist ganz darauf ausgerichtet, Auffassungsorgan für die Wirklichkeit zu sein, d.h. für die Werdekräfte der Welt. Er wird in der Klugheit selbstlos, vergisst jede Eigenintention. Andernfalls führt er nicht zur Klugheit.

Wollte man allein das, was Thomas über die Tugenden geäußert hat, referieren, entstände ein langer Vortragszyklus. Zur Zeit des Thomas war eben die Tugendlehre noch ein essentielles Anliegen der menschlichen Seele. Man hatte eine Empfindung dafür, dass der Mensch ohne Üben der Tugenden an seiner Menschheitsaufgabe vorbeiliefe und damit ein verlorener Sohn würde. Das gilt heute nicht mehr. Siehe Paul Valéry!

Die Tugendlehre der Gralsgemeinschaft

Neben diesem mächtigen Strom der antiken Tugendlehre, die ihre Wurzeln in den griechischen und römischen Philosophen und den Kirchenvätern hat, gibt es eine andere Tugendlehre, die mehr im Verborgenen fließt.

Diese Tugendlehre hat einen anderen Ursprung, und sie umfasst zwölf Tugenden: die reine Zucht – die Keuschheit – die Milde – die Treue – das Maß in allen Dingen – die Sorge bzw. die Achtsamkeit – die Scham – die Bescheidenheit – die Staete, also Beharrlichkeit – die Demut – die Geduld – die Minne.

Diese Tugendlehre kann gut an den historischen Gestalten von Sigune und Schionatulander beobachtet werden. Schionatulander ist ein Knappe Gachmurets. Mit seinem unstaeten Herrn streift er durch die ganze Welt. Er ist es auch, der die Nachricht von dessen Tode seiner Gattin Herzeloyde überbringt. Für sie beschützt er künftig das Reich, das Parzival zu eigen sein wird. Bei den Kämpfen zum Schutz des Gachmuret-Parzival-Reiches kommt er ums Leben.

Schionatulander ist Sigune in Minne verbunden. Sigune ist eine Schwester der Herzeloyde und des kranken Gralskönigs Anfortas. Sie gehören alle drei zum Gralsgeschlecht.

Sigune gibt Schionatulander den Auftrag, das Brackenseil zu suchen. Von dem Brackenseil wird berichtet, dass es in bildhafter Wiedergabe die Geheimnisse der zwölf Tugenden enthält.

Diese zwölffache Tugendlehre greift Rudolf Steiner auf. Die Tugenden werden den Monaten und damit dem Tierkreis zugeordnet. Der neue Griff aber ist, dass der Gedanke der Metamorphose, der Entwicklung, in die Tugendlehre eingebracht wird. Etwa im Februar: Verschwiegenheit wird zu meditativer Kraft. Im November: Geduld wird zu Einsicht. Damit wird zum ersten Mal von 24 Tugenden gesprochen, deren Zusammenhang vor das innere Auge gerückt wird.

Zugrunde liegt ihr die Erkenntnis, dass die gesamte Seele erkennt bzw. durch ihre Verfassung verhindert, dass erkannt werden kann. Das Üben der Tugendlehre ist also ein Üben jener Seelenverfassung, die ein reines Okular herstellt, mit dem die Welt sachgemäß erforscht werden kann. Legt man die alte griechische Erkenntnis zugrunde, dass Gleiches nur durch Gleiches erkannt werden kann, dann nähert sich der Übende immer mehr jenem Zustand, aus dem die Welt selbst gestaltet wurde. Er erfährt ihre imaginativen, inspirativen, intuitiven Quellen. Die tätige Erübung der Tugenden wird zu einem Erkenntnisorgan, das Welterkenntnis erschließt.

Für den Zeitgenossen ist es eine schwierige Vorstellung, dass der erschaffenen Welt Moral oder – anders ausgedrückt – Tugenden zugrunde liegen, dass also die Tugenden von ihren Schöpfern in die Schöpfung ausgeflossen sind. Die Tugenden wären demnach Weltenmächte, schaffende Weltenwesen, die bei der Schöpfung mit am Werke waren, die weiterwirken und deren Wirkungsort vornehmlich die menschliche Seele ist.

Wenn wir z.B. die Gemälde Raffaels im Vatikan betrachten, können wir uns an den Gestalten der Musen, die dort dargestellt sind, an ihren Bewegungen, an den Farben, mit denen sie charakterisiert sind, erfreuen. Aber es fällt uns doch schwer, sie als real wirkende Wesenheiten zu empfinden, die hier und jetzt in der Seele schaffen, wenn wir sie zum Mitsprechen einladen, sobald wir uns der Kunst widmen.

Eine solche Schwierigkeit zeigt uns, wie lange es her ist, dass das alte mythische Bewusstsein erloschen ist, d.h. unsere Erkenntnis bildlos abstrakt die Qualitäten des Lebens erfasst.

Aber stehen wir nicht am Beginn einer Zeitepoche, welche die Abstraktheit unserer Erkenntnis überwinden soll?

Bei den Tugenden haben wir wenigstens *eine* Innenerfahrung, die uns darauf aufmerksam machen könnte, dass sie real wirksame Wesen sind. Immer, wenn wir in der Dramatik zwischen Tugend und Untugend uns für die letztere entscheiden, plagt uns das schlechte Gewissen. Wir sind mit uns selbst ob der gefällten Entscheidung unzufrieden. Diese Missstimmung hält oft lange an, und sie stellt sich mit der Erinnerung an den Vorfall wieder ein.

Das Gewissen ist eine Metamorphose der Erinnyen. Sie waren noch für das Bewusstsein des Orest als geistige Wesen erfahrbar. Sie stürzten ihn in die Verzweiflung, brachten ihn an den Rand des Wahnsinns. Demgegenüber ist das Gewissen eine leise Stimme, dennoch eine unüberhörbare; immer noch eine Stimme, die dem Menschen die Seelenruhe rauben kann.

Aber verklingt nicht auch diese Stimme? Wie hätte sonst ein halbes Jahrhundert vor unserer Zeit ein so unfassbares Morden über die Weltenbühne gehen können? Gallebitter sind die Worte Paul Celans: «Der Tod ist ein Meister aus Deutschland.» War da bei Millionen und Abermillionen das Gewissen nicht schon verstummt?

Wir leben offensichtlich in einer höchst paradoxen Zeit.

Einerseits sterben die Erfahrungen der Tugenden, des Gewissens, als Metamorphosen eines alten hellseherischen Bewusstseins. Wer sich nur auf deren Tod konzentriert, kommt leicht zu der Auffassung, dass es die Möglichkeit einer übersinnlichen Erfahrung gar nicht geben kann. Andererseits berichtet Rudolf Steiner, dass heute die imaginative Erkenntnis in das Bewusstsein aufgenommen sein will. Sie will dem Menschen dienen. Willem

Zeylmans, ein Schüler Rudolf Steiners und ein selbständiger Bürger zweier Welten, drückte das in Gesprächen immer sehr drastisch aus: Die Scheidewand zwischen unserem Bewusstsein und der geistigen Welt ist so dünn wie Papier. Diese dünne Scheidewand zu durchstoßen ist die dringlichste Zeitaufgabe.

In seiner Abhandlung *Zur Erörterung der Gelassenheit* schreibt Heidegger: «... die Gelassenheit zu den Dingen und die Offenheit für das Geheimnis fallen uns niemals zu. Sie sind nichts Zufälliges. Beide gedeihen nur aus einem unablässigen herzhaften Denken.»

Es scheint so, als ob wir den großartigen Fähigkeiten, die sich auf die Machbarkeit der Welt richten, heute andere hinzufügen müssten, die auf eine von der Individualität ausgehende Selbstgestaltung des Seelenlebens hinauslaufen. Dafür spricht ein Wort Christian Morgensterns. Von ihm wissen wir, dass er nicht nur ein feinsinniger Dichter war, sondern auch ein persönlicher Schüler Rudolf Steiners. Was mag ihn zu der Zeile veranlasst haben: «Geduld, Geduld, du ungeheures Wort»? Aufschluss darüber gibt vielleicht ein Spruch desselben Dichters:

Ein Wort gibt es
das ist ein Schlüssel
zu jeder Schöpfung: Geduld
Sinne dem nach
und du wirst selbst
Schöpfern genähert

Mit diesem Spruch können wir das Adjektiv «ungeheuer» für Geduld nachfühlen. Offensichtlich war Christian Morgenstern der Ansicht, dass ohne Geduld das schöpferische Potential des Menschen nicht zum Tragen komme.

Das Thema des heutigen Abends verlangt also nicht nur ein herzhaftes Denken, sondern auch Geduld, damit wir uns – Christian Morgenstern folgend – den Schöpfern nähern.

Das Geheimnis der Verwandlung

Rudolf Steiner, mit dem Thema der Tugendlehre innig vertraut, verleiht ihr – wie schon gesagt – eine neue Form. Ihr Entwicklungscharakter wird ins Bewusstsein gehoben, Verwandlungen des Seelenlebens werden erfasst, kurz: *das Werden.*

Die Metamorphosen der Tugenden werden nicht erklärt, nur ihre Resultate lapidar festgehalten, z.B. Diskretion wird zu meditativer Kraft. *Die erste Tugend, richtig in der Seele gepflegt, hilft eine zweite zu gebären, so wie das Laubblatt zum Blütenblatt wird und zum Staubgefäß.* Legt man Laubblatt und Staubgefäß nebeneinander, ist man nicht ohne weiteres geneigt, ihren Zusammenhang sofort anzuerkennen. Die Gewissheit, dass die so verschiedenen Erscheinungen die Verwandlung ein und desselben Organs sind, wird erst durch eine gründliche Erkenntnisarbeit aufgedeckt.

Entsprechen die aufgezeigten Seelenmetamorphosen der Wirklichkeit, dann liegt ihnen eine umfassende Erkenntnis des Geistig-Seelischen zugrunde.

Wir werden durch die Tugendlehre nicht nur angehalten, die zwölf Tugenden zu üben, um damit gleichzeitig zwölf weitere auszubilden, sondern uns wird auch ein Weg gewiesen, unser psychologisches Verständnis zu erweitern. Die Seele in ihrem Werde- und Entwicklungsprozess gilt es zu ergründen.

In unserem speziellen Fall – Geduld wird zu Einsicht – stehen sich die beiden Tugenden wirklich wie Laubblatt und Staubgefäß gegenüber. Der Kraftstrom, der beide Erscheinungen hervorbringt, fließt im Dunkeln. *Ist er ein wenig zu erhellen?*

Wenn Rudolf Steiner von Erkenntnis, also Einsicht, spricht, dann hat er nicht nur eine verstandesmäßige Welterschließung im Auge. Er weiß, dass das, was heute als wissenschaftliche Einsicht gilt, an Erkenntnisgrenzen stößt. Nicht das Erkennen ist begrenzt, sondern die bis heute ausgebildete Erkenntnisform. Sie erfasst nur das Tote.

Deshalb ist es das zentrale Anliegen Rudolf Steiners, Wege zu einer Erweiterung des Bewusstseins aufzuzeigen. Er will den Menschen an das Werden heranführen. Seine Geisteswissenschaft ist die Frucht dieser Bemühungen. Ohne die Realisierung des Schulungsweges durch Rudolf Steiner selbst wären die Ergebnisse der Geisteswissenschaft nicht darstellbar gewesen. Sie müssten erst in einem Wesen geboren werden, um in die Welt zu treten. «Wer da einsieht, dass Ideen, wenn sie überhaupt da sein sollen, an ein Wesen gebunden sind, das Ideen eben haben kann, der wird nicht mehr bloßer Idealist sein, sondern er schreitet vor zu der Annahme, dass die Ideen an Wesen gebunden sind. Er wird Psychist.»[1] Die Ergebnisse der Geisteswissenschaft konnten nur ans Licht treten, da Rudolf Steiner der Seele eine bestimmte Form einverleibte, welche sie fähig machte, solche übersinnliche Erkenntnis zu erlangen. Zu dieser Formgebung gehört das Üben der Tugenden.

Die Tugendlehre ist, sobald sie realisiert wird, die Anleitung, *Erkenntnisorgane* zu entwickeln. Sie hilft, die Seele in jene Verfassung zu bringen, die eine Erweiterung des Bewusstseins fördert. Geisteswissenschaftliche Schulung ist also nicht allein das Üben von Gedanken und deren korrektes sachgemäßes Verbinden. Die Schulung fordert auch eine gesteigerte Aufmerksamkeit gegenüber der Wahrnehmungswelt, ebenso ein intensives Erleben der Gedanken und Phänomene durch die Empfindung bzw. das Gemüt; ferner die Umschmelzung der Gewohnheiten in die Tugenden. Das alles kann nur durch den Willen geschehen, mit dessen Hilfe die Person ihre Souveränität gegenüber dem, was vorgegeben ist, erringt.

Die Struktur des Mitleids

Wird beispielsweise ein Irrtum in die Welt gesetzt, so ist das kein Akt, der den Betrachter gleichgültig lassen könnte, obwohl der Irrtum häufig gleichgültig hingenommen wird. Gerade, wenn der Betrachter die Einsicht des Psychisten erreicht hat, wird er doch leise nachvollziehen können, wie ein Wesen, das dem Irrtum Raum gibt, sich dadurch verändert.

Eine solche Erfahrung kann im Betrachter Mitleid auslösen. Erst wenn in intensiver Weise mitleidsvoll an der Weltwirklichkeit teilgenommen wird, wird die dabei eingesetzte Hingabe bewusst und kann verstärkt werden.

Das Mitleid, das in einem solchen Falle willentlich bewusst entfaltet wird, konfiguriert die eigene Seele. Es *öffnet* sie für eine intensivere Welt-Teilnahme. Mitleid *führt* die Seele an die sie umgebende Wirklichkeit *näher heran,* und Mitleid *macht* die Seele *sensibler,* die Unterschiede in der Weltwirklichkeit aufzuspüren. Das Mitleid schafft also neue Erfahrungsweisen, die ohne seine Tätigkeit nicht vorhanden wären.

War die Seele sehr mit sich selbst beschäftigt, so ist dies nach dem gepflegten Gefühl des Mitleids nicht mehr in gleicher Weise möglich. Denn jetzt ist die Seele dem Ereignis durch das Mitleid hingegeben. Von sich selbst gelöst, strebt die Seele nach Verbindung mit dem anderen Wesen. Dieses andere Wesen repräsentiert ein Stück Weltwirklichkeit, die jetzt hingebungsvoll erlebt wird. Dessen Erfahrung aber ist die Grundlage jeder Einsicht.

Die Seele wird im Akt des Mitleids von der ihr stets anhaftenden Selbstbindung ein Stück weit befreit. Mitleid üben heißt, sich auf den Weg machen, vorgegebene Selbstbindung, die der Freiheit im Wege steht, langsam zu lösen.

Die freiheitsspendende Wirkung des Mitleids kann nur erfahren werden, wenn der Vorgang, sich in die Stimmung des Mitleids zu versetzen, immer wieder neu durch Seelenkräfte hergestellt wird. Solchem Üben ist die Treue eingeschrieben, die Staete, die Geduld. Ohne Geduld, stets treu dasselbe zu tun, d.h. zu üben, kann keine der Tugenden ausgebildet werden. So ist die Geduld mit jeder anderen Tugend verbunden. Ohne dass Geduld bei deren Gestaltgebung Pate steht, wird diese Seelenstruktur nicht vollendet.

Die Kontinuität des Übens durch die Geduld herzustellen, gehört zu den eklatanten Anfangsschwierigkeiten jedes Menschen, der übt.

Was aber wird entbunden? Das Vorgegebene. Es ist die Folge dessen, was in einer vorherigen Inkarnation von uns bewirkt worden ist. Die heutigen Inkarnationsverhältnisse sind aber auch Anstoß und Chance, diese Bindungen neu zu gestalten und sich von ihren Wirkungen zu befreien.

Vorgegebenes besitzen wir zuhauf. Es ist schon viel gewonnen, wenn die Einsicht reift, dass manche unserer Eigenschaften und Verhaltensweisen der Umgestaltung bedürfen. Denn diese Bindungen, die uns auf den Leib geschrieben sind, geben sich elementar und stürmisch. Wir sind vorerst von der Richtigkeit unserer Ansichten, Empfindungen, Verhaltensweisen usw. absolut überzeugt. Deren Gestalt ist aus den Kräften der vorigen Inkarnation scharf geprägt. Das Mitleid bietet die Chance, sich von sich selbst zu distanzieren. Es ist eine Möglichkeit, sich Freiheit zu erwerben. Diese August-Übung «Mitleid wird zu Freiheit» braucht am stärksten das Wirken der Geduld, und sie ist gleichzeitig ein erster konkreter Schritt zu einem imaginativen Bewusstsein.

Ein Weg zum imaginativen Bewusstsein

Ein Weg, uns dem imaginativen Bewusstsein zu nähern, ist, den Bildcharakter der Welt zu erschließen. Das Goethe-Wort drängt nach Realisierung: «Alles Vergängliche ist nur ein Gleichnis» – also ein Bild. Die Welt ins Bild zu bringen stärkt die Imaginationskraft. Unsere üblichen Vorstellungen erreichen offensichtlich das Wahrbild nicht.

Wir sind dazu erzogen, ja gedrillt worden, die Vorstellungswelt möglichst schnell zu produzieren. Diese Eile ist uns in Fleisch und Blut übergegangen, und sie wirkt wie ein Eiffelturm in unserer Seele.

Wenn jede Erscheinung, der wir gegenübertreten, Gleichnischarakter hat, also auf etwas hinweist, was über die bloße Erscheinung hinausgeht, dann sind wir aufgefordert, diese Gleichnisse, diese Bilder zu finden. Und da diese Bilder offensichtlich in den Erscheinungen selbst tätig sind, sollten uns diese Erscheinungen neu und intensiv interessieren.

Uns kann dabei aufgehen, dass wir bisher mit den Wahrnehmungen recht flüchtig umgegangen sind. Unser Interesse war weit mehr auf die schnelle Vorstellungsbildung gerichtet als auf ein sorgfältiges Auffassen der Erscheinungen. Haben wir unsere Vorstellungen gefasst, sind wir in der Regel bereits meilenweit von den Wahrnehmungen, von den Phänomenen, *entfernt.* Mit anderen Worten: Wir haben jene Sphäre verlassen, wo der Gleichnischarakter der Erscheinungen gefunden werden kann, wo die konzentrierte Aufmerksamkeit erhascht, was die Erscheinungen *selbst «sprechen».* Wollen wir aber das imaginative Bewusstsein anstreben, dann werden wir uns mit den Erscheinungen auf bislang ungewohnte Art verbinden müssen. Alle Energie der Seele wird darauf verwendet werden, die Wahrnehmungen möglichst sachgerecht in der Seele leben zu lassen.

Wer energisch und unvoreingenommen dem Gleichnischarakter nachspürt, stößt auf eine überraschende Erfahrung: Eine Fülle von Wahrnehmungen bietet dem Betrachter *ästhetische Qualitäten* an. Den Charakter einer Pflanzengestalt erkennt man nicht, wenn man Blätter, Blütenblätter usw. abzählt. Eher schon, wenn man die Gebärde des Stengels verfolgt, etwa die straffe Aufrechte eines Rittersporns oder die schwingende Aufrechte eines Leins. Und das gilt für alle Organe der Pflanze.

Die Gebärden, deren man sich im Versenken vergewissert, haben Verwandtschaft zum Bild. Das Bild, die Imagination, lebt von charaktervollen Gebärden. Sie rufen einen – sehr leise und unaufdringlich – an die

Schwelle zur Imagination heran. Freilich nur dann, wenn das Wahrnehmen ein ästhetisches wird. Was heißt das?

Lassen Sie uns das Lesen der Gebärde gemeinsam versuchen, und zwar an einer Pflanze, die uns allen vertraut ist, deren Erinnerung kräftig in uns lebt: an der Sonnenblume. Die Benennung «Blume der Sonne» kommt doch nicht von ungefähr. Heute, wo es ganze Sonnenblumenfelder gibt, kann man wirklich den Eindruck haben, tausende von kleinen Sonnen wären auf der Erde festgebannt und erfreuten uns mit dem Strahlenkranz ihrer gelben Blütenblätter.

Wer sich aber Zeit nimmt, die gesamte Gestalt der Pflanze aufmerksam zu betrachten, dem kommen erste Zweifel, ob dieser für ein erstes Gefühl so ansprechende Namen das Wesen der Pflanze wohl wirklich ausspricht. Man nehme die großen Blätter der Sonnenblume, die von wenig Gestaltungskraft zeugen, eher unförmig-einfach den Stengel umstehen. Kein Wunder, dass sie bei ihrer groben Bildung sich vom Stengel nicht richtig spreiten können, sondern der Schwere folgend herunterhängen wie Fahnen, denen der Wind fehlt.

Hat man erst einmal die wenig differenzierte Bildung des Blattes entdeckt, so fällt einem bald auf, dass nicht nur das Blatt diesen Charakter hat, sondern die gesamte Erscheinung. Auch der Stengel ist grob. Gewiss, er muss die Last der Frucht tragen. Dennoch gibt es feinere Stengel, die dasselbe leisten. Als Composite hat die Sonnenblume ein Heer von Blüten und Fruchtknoten versammelt, vergleichbar einer anderen bekannten Composite, der Margerite. Vergleicht man beide Blüten miteinander, so erscheint uns die Blüte der Sonnenblume derb, vor allem von der Unterseite betrachtet. An der Margerite kann man sehen, dass nach dem gleichen Bauprinzip mit ungleich feineren Mitteln gestaltet werden kann. Und so bilden die Früchte, die Sonnenblumenkerne, keine Ausnahme, obwohl sie, von der harten Schale befreit, ein kostbares Nahrungsmittel sind.

Das alles wird uns aber erst klar, wenn wir der Sonnenblume nicht nur einen flüchtigen Blick schenken und uns mit der schnellen Vorstellung «Sonnenblume» begnügen. Erst wenn wir unsere Aufmerksamkeit den Details zuwenden, also die Gestalt aufmerksam betrachten, werden uns die Gesten, denen das Wachstum folgt, zum Erlebnis. Wir werden ein Stück weit mit der Pflanze, die uns gegenübersteht, seelisch eins. Wenn das gelingt, wird man zusätzlich beobachten können, wie die bildschaffende Phantasie sich in Bewegung setzt und experimentell versucht, Wahrbilder für die Gestaltungsgesten zu finden. So entpuppt sich die Sonnenblume als ein rechter Bauer, der nicht damit geizt, seinen Reichtum zur Schau zu stellen. Wem das Bild zu gewagt ist, der finde ein anderes. Aber gewiss wird auch in ihm die zur Schau getragene Derbheit nicht fehlen dürfen.

Das Beispiel mag verdeutlichen, wie schwer es uns Heutigen fällt, die Welt in ihrem Gleichnischarakter aufzuzeigen. Wir haben tausend Bedenken, die Seriosität, welche der Begriff uns vermittelt, aufzugeben. So bleiben die Versuche oft schon im ersten Anlauf stecken.

Bekanntlich ist nicht nur das bewusste Seelenleben eine Realität, sondern auch das unbewusste. Hier sitzt und wirkt eine tiefe Furcht. Sie besteht darin, die feste Form, in der das Ich sich mit Hilfe der fest umrissenen Begrifflichkeit erlebt, zu verlieren. Denn dieses Ich muss bei den Versuchen der Verbildlichung näher an die Welt heranrücken, sich stärker mit ihr verbinden. Es muss viel stärker, als es das bisher gewohnt ist, mit dem Prozess der

Wahrnehmung verwachsen. Wie jeder ungewohnte Vorgang erregt solches Unterfangen Unsicherheit und Furcht; man drängt auf die Wahrung dessen, was man sich erworben hat. Das aber ist nicht geeignet, Neues zu erfahren und Entwicklung zu impulsieren.

Auf die Wahrnehmung der Aufrechte beim Rittersporn antwortet z.B. in der Seele eine Empfindung. Sie kann dahingehend beschrieben werden, dass wir beim Anblick Genugtuung empfinden. Unsere Sehnsucht nach Freiheit wird angesprochen. Es kann diese Empfindung uns selbst für einen Moment aufrichten. Die «ästhetische» Wahrnehmung weckt also das schlafende Gemüt. Und nur insofern sie das tut, ist sie ästhetische Wahrnehmung.

Wir erleben durch dieses Üben eine Bereicherung und Steigerung des Seelenlebens. Der Wille muss die Spannung der Aufmerksamkeit erhalten, damit die Empfindung sich bilden kann. Die Empfindung muss willentlich verstärkt werden, damit sie das Wahrbild erhascht, das in der Erscheinung wirksam ist.

Eine Grundübung des Schulungsweges

Wenn die Natur eine Künstlerin ist – und das zu denken gibt sie Anlass –, dann wird ihr Wirken das Siegel künstlerischen Gestaltens tragen. Dem nähert sich das ästhetische Wahrnehmen. Man lebt z.B. mit ganz anderen Empfindungen, wenn die Aufmerksamkeit auf jene Punkte des Pflanzenwachstums gerichtet ist, wo es sich zusammenzieht, aus dem Raume gleichsam zu verschwinden trachtet, und jenen, wo es sich in den Raum ergießt. Und es spricht – auch vorstellungsmäßig – die Pflanze mit ganz neuen Erkenntnissen, wenn ihr Werden und Vergehen, ohne sinnlichen Gegenüberstand, im Bewusstsein nachvollzogen, d.h. verinnerlicht wird.

Das ist eine Übung, der Rudolf Steiner eine große Wirkung auf die Bildung übersinnlicher Organe zuschreibt.[2] Man vergegenwärtige sich eine Pflanze, wie sie aus dem Keime sprosst und durch Wachstumsprozesse zu ihrer Gestalt findet. In ihr drückt sich das Sprießende des Lebens aus. Ich verbinde mich mit den sprießenden und sprossenden Kräften der Welt, wenn ich sie in diesen Phänomenen aufsuche und sie zum Inhalt meiner Seele mache, sie nachvollziehe. Je eindringlicher ich das tue, umso deutlicher steigt eine Empfindung, eine Stimmung in der Seele auf. Sie entspricht etwa der, die ich bei einem Sonnenaufgang erlebe. Gebe ich mich, ohne träumend mit den vorgestellten Bildern zu verschwimmen, den Empfindungen hin, so regen sie die schöpferischen Kräfte meiner Seele an.

Aber das Sprießende und Sprossende ist nur ein Teil der Wirklichkeit. Deshalb unterwerfe man die imaginierte, gleichsam kraftstrotzende Erscheinung dem langsamen Verwelken. Um auch diesen Prozess im Einklang mit der uns umgebenden Natur nachzuvollziehen, beobachte man zuerst genau: Wie und wo setzt der Prozess an, betrifft er erst einmal die Verfärbung des Blattes, oder geht das Blatt sofort in ein schmutziges, fleckiges, dunkles Grau über, wie das zum Beispiel bei der Sonnenblume der Fall ist? Also das genaue, detaillierte Beobachten soll dem inneren Vorstellen der Vorgänge vorausgehen. Die imaginierte Vorstellung soll im Einklang mit der Natur vor dem inneren Auge stehen. Jeder Spaziergang liefert vielfältiges Material. Worauf es ankommt, ist, dass man Wachsen und Vergehen nicht nur wie einen Film ablaufen lässt, sondern deren Gebärden innerlich miterlebt, so als schaffe man den

Vorgang frisch und neu mit aller Anteilnahme des Herzens. In der Selbstbeobachtung bemerkt man, wie die eigene Tätigkeit sich den Tatsachen anbildet bzw. anschmiegt. Höchste Aktivität verschmilzt mit momentaner absoluter Selbstlosigkeit.

Es gibt eine eminent wichtige Begleiterscheinung dieses willentlich neu hergestellten Bewusstseins: Indem man in die Dinge – in unserem Falle in die Pflanzenwelt – «hineinschlüpft», vergisst man gewissermaßen sich selbst. Diese Aussage ist vieldeutig und muss daher präzisiert werden. Die Person als Tätigkeitsquell wird keineswegs vergessen! Im Gegenteil! Durch die Willensprozesse der Aufmerksamkeit, der Hingabe an die Sache, der Aktivierung der Bildgestaltung usw. wird die Person als Quell der Tätigkeit besonders stark erlebt. Eigentlich so stark wie sonst selten.

In diese Gestaltung ergießt sich aber ein Inhalt, der ganz aus der Sache, die erlebt wird, kommt. Für diesen Inhalt ist die Tätigkeit Gefäß. Das besagt, dass ohne diese Tätigkeit die Sache im seelischen Raum nicht in Erscheinung treten könnte. Diese Tätigkeit bringt erst das Gefäß hervor, in dem die Sache erscheinen kann. Aber das Erkennende mischt nichts von seiner Subjektivität in den Erkenntnisprozess. Die Subjektivität wird zum Schweigen gebracht. Erst in diesem Schweigen kann die Sache selbst sich aussprechen.

Wer die Monats-Tugenden durchgeht, wird immer wieder auf die skizzierte Seelengebärde stoßen, in der gesteigerte seelische Tätigkeit mit Selbstlosigkeit verbunden wird. Wir haben das für die August-Tugend «Mitleid wird zu Freiheit» ein wenig ausgeführt, und wir behaupten: Alle Übungen arbeiten die vorgegebene Subjektivität ab. Dabei hilft die Geduld, indem sie die Übung immer wieder in Gang setzt, um letztlich das Bewusstsein zu ändern. Die Geduld zeigt, dass das Vorgegebene langsam entbunden werden kann. An die Stelle der Gebundenheit tritt die Sprache der Pflanzenbildung. Sie spricht. Sie vermittelt Einsicht in die Sache.

Der so Erkennende lebt immer stärker in der Devotion vor den Welterscheinungen. Wir erinnern uns der April-Tugend: «Devotion wird zu Opferkraft.» Diese Opferkraft lässt uns unsere unerlösten Restbestände der vorigen Inkarnation «opfern». Indem wir unsere Seelenkräfte der ästhetischen Wahrnehmung widmen, tilgen wir dabei langsam den Egoismus. Denn das Bemühen des Ich um die Imagination und der Egoismus des Ich sind Weltgegensätze.

Geduld wird zu Einsicht

Goethe hatte zwei Maximen. Die eine war, das Denken nur in dem Sinne anzuwenden, dass es die Phänomene ordnet, sie gezielt in verschiedene Zusammenhänge rückt. Also kein interpretatorisches Denken war gefragt, sondern eines, das die Fülle der Erscheinungen experimentell in immer neue Zusammenhänge zusammenführte.

Von Goethe stammt ferner die lapidare Erkenntnis: Die Phänomene sind die Theorie. Das setzt voraus, dass sich das Wesen der Phänomene im menschlichen Bewusstsein aussprechen kann. Die Phänomene, geduldig immer wieder ins Bewusstsein gerückt, offenbaren das in ihnen wirkende lebendige Geistige. *Geduld wird zu Einsicht.*

Goethe war beglückt, als sein Erkennen von anderen als *anschauende Urteilskraft* bezeichnet wurde. Er empfand das als ungemeine «Förderung durch ein einziges geistreiches Wort». Sein Erkennen ging ganz aus der Anschauung hervor. Innere Ruhe und Konzentration, die alles nicht zur Sache Gehörige fernhalten sollte, eine Störung der intensiven Anschauung vermied, begleitete dieses Streben. Die Aktivität, der gesteigerte Wille im Ich wird zu einem Okular, das nur bestrebt ist, in der eigenen Seele das Wesensbild der Pflanze in die Erscheinung treten zu lassen. So gelangte er zur Imagination der Urpflanze.

Nun gibt es tausend Einwände, diese Imagination als irrelevant zu bezeichnen. Sie wird z.B. zum subjektiven Phantasiegebilde erklärt, dem keinerlei objektive Bedeutung beizumessen sei. Oder als bloße Idee, der kein größerer Erkenntnisgrad zukomme als jeder anderen Idee.

Wir haben für den zweiten Einwand ein welthistorisches Beispiel. Als Schiller und Goethe, die damals noch keineswegs miteinander befreundet waren, einen Vortrag über Botanik verlassen, sind sie gleichermaßen unbefriedigt. Indem sie sich das wechselseitig versichern, nutzt Goethe die Chance, Schiller die Gestalt der Urpflanze, also eine Imagination, zu skizzieren.[3] Schillers Reaktion ist eindeutig: «Das ist keine Erfahrung, das ist eine Idee!» Goethe entgegnet wenig exakt: «Das kann mir sehr lieb sein, dass ich Ideen habe ohne es zu wissen, und sie sogar mit Augen sehe.» Genauer hätte er sagen müssen: Mit den Augen des Geistes, die mir in der Art der Erinnerung Bilder liefern, die aber nicht auf ein Erlebnis in der physischen Welt zurückzuführen sind. Deshalb müssen sie einen anderen Ursprung haben, einen Ursprung, der in der geistigen Welt urständet.

Die Urpflanze ist sicher nirgendwo als sinnliche Erscheinung vorhanden, auch nicht in dem erstaunlichen Phänomen des Bryophillum. Sie wirkt aber in allen

Pflanzen, und Goethe steht nicht an zu behaupten, dass man mit ihr noch Tausende von Pflanzen, die es nirgends auf der Erde gibt, die aber durchaus lebensfähig wären, entwerfen könnte. Denn das schöpferische Potential dieser Imagination ist noch keineswegs an ihr Ende gekommen.

Sind wir, liebe Abwesende, schon vorbereitet, diese Imagination als Bild eines Wesens zu fassen, das genau wie das Wesen Mensch (oder das Wesen der Musen oder das Wesen der Tugenden) Schöpferkräfte besitzt, die weltwirksam sind? Wie schöpferisch ist doch dieses Wesen! Wer sich nur ein klein wenig mit Pflanzenkunde beschäftigt hat, weiß um den unermesslichen Reichtum dieser Schöpferkräfte, die diesem Wesen Urpflanze eigen sind.

Als Rudolf Steiner die Lehrer der ersten Waldorfschule für deren Aufgabe vorbereitete, hält er u.a. drei Seminare über die Art, wie Pflanzenkunde an die Kinder herangebracht werden soll. Diese Ausführungen kulminieren in dem Urteil: «Die Pflanzenwelt ist die sichtbar gewordene Seelenwelt der Erde.»[4] Mit diesem lapidaren Satz werden Welten eröffnet. Ich möchte aus den vielen Aspekten, die sich aus diesem Urteil ergeben, nur einen einzigen herausgreifen. Wir stehen frappiert – vielleicht aber auch beglückt – vor der Tatsache, dass die Moral oder, differenzierter ausgedrückt, die verschiedenen Wesen der Tugenden in der Gestalt der Erdenseele beim Pflanzenbau mit am Werke sind. Wesen, welche in diesen Qualitäten leben, schaffen auch heute noch an der Welt, schaffen sich ihren bildhaften Ausdruck bis in die Einzelpflanzen hinein.

Unsere Betrachtungen zur Sonnenblume waren kein Spiel bzw. ein ernstes Spiel mit der Maxime, uns bewusst zu machen: Alles Vergängliche ist nur ein Gleichnis – ein Bild. Tasten wir uns auf einem der Wege der Verbildlichung fort, kann das unser gesamtes Seelenleben verändern. Aber diesen Weg können wir nicht ohne das Üben der Tugenden beschreiten. Stellen wir uns z.B. einen Menschen vor, dessen Seelenstimmung durch schnelle Kritik bestimmt ist. Kaum hat er etwas wahrgenommen, meint er schon, dass er es beurteilen kann. Wie soll bei einem solchen Menschen sich Beschaulichkeit einstellen, die es ermöglicht, die Dinge so aufzunehmen, wie sie sich darleben? Wir spüren beim eiligen Kritiker die Unruhe nachvibrieren, den Eifer, der Kritik gewöhnlich begleitet. Nur selten finden wir diesen Eifer durch innere Ruhe gezähmt und ins Maß gebracht. Geschieht das, finden wir die Kritik in die Tugend des Maßhaltens eingebettet, wodurch erst Kritik fruchtbar werden kann.

Kontrastieren wir einen solchen «kritischen» Menschen mit einem, der es sich anerzogen hat, der Welt und den großen Gedanken mit Devotion zu begegnen. Bei ihm wird der Weltinhalt unverstellt zum Seeleninhalt. Die Seele kann gleichsam auf ihm ruhen und ihm gerecht werden. Wie anders wird dessen Urteil über Welt und Mensch ausfallen! In der Seele wird ein Fünklein entzündet, das mit dem Licht, aus dem die Welt geschaffen ist, übereinstimmt. Diese Tatsache erhellt die Welt in des Wortes wahrer Bedeutung.

Orientieren wir uns zum Schluss noch einmal an einem Spruch Rudolf Steiners. Er beginnt mit der Zeile: «Wenn Ruhe der Seele Wogen glättet».[5] Nicht wahr, das kennen wir: Wenn Unruhe unsere Seele jagt, die Seelenwogen peitscht, da bleibt kein Raum für die Beschaulichkeit, das Sinnen. In solchen gejagten Augenblicken können wir uns nicht selbst finden und natürlich auch nicht unser sachgemäßes Verhältnis zur Welt. Die Welt bleibt stumm. Deswegen gehört das Herstellen von innerer Ruhe zu den Grundbedingungen jeder Schulung.

Wenn Ruhe der Seele Wogen glättet,
Und Geduld im Geiste sich breitet …

Ein merkwürdiger Satz: Die Geduld wird mit dem Geiste in Verbindung gebracht. Nun ist der Geist nicht anders als tätig, als schaffend zu fassen. In dieses Schaffen, in dieses Produzieren soll Geduld einziehen, sich in ihm ausbreiten, es durchdringen.

Es ist eine unübersehbare Tatsache, dass dem eigenen geistigen Streben ein anderes entgegensteht, das uns in seinen Bann schlagen möchte. Das Schaffen aus der Mitte unseres Geistes, aus der Mitte unseres Selbstes stößt auf Widerstände. Und diese Widerstände sind nicht unbedeutend, sondern Ausdruck geistiger Wesen, die im Widerstreit mit jenen Zielen liegen, welche hinter der Schöpfung stehen. Deren Wirkungen sind wir – öfter als uns lieb ist – ausgesetzt.

In der Auseinandersetzung mit ihnen nutzt kein Zappeln, keine Hast. Da hilft nur unerschütterliche Geduld, die das Steuer unbeirrt führt. In dieser Geduld der Selbstbehauptung liegt aber auch Ergebenheit. Diese Spielart der Geduld sagt uns immer wieder: Wir werden zur Einsicht kommen, wenn wir für die Einsicht reif sind. Das Urteil über unsere Reife überlassen wir der geistigen Welt. Sie hat die rechten Maßstäbe und auch die Güte.

Gleichsam im Wartestand für eine höhere Erkenntnis

ziemt uns das geduldige Üben. Es gibt keinen anderen Schlüssel, Einsicht zu erwerben, oder ebenso richtig ausgedrückt: Einsicht geschenkt zu bekommen. Geduld agiert, damit die Mitte des Selbstes sich aufrecht halten kann im Sturm der Auseinandersetzungen, damit ein Platz gerettet wird, in dessen Ankergrund sich Geduld behauptet.

Dass sie «im Geiste sich breitet», ist ein anzustrebender Zustand, denn dann tritt ein, dass die geistige Welt spricht:

Wenn Ruhe der Seele Wogen glättet
Und Geduld im Geiste sich breitet,
Zieht der Götter Wort
Durch des Menschen Innres
Und webt den Frieden
Der Ewigkeiten
In alles Leben
Des Zeitenlaufs.

Verehrte Anwesende, liebe Freunde, das waren ein paar Anmerkungen zu den Tugenden im Allgemeinen und zur Tugend der Geduld als Grundlage der Einsicht. Das Thema ist keineswegs erschöpft. Es wäre interessant, es fortzusetzen, indem man z.B. die Zeitverläufe betrachtet, die notwendig sind, damit große Einsichten das Menscheninnere ergreifen und durchdringen können, also gleichsam der Technik der Verinnerlichung weiter nachzuspüren. Aber ich hoffe, dass die Großartigkeit der Tugenden uns ein wenig erwärmt hat. Wenn wir auch Paul Valéry Recht geben müssen, dass das Richtmaß der Tugenden für das Leben, die Gesellschaft verloren gegangen ist, so steht es uns doch frei, diese Richtkräfte aus eigenem Antrieb wieder neu zu beleben.

Anmerkungen

1 Rudolf Steiner, Vortrag vom 21. Januar 1914; in: *Der menschliche und der kosmische Gedanke*, Gesamtausgabe Bibl.-Nr. 151 (= GA 151), Rudolf Steiner Verlag, Dornach ^{6}1990.

2 Rudolf Steiner beschreibt diese Übung in *Wie erlangt man Erkenntnisse der höheren Welten?*, Kap. «Die Stufen der Einweihung. Die Vorbereitung»; GA 10, Dornach ^{24}1993.

3 Goethe hat seinen Bericht über diese Begegnung mit «Glückliches Ereignis» überschrieben. Siehe *Goethes Werke*, Hamburger Ausgabe, Band 10.

4 Rudolf Steiner, Seminarbesprechung am 1. September 1919; in: *Erziehungskunst. Seminarbesprechung und Lehrplanvorträge*, GA 295, Dornach ^{4}1984.

5 Rudolf Steiner, *Wahrspruchworte*; GA 40, Dornach ^{7}1991.

XII. Dezember

Gedankenkontrolle wird zu Wahrheitsempfinden

Christoph Lindenberg

Der Mensch ist ein Gedankenwesen. Wenn wir die menschliche Seele wie ein Tableau, wie ein Gemälde vor uns hätten, würden wir sehen: Überall in der Seele schimmern und leuchten Gedanken, Gedanken blitzen auf im Vorstellen, Gedanken leben in den Absichten und Plänen, die unser Handeln leiten, Gedanken entzünden die Wünsche, die uns bewegen, Gedanken erzeugen Befürchtungen, die wir hegen. Die Blicke, mit denen wir die Welt betrachten, werden von Gedanken gelenkt: Man sieht nur, was man weiß oder sucht.

Gedanken verbergen sich auch in den vielen alltäglichen wissenschaftlichen oder halbwissenschaftlichen Bildvorstellungen, durch die wir die Ereignisse deuten: ob es der elektrische Strom oder die magnetische Anziehung sind oder gar die Gene – alle sind Konstrukte unseres Denkens. Ebenso wird, was wir aus der Welt aufnehmen wollen, was wir hören wollen, durch Gedanken und gedankliche Vorurteile ausgewählt. Es sind Gedanken, die unsere Zu- und Abneigungen bestimmen.

Und könnten wir gar in die Tiefen unseres Gedächtnisses schauen, könnten wir sehen, was wir in der Schule, durch die Ausbildung, durch die Medien im Laufe der

Jahre und Jahrzehnte aufgenommen haben und nun in uns tragen, so würden wir es nicht fassen können, was als Gedanke von uns angeeignet wurde, was von außen als Gedanke in uns eingedrungen ist.

Im alltäglichen Leben werden all diese Gedanken, die in uns leben, weben und wirken, nicht im eigentlichen Sinne kontrolliert, obwohl sie sich neuen Tatsachen oder Einflüssen anpassen, obwohl wir von Zeit zu Zeit Gedanken korrigieren müssen und obwohl wir oft manches dazulernen, was unsere Gedanken verändert – eine wirkliche Gedankenkontrolle findet nicht statt.

Das hängt nun damit zusammen, dass sich die Herrschaft unserer Gedanken über unser Seelenleben in der Regel ganz ohne unser Bemerken und Zutun vollzieht. Die Gedanken bleiben und wirken im Hintergrund unserer Aufmerksamkeit. Aus diesem Hintergrund ziehen sie ihre Fäden und lenken unser Tun und Lassen. – Im Vordergrund unseres Bewusstseins stehen die Dinge, die Erscheinungswelt, die prallen Wunschbilder, die sinnlichen Eindrücke. Sogar die Wissenschaft verpackt ihre Gedanken in drastische Modellvorstellungen: Viren kommen wie Golfbälle oder große, stachlige Kastanien daher. So übertönt das Bunte und Laute der Sinnlichkeit die Gedanken.

Gewiss, manchmal kann man bemerken, dass auch die Gedankenwelt in Aufruhr gerät: Gegen bestimmte Behauptungen fallen uns immer neue Argumente ein, im Innern halten wir lange Reden gegen den Unfug; auch manche Rätsel lassen unser Denken nicht ruhen. Dann wieder scheinen alle Gedanken still zu stehen, vor mancher schwierigen Aufgabe stehen wir einfallslos und wie gelähmt. Doch auch wenn die Gedankenwelt erregt ist oder still steht: wir beobachten sie nicht, und von Kontrolle ist erst recht keine Rede.

Im gewöhnlichen Leben sind die Gedanken wie Träume: halb klar, halb gedacht, halb gefasst und dann wieder entwischt – auch wenn sie wie ein toller Traum faszinieren und uns packen. Doch wie gesagt: Sie packen uns.

Hätte man das alltägliche Seelenleben wie ein Tableau vor sich, so würde es wie eng verschlungenes, dichtes Gewebe erscheinen. Worte rufen Bilder hervor, Bilder ziehen Wünsche nach sich, Eindrücke lösen unmittelbar Handlungen aus, irgendwie tauchen Reminiszenzen auf: Empfindungen, Vorstellungen, Gefühle, Willensimpulse, vielfach verknüpft, wogen durcheinander, verdrängen einander oder fordern einander heraus. Gedanken kommen und gehen, wie's ihnen gefällt – ein Traumgeflecht. Wirklich wach wird dieses Seelenleben nur gegenüber Tatsachen oder Anforderungen, die von außen auf es einwirken.

Selbstverständlich kann sich das Wahrheitsempfinden, das auch in der Dynamik des alltäglichen Lebens schlummert, immer wieder durch Fragen regen, die angesichts von Tatsachen, Erlebnissen und inneren Erschütterungen in uns wach werden – wenn man beispielsweise uns allzu Fragwürdiges erzählt, wenn Menschen, denen wir begegnen, ganz anders erscheinen, als das, was über sie verbreitet wird. Doch hat das Wahrheitsempfinden unter den waltenden Umständen, im Trubel des Alltags, angesichts des Beharrungsvermögens unserer Meinungen wenig Chancen, wirklich wach zu werden. Was sich allzu meist abspielt, ist eine Anpassung an die herrschenden Meinungen, eine Anpassung an äußere Notwendigkeiten – etwa des Berufs – und ein Anpassung der Gedanken an unser Selbstbild, unseren Stolz und unsere Bestrebungen.

Es ist nun von Beginn an einleuchtend, dass eine Kontrolle der Gedanken für das geistige Leben und für das seelische Leben der Menschen förderlich sein kann. Jedermann kann sich sagen: Ich will zum Herren meines Seelenlebens werden, und zwar nicht nach Art eines Dompteurs, der mit der Peitsche knallt, damit alle Gedanken Männchen machen, sondern durch schrittweise Selbstverwandlung. Da erscheint dann die Forderung: «Es soll in mein Bewusstsein keine ungeprüfte Vorstellung eingelassen werden» als eine sinnvolle, wenn auch am Anfang des Weges nur schwer erfüllbare Forderung.

Erinnern wir uns daran, was eine Kontrolle ist. Ich denke da zum Beispiel an die Grenzkontrolle, als ich 1950 nach Holland einreiste: Nicht allein mein Gepäck wurde untersucht, auch ich selber wurde abgeklopft. In dieser Geste des Abklopfens spricht sich manches aus, was durch ein zweites Erlebnis illustriert wird: Als ich 1959 nach Irland reiste, wurde mein Gepäck daraufhin durchsucht, ob vielleicht irgendwelche obszönen Zeitschriften von mir nach Irland geschmuggelt werden sollten. Damals legte die irische Republik größten Wert darauf, dass nur saubere Bilder und Texte nach Irland kämen.

Wer also kontrolliert, vergleicht mit seinen Anforderungen: Er will wissen, ob das, was er aufnimmt, echt, klar, einleuchtend und begründet ist. Es geht bei der Prüfung der Gedanken nicht allein darum, ob sie richtig sind, sondern auch darum, ob sie eine gewisse Güte, einen inneren Wert haben, und schließlich – darauf macht die holländische Form des Wortes «prüfen», nämlich «proeven», was so viel heißt wie abschmecken, aufmerksam –, ob sie «geschmackvoll» sind. Viel eher, als einen Gedanken logisch oder empirisch zu überprüfen, sind wir in der Lage, ihn ästhetisch zu beurteilen, ihn «abzuschmecken».

So kann Gedankenkontrolle vorläufig ein gewisses Abklopfen der Gedanken und Wörter sein: Sind sie hohl, wie vielleicht das Wort «Minderwertigkeitskomplex», auf dem einfach irgendwelche Tatsachen aufgespießt werden; oder sind sie Selbstverständlichkeiten wie das Wort «Informationsgesellschaft»? Als hätte es je eine Gesellschaft ohne Informationen gegeben! – Sodann vergleichen wir Gedanken mit unseren Ansprüchen. Diese Ansprüche ergeben sich aus unseren Erlebnissen und Erfahrungen, und wir fragen uns: Entsprechen Gedanken und Erklärungen wirklich dem, was wir erlebt, erfahren haben? Und schließlich schmecken wir innerlich den Gedanken ab, wir prüfen ihn: Wie schmeckt die Forderung, Schule oder Unterricht müsse vor allem «Spaß» machen? Wie schmeckt der Gedanke des «Klonens»?

Zunächst kann man also den Begriff der Kontrolle zusammenfassen, indem man an den Sinn des Wortes «Kontrolle» erinnert: *contre rôle* heißt ein Gegenregister, ein Zweitregister dessen führen, was die Kontrollstation passiert. Dieses Registrieren ist ein Bewusstmachen, ein Unterbrechen des üblichen Geschehens, so dass das «Ich», also wir selber, die Chance haben einzugreifen, Halt zu gebieten, auszuwählen, zu prüfen und abzuschmecken.

Schauen wir uns das in der Praxis einmal an. Man kann sich bewusst machen, welch gewaltige Flut von Eindrükken, gedankenbeladenen Eindrücken zum Beispiel beim Gang durch eine Geschäftsstraße auf uns eindringt. Reklame will uns unterschwellig ansprechen. Ein gutes und probates Mittel einer Grenzkontrolle gegen die Eindringlinge der Werbung kann es sein, dass man sich ganz positiv auf etwas anderes konzentriert. Ich nehme mir gern vor, bei einem solchen Gang – etwa durch die Königstraße hier in Stuttgart – mich auf die Gesichter älterer Menschen zu konzentrieren oder überhaupt Gesichter von Menschen anzuschauen und zu fragen: Was malt sich in diesen Gesichtern ab? So schützt man sich gegen den Ansturm dessen, was uns manipulieren will. Die positive Richtung der Aufmerksamkeit auf Bestimmtes bildet einen Wall um uns.

In diesem Sinne kann man sich auch fragen: Was nehme ich aus der Zeitung auf? Auch hier kann man sich für eine gewisse Zeit einmal vornehmen, jeden Tag nur den Leitartikel oder den Hauptartikel auf der ersten Seite zu lesen und nicht dort mit seiner Aufmerksamkeit zu vagabundieren, wo der Zucker für die Fliegen ausgestreut ist, nämlich bei «Vermischtes aus aller Welt». Vergleicht man dann das Gelesene von Tag zu Tag, so beginnt man zu kontrollieren, was man aufnimmt.

Nun geht es aber weiter: Die schönsten und wichtigsten Gedanken sind die, die wir uns selber bilden. Die größte Grundlage zur Bildung von Gedanken, und zwar von ganz harmlosen Gedanken, ist die Natur. Ich bin an den letzten Sonntagen, als ich diesen Vortrag vorbereitete, immer wieder an den Sträuchern und Bäumen entlanggegangen, die bei mir in der Nähe wachsen. Da habe ich zuerst ziemlich lange einen Haselstrauch angeschaut. Die Haselkätzchen waren noch ganz klein; gekrümmt, trocken und luftig hingen sie herab: innerlich durchlüftet. Man blickt auf die kleinen Zweige mit den zierlichen Knospen, und man hat das Gefühl: Jetzt ruht das Leben. Das ist ein höchst bescheidener, untheoretischer Gedanke: Winterruhe. Dieser Eindruck verstärkt sich, wenn man jetzt die Nussbäume anschaut: dunkle Zweige mit noch dunkleren, harten Knospen. Die Ruhe hat sich im Dunkeln, in der Härte gepanzert. Etwas später fällt der Blick auf den Forsythienstrauch: Da scheint die Rinde der Zweige hell auf, sie fühlt sich schon weich an, die Knospen sind zart, wie schon mit einer Spur von wässrigem Leben durchdrungen, und man denkt: Noch ist das Leben nicht in Bewegung gekommen, aber es schlummert und möchte bald kommen. Schließlich gehe ich auf meinen Balkon, dort stehen zwei Kameliensträucher, und an der einen Kamelie warten jetzt schon die prallen vollen Knospen. Es ist, als würden sie von der Kälte und Dunkelheit der Tage noch zusammengeballt, doch man spürt: Würde man sie jetzt in die Wärme holen, in drei Wochen wäre sie voll erblüht, die Energie wartet nur auf die Entfaltung.

So kann man sich im Anschauen ganz einfache Gedanken bilden, indem man sich bewusst macht, was man im Anschauen erlebt, erspürt. In einem Menschenkreis kann man in ähnlicher Art spüren, wenn jemand etwas sagen möchte, wenn jemand vielleicht ein Leid mit sich herumschleppt oder eine Freude mitgeteilt werden möchte. Man muss nur bemerken, dass man das erlebt, und sich den Gedanken bewusst machen und sich fragen: Was ist jetzt zu tun? Bei all diesen Gedanken, die als Eindrücke, als Erlebnisse auftreten, kommt es darauf an, dass wir das Auftauchen der Gedanken nicht verschlafen, sondern ihnen nachgehen.

Will man das hier Gemeinte an einem handgreiflicheren Beispiel verdeutlicht haben, so könnte man an einen Tierarzt erinnern, der eines Tages auf einen Gutshof gerufen wurde, wo der wertvolle Bulle seit Tagen kümmerte. Der Arzt kniete sich wenige Meter entfernt neben das Tier hin und beobachtete den Bullen in aller Ruhe. Dann ging er zu dem Bullen, öffnete dessen Maul und zog vorsichtig eine Nadel aus der Zunge. Das Tier war gerettet.

In diesem Sinne kann man die Gedanken, die man von außen aufnimmt, bewusst machen, ergreifen und kontrollieren, indem man sie im Laufe der Zeit überprüft. Das alles ist nun freilich nur eine Vorübung für die rechte

Kontrolle jener Gedanken, die wir uns im Umgang mit Menschen bilden. Allzu oft treten wir Menschen mit schnell gefassten Antipathien und Sympathien entgegen, fällen schnell ein Urteil und stützen es dann bald durch herbeigezogene Argumente. In Wirklichkeit aber haben wir von einem anderen Menschen viele verschiedene Eindrücke und haben auch immer neue Erlebnisse. Diese können rätselhaft sein und sogar widersprüchlich. Da kommt dann alles darauf an, nicht sofort *einen* Gedanken zu haben und ein Urteil zu bilden, sondern fragend im Beobachten zu verweilen – die Dinge einige Zeit in der Schwebe zu lassen, bis unsere Erfahrungen unsere Fragen beantworten – dann bilden wir kontrolliert Gedanken.

Neben diesen ursprünglichen Gedankenbildungen gegenüber den Naturerscheinungen und elementaren Menschenbegegnungen haben wir es im Alltag natürlich sehr häufig mit Gedanken zu tun, die wir durch Mitteilung erfahren. Hier kann unter anderem das Handwerk des Historikers illustrieren, wie Gedanken, Mitteilungen kontrolliert werden. Unter den vielen Dokumenten, mit denen es der Historiker zu tun hat, gibt es immer einige wenige, bei denen sich die Frage stellt: echt oder unecht? Mir begegnete vor einiger Zeit ein Dokument, das zwar echt war, bei dem sich aber eine Reihe von anderen Fragen stellte: Das Dokument legte nahe zu denken, dass ein Mann, von dem man das nicht annehmen konnte, sich bei den NS-Machthabern angebiedert hätte. Doch die Lektüre des Textes zeigte, dass er in einem ganz anderen Stil verfasst war, als er diesem Manne eigen war. So begann ein Prüfen und Fragen, bis sich herausstellte, dass jener Mann den Text, den andere verfasst hatten, unterschrieben hatte, um anderen Menschen aus einer schwierigen Lage zu verhelfen.

In ähnlicher Weise sind viele Mitteilungen zu überprüfen: In welcher Absicht werden sie gemacht? Was verschweigen sie? Wovon lenken sie ab? Wie korrekt sind sie? Unter welchen Umständen wird diese Sache gerade jetzt gesagt? – Wenn man solche fragenden Gedankenschritte tut, dann kann man zwar nicht gewiss sein, dass man mit seinen Antworten oder Vermutungen immer das Rechte trifft, aber man nimmt die Dinge nicht ungeprüft und gedankenlos hin.

Neben Gedanken, die im Zusammenhang mit der Außenwelt – also gegenüber der Natur, gegenüber Menschen, gegenüber Texten – gebildet werden, treten in uns Gedanken von innen auf: Maximen, Ideale, zum Beispiel der hohe Gedanke der Gleichheit. Er wird als ein hohes moralisches Ideal ausgesprochen: «All men are created equal», heißt es in der amerikanischen Unabhängigkeitserklärung, «alle Menschen sind gleich geschaffen». Wenn dieses Ideal dann so mächtig daherkommt, ist man geneigt zu sagen: Ja, man muss für mehr Gleichheit sorgen. Doch auch einem solchen inneren Ideal gegenüber ist es gut, einmal nach dem Gegenprinzip zu fragen; dann erkennt man: Wie verschieden sind doch die Menschen! Es gibt Kinder und Greise, es gibt Leute, die Englisch sprechen, es gibt Leute, die Chinesisch sprechen. Es gibt Leute, die Reis essen, und Leute, die Roggenbrot essen; Leute, die gerne reden, und Leute, die lieber schweigen. Bedürfnisse, Sprache, Fähigkeiten – alles ist verschieden! Was ist denn dann der Sinn von Gleichheit? Worauf darf man Gleichheit überhaupt beziehen? Vielleicht auf die Menschenwürde, vielleicht auf das Recht auf Leben, vielleicht auf ein gleiches Recht auf Freiheit, vielleicht auf ein gleiches Recht auf rechtliches Gehör. Aber so ganz allgemein taugt der Gedanke gar nichts. So fragend gewinnt man den Eindruck: Ja, Gleichheit hängt im Innersten mit der Menschenwürde zusammen und muss im Verhältnis zu anderen Idealen gesehen werden, kann sich jedoch nicht auf äußere Verhältnisse und Ansprüche unmittelbar beziehen.

Oder befragen wir den landläufigsten Begriff. Wir sagen uns: Alles hat eine Ursache. Auch diesen Begriff muss man ebenso abklopfen wie den der Gleichheit und sich fragen: Weiß ich denn wirklich, wie etwas bewirkt wird? Sind nicht die bewirkenden Elemente, die es in der Welt gibt, sehr verschieden? Gut, bei der Billardkugel habe ich den Stoß als Ursache der Bewegung; ich verfolge, wie eine Kugel die andere in Bewegung setzt. Aber wenn man sich dann fragt: Was setzt zum Beispiel Menschen in Bewegung? – dann merkt man, dass man hier über eine ganz andere Art von Ursache denkt. Wenn man fragt: Was lässt einen Baum oder ein Kind gesund gedeihen, und was kann die Ursache, das Bewirken der Gesundheit sein? – dann merkt man, dass man wiederum ganz anders denken muss über die Ursache. Und dann wird man wach in Bezug auf einen solchen Begriff und fängt an zu fragen: Wie verschieden sind die Ursachen? Dann kann man sich einmal, wenn man seine Gedanken selber innerlich kontrollieren will, eine Tafel machen mit einer Übersicht über die verschiedenen Arten und Formen der Ursachen. Dann kann man ferner unterscheiden: Bedingungen, fördernde Elemente, Ursachen, Anlässe, Voraussetzungen; und das, was wie ein unentwirrbarer Gedankenknäuel war, beginnt sich zu entwirren und zu differenzieren. Dabei ist es nochmals ganz wichtig zu sagen: Das Entscheidende ist nicht, dass alles, was man sich so denkt, sofort richtig ist; das kann es nämlich gar nicht sein. Das Entscheidende ist, dass man diese

Fragen stellt, dass man zum Beispiel die verschiedenen Arten von Ursachen für sich gliedert und dass man sich dann fragt, welches die Ursache menschlicher Handlungen sein können. Welche Ziele und Zwecke setzen sich Menschen, die zu Ursachen ihres Tuns werden? Dann hat man den Gedanken gebildet, und einen Gedanken, den man gebildet hat, den kann man korrigieren. Einen Gedanken, den man nicht gebildet hat, den man einfach blind in sich trägt, den kann man nicht korrigieren, weil man gar nicht merkt, was mit ihm los ist.

Bei den inneren Gedanken kommt es also darauf an, sich selbst den Gedanken gegenüberzustellen, den Gedanken der Freiheit, den Gedanken der Gleichheit, den Gedanken der Gerechtigkeit, den Gedanken der Ursache, den Gedanken der Entwicklung, des Systems, des Organismus und andere für sich einmal oder mehrmals durchzudenken, damit die Gedanken nicht blind sind.

Es gibt noch eine andere Art von Gedanken, eine ganz merkwürdige. Es sind Gedanken, die aus den Untiefen unseres eigenen Wesens auftauchen, sozusagen «aus dem Bauch», wie man heute sagen würde. Man tut irgendetwas, ist vielleicht irgendwo in der Küche beschäftigt, mit dem Abwasch zum Beispiel, und hört sich sagen: Es wird ja doch nichts draus! Oder: Ich kann nichts tun! Oder: Ich hab ja doch immer Pech! Oder: Mir hilft ja doch keiner! Solche aus den Untiefen auftauchenden Äußerungen muss man erstens bemerken, zweitens sie sich innerlich widerlegen und drittens ihnen energisch widersprechen! Dann verschwindet der Spuk, dann verschwinden diese ganz merkwürdigen Gedanken, die in einem immer wieder auftauchen. Auch die muss man unter Kontrolle halten.

Für alles das ist es wichtig, dass man die Gedanken nicht

nur inhaltlich beherrscht, sondern dass man auch zum Herrn der seelischen Dynamik des Gedankenlebens wird – dass man also Gedanken in Ruhe betrachten, entwikkeln, verfolgen und ausgestalten kann. Dieses übt man am besten dadurch, dass man sich anfangs auf einen einfachen Gegenstand konzentriert, beispielsweise ein Streichholz. Man kann dieses vor sich hinlegen und es beschreiben, so dass man eine genaue Vorstellung gewinnt. Dann stellt man sich das Streichholz bei geschlossenen Augen innerlich vor und verweilt länger bei diesem Bild. Später kann man sich zum Beispiel denken, wie dieses Streichholz angefertigt worden ist. Die vorhergehende genaue Beobachtung gibt hier bereits genügend Anhaltspunkte für begründete Gedanken. Und indem man diese Gedanken ganz entfaltet, festhält und bei ihnen verweilt, überwindet man das sprunghafte Irrlichtelieren der Gedanken, die vom Hundertsten ins Tausendste gehen.

Gelingt es schließlich, diese ruhige Konzentration, die man aus solcher Übung gewinnen kann, sowohl auf das reine Hinschauen und Erleben der Natur als auch auf die inneren Gedankenschritte und Fragen, auf das Entwickeln der Gedanken zu übertragen, dann entsteht jene Gedankenruhe, die uns bewusst macht, woher unsere Gedanken stammen, und die uns die Gedankenschritte geführt tun lässt.

Was geschieht durch all dies in unserem Seelenleben? Erstens stellt man sich den Gedanken bewusst gegenüber: Man gewinnt Abstand und Übersicht, man weiß, wo die Gedanken herkommen und wo sie hingehören. Man ist nicht mehr jedem Einfall, jeder Mode ausgeliefert; man hat gelernt, die Gedanken zu befragen.

Zweitens sucht man sich selbst die Gedanken aus. Man beginnt ihre Wirkung zu spüren und fragt sich: Ist dieser

Gedanke fördernd, gesund, heilend, oder ist er niederziehend und kränkend? Man erspürt den inneren Wert eines Gedankens.

Drittens tut man seine Gedankenschritte bewusst. Man geht nicht immer nur in eine Richtung, sondern läuft den Umkreis gedanklicher Möglichkeiten ab.

Und immer wieder verwandelt man bloße Worte in Gedanken, indem man ihren Sinn bedenkt und entfaltet.

Würde man nunmehr, nachdem man die Gedankenkontrolle auf diese unterschiedliche Weise geübt hat, wieder einen Blick auf das Seelentableau werfen können, so würde sich ein verändertes Bild darbieten. Die Gedanken in der Seele sind selbständiger und freier geworden. Die Verknäuelung der Gedanken untereinander und mit dem übrigen Seelenleben beginnt sich zu lösen. Das Seelenleben wird luftiger und lockerer. Die Verstocktheit der Prinzipien und Grundsätze löst sich auf. Durch diese Verwandlung erlebt die Seele, was an sie herankommt, bewusster. Sie ist empfindlicher geworden: Sensibel hört sie tiefer nach außen und bemerkt klarer, was in ihr selbst mitschwingt.

Nun macht man eine entscheidende Beobachtung. Man bemerkt, dass man viele Dinge erlebt, die man auch früher erlebt hat. Während man aber früher die Erlebnisse, Empfindungen, Gefühle, die sich immer wieder einstellten, unberücksichtigt ließ, ist man jetzt für sie wach. Und unsere Erlebnisse sprechen zu uns: Wir sehen, wo sich eine mögliche Lösung für ein Problem eröffnet; wir spüren, wo etwas nicht stimmt, wo sich etwas verbirgt und nicht ausgesprochen wird; wir empfinden, was in einem Gespräch wirklich gemeint ist, und wir spüren mehr von den Vorgängen der Natur.

So löst die Gedankenkontrolle die hergebrachten automatischen Verknüpfungen und Verfilzungen im Seelenleben, sie durchlichtet die Seele und weckt sie für die Welt, indem sie sie zu einem sensiblen Klangkörper macht, der durch seine Resonanz empfindet, was in der Welt vorgeht und was im Inneren mitschwingt:

Gedankenkontrolle wird zu Wahrheitsempfinden.

Über die Autoren

Erika von Arnim, geboren 1918 in Pforzheim, besuchte eine Handelsschule und war im väterlichen Betrieb (einer Goldwarenfabrik) bevor sie während des Krieges in verschiedenen Lazaretten als helfende Schwester tätig war. Nach dem Krieg lernte sie die Anthroposophie kennen, wurde Dorfschullehrerin und übersiedelte 1951 nach Camphill, Schottland um Mitarbeiterin des heilpädagogischen Arztes Karl König zu werden. 1958 kehrte sie auf Bitten Karl Königs nach Deutschland zurück, um die heilpädagogisch-sozialtherapeutische Arbeit in Brachenreuthe und Föhrenbühl aufzubauen.

Klaus Dumke, 1925 in Korbach/Hessen geboren. Arzt für Allgemeinmedizin, seit über dreißig Jahren in Dortmund niedergelassen. Er ist langjähriges Vorstandsmitglied der Anthroposophischen Gesellschaft in Deutschland gewesen und Mitbegründer des Pädagogisch-sozialen Zentrums in Dortmund, einem Verbund anthroposophischer Initiativen und Einrichtungen auf dem Felde der Waldorfpädagogik, Kindergartenpädagogik, Heilpädagogik, Altenpflege, Erziehungsberatung und Sozialpädagogik und -therapie. Neben zahlreichen Veröffentlichungen in Zeitschriften sind erschienen *AIDS – die tödliche Befruchtung* und *Im Blick des Erzengels. Zu den Jahreszeiten-Imaginationen Rudolf Steiners.*

Erhard Fucke wurde 1926 im heutigen Tschechien geboren. Schon 1945 bekam er Kontakt mit der Anthroposophie und besuchte den ersten Jahrgang des Stuttgarter Proseminars, später das Lehrerseminar des Bundes der Freien Waldorfschulen. Es folgte dann eine langjährige Tätigkeit an der Kasseler Waldorfschule, infolge deren er Mitbegründer des Berufsbildenden Gemeinschaftswerkes Kassel und später der Gesellschaft für Ausbildungsforschung und Berufsentwicklung München wurde. Lange Zeit war Erhard Fucke Mitglied im Vorstand des Bundes der Freien Waldorfschulen und im Vorstand der Anthroposophischen Gesellschaft in Deutschland. Zwölf Jahre war er als Schulberater in Südamerika und Südafrika tätig. Im Verlag Freies Geistesleben sind u.a. erschienen: *Das anthroposophische Studium; Grundlinien einer Pädagogik des Jugendalters; Wirtschaften – was ist das?; Das vergessene Gemüt; Der Bildungswert praktischer Arbeit* und zuletzt *Siebzehn Begegnungen.*

Nana Göbel, geboren 1955, hat nach dem Studium der Klassischen Archäologie und Ägyptologie mehrere Jahre für die *Sektion für das Geistesstreben der Jugend* am Goetheanum in Dornach gearbeitet. Sie war über viele Jahre bei der *GLS Gemeinschaftsbank* in Bochum, u.a. als Vorstandsmitglied der *Gemeinnützigen Treuhandstelle*, und ist heute als geschäftsführendes Vorstandsmitglied bei den *Freunden der Erziehungskunst* tätig, die sie seit 1976 mit aufgebaut hat. Sie hat sich in vielen Jahren für die Belange der Anthroposophischen Gesellschaft in Deutschland und in Nordrhein-Westfalen engagiert. Nana Göbel lebt heute in Berlin.

Thomas Hilden, geboren 1935, besuchte die Freie Waldorfschule. Nach seiner Lehre und Meisterprüfung als Orthopäde bildete er sich zum Technischen Lehrer und später zum Waldorflehrer aus. Dreißig Jahre ist er als heilpädagogischer Lehrer an der Karl-Schubert-Schule in Stuttgart tätig, und verstärkt als Gastdozent für Heilpädagogik.

Wolf-Ulrich Klünker, geboren 1955 in Holzminden. 1981 bis 1985 wissenschaftliche Tätigkeit in Göttingen und Hannover. Promotion in Theologie und Sozialpädagogik. Seit 1986 am Friedrich-von-Hardenberg-Institut. 1994 Begründung der Delos-Forschungsstelle für anthroposophische Seelenwissenschaft. Seit Anfang 1996 Leitung der Turmalin-Stiftung, Bliestorf (Heilpädagogik). Veröffentlichungen zur Anthropologie, Geistesgeschichte und geisteswissenschaftlichen Psychologie. Bisher erschienen: *Johannes Scotus Erigena; Selbsterkenntnis der Seele; Alanus ab Insulis; Selbsterkenntnis, Selbstentwicklung. Zur psychotherapeutischen Dimension der Anthroposophie*; zusammen mit Bruno Sandkühler *Menschliche Seele und kosmischer Geist.*

Martin Kollewijn, geboren 1953 in Brummen, Niederlande, studierte Philosophie und Sprachwissenschaft in Amsterdam und Berlin. Nach Abschluss des Studiums war er am Friedrich-von-Hardenberg-Institut für Kulturwissenschaften in Heidelberg tätig. Seit 1991 ist er Mitarbeiter der Anthroposophischen Gesellschaft in Berlin.

Ernst-Michael Kranich, geboren 1929, studierte Biologie, Paläontologie, Geologie und Chemie in Tübingen. Nach seiner Promotion war er mehrere Jahre Fachlehrer für den naturwissenschaftlichen Unterricht an einer Waldorfschule. Seit 1962 ist er Leiter des Seminars für Waldorfpädagogik in Stuttgart. Veröffentlichungen: *Pflanze und Kosmos – Grundlinien einer kosmologischen Botanik; Bäume und Planeten* (zusammen mit F.H. Julius)*; Von der Gewissheit zur Wissenschaft der Evolution; Pflanzen als Bilder der Seelenwelt – Skizze einer physiognomischen Naturerkenntnis; Wesenbilder der Tiere – Einführung in die Goetheanistische Zoologie; Pädagogische Projekte und ihre Folgen.* Herausgeber der *Beiträge zur Pädagogik Rudolf Steiners.*

Jean-Claude Lin, geboren 1955 in London, besuchte verschiedene Schulen, bevor er glückliche Jahre an der New School Kings Langley, einer der ersten Waldorfschulen in England, verbrachte. Er studierte Sinologie (chinesische Sprache, Literatur und Philosophie) an der School of Oriental and African Studies der Universität Londons und, in einem Zweitstudium, Philosophie, Mathematik und Geschichte der Naturwissenschaften an der Universität Stuttgart. Seit 1986 ist er im Lektorat, seit 1991 in der Verlagsleitung des Verlags Freies Geistesleben tätig.

Christoph Lindenberg, geboren 1930 in Holzminden. Er studierte Geschichte und englische Philologie, daneben Philosophie und Pädagogik in Göttingen und Freiburg. Nach Examen und Besuch des Waldorflehrerseminars war er 1955 – 1980 Waldorflehrer und seit 1980 als freier

Schriftsteller und Dozent am Seminar für Waldorfpädagogik in Stuttgart tätig. Veröffentlichungen: *Individualismus und offenbare Religion* (1970/Neuausgabe 1995); *Angstfrei lernen, selbstbewußt handeln; Die Technik des Bösen; Die Lebensbedingungen des Erziehers; Geschichte lehren; Vom Ursprung der Gegenwart; Rudolf Steiner – Eine Chronik; Rudolf Steiner*, rororo monographie; *Motive der Weihnachtstagung im Lebensgang Rudolf Steiner* und zuletzt *Rudolf Steiner. Eine Biographie.*

Andreas Neider wurde 1958 in Berlin geboren. Er absolvierte ein Studium der Philosophie, Geschichte, Politologie und Ethnologie an der FU Berlin mit einem Magisterabschluss über den Begriff der Freiheit in Hegels Rechtsphilosophie bei Michael Theunissen. Seit 1984 ist er im Verlag Freies Geistesleben tätig, zunächst im Lektorat und seit 1991 in der Verlagsleitung.